# 幼儿园教师
# 应知应会 50 条

（第二版）

毛曙阳　程晓明　陈国强　编　著

感谢您使用本书。您在使用时如有建议或发现质量问题,请联系我们。

【内容质量】电话:4008283622
【印装质量】电话:4008283610

图书在版编目(CIP)数据

幼儿园教师应知应会 50 条 / 毛曙阳,程晓明,陈国强编著. -- 2 版. -- 南京 : 江苏凤凰教育出版社,2025.5. -- ISBN 978-7-5743-1799-4

Ⅰ.G613

中国国家版本馆 CIP 数据核字第 2025A22F55 号

| 书　　名 | 幼儿园教师应知应会 50 条(第二版) |
| --- | --- |
| 编　　著 | 毛曙阳　程晓明　陈国强 |
| 责任编辑 | 严小英 |
| 装帧设计 | 江苏凤凰制版有限公司 |
| 出版发行 | 江苏凤凰教育出版社(南京市湖南路 1 号 A 楼　邮编:210009) |
| 苏教网址 | http://www.1088.com.cn |
| 照　　排 | 江苏凤凰制版有限公司 |
| 印　　刷 | 江苏扬中印刷有限公司(电话:0511-88420818) |
| 厂　　址 | 江苏省扬中市大全路 6 号 |
| 开　　本 | 787 毫米×1 092 毫米　1/16 |
| 印　　张 | 17 |
| 插　　页 | 1 |
| 版　　次 | 2018 年 9 月第 1 版<br>2025 年 5 月第 2 版 |
| 印　　次 | 2025 年 5 月第 1 次印刷 |
| 书　　号 | ISBN 978-7-5743-1799-4 |
| 定　　价 | 58.00 元 |
| 网店地址 | http://jsfhjycbs.tmall.com |
| 公 众 号 | 苏教服务(微信号:jsfhjyfw) |
| 邮购电话 | 025-85406265,025-85400774 |
| 盗版举报 | 025-83658579 |

苏教版图书若有印装错误可向出版社调换

# 目 录

前言 ········································································· 1

## 【教育理论篇】

1. 卢梭的自然主义教育思想 ············································ 3
2. 福禄培尔的教育思想 ·················································· 5
3. 蒙台梭利的教育思想 ·················································· 8
4. 杜威的教育思想 ······················································· 13
5. 皮亚杰的认知理论 ···················································· 18
6. 维果斯基的"最近发展区"理念 ···································· 20
7. 埃里克森的人格发展阶段理论 ····································· 23
8. 马斯洛的需求层次理论 ·············································· 29
9. 陈鹤琴的教育思想 ···················································· 32
10. 张雪门的教育思想 ··················································· 37
11. 中国优秀传统文化中的经典名言 ································· 41
12. 瑞吉欧幼儿教育体系 ················································ 45
13. 多元智能理论 ························································· 49
14. 高瞻课程的基本理念 ················································ 53
15. STEM教育理念 ······················································· 56
16. 我国学前教育的基本政策法规 ···································· 60
17. 适宜的早期教育具有重要价值 ···································· 69
18. 理解幼儿的学习特点 ················································ 72

19. 环境在儿童发展中的价值 ······················································ 75
20. 游戏在儿童发展中的独特价值 ············································· 78
21. 幼儿的社会性发展 ······························································· 81
22. 幼儿园的教育目标 ······························································· 84
23. 适宜的儿童观和教育观 ························································ 86

## 【教育实践篇】

24. 幼儿园的一日生活 ······························································· 93
25. 幼儿园班级环境的创设 ························································ 95
26. 在幼儿园中培养幼儿的良好习惯 ········································ 100
27. 教师的倾听和观察 ····························································· 103
28. 支持和引导有特殊需要的儿童 ··········································· 107
29. 幼儿园的保教计划与教育活动设计 ···································· 110
30. 开展丰富的游戏活动 ·························································· 113
31. 幼儿园的集体活动 ····························································· 115
32. 幼儿园的区域活动 ····························································· 118
33. 幼儿的户外学习 ································································· 120
34. 幼儿园教育的适宜性 ·························································· 126
35. 开展好礼貌教育 ································································· 129
36. 支持幼儿成为主动的学习者 ··············································· 132
37. 成为有准备的幼儿教师 ······················································ 135
38. 教师在幼儿发展中的独特作用 ··········································· 142
39. 班级中良好的人际关系 ······················································ 144

## 【家园共育篇】

40. 重视幼儿的家庭教育 ·························································· 151
41. 幼儿在家庭中应养成良好的习惯 ········································ 155
42. 父母在儿童成长中的独特价值 ··········································· 158
43. 教师要做好家园合作工作 ·················································· 161

**【自身素养篇】**

| | |
|---|---|
| 44. 幼儿园教师的专业标准 | 171 |
| 45. 提升教师的沟通能力 | 173 |
| 46. 教育教学经验的总结 | 176 |
| 47. 写好读书笔记 | 179 |
| 48. 新手教师的专业成长 | 182 |
| 49. 全面提升教师的素养 | 185 |
| 50. 提高教师的教育研究能力 | 188 |

推荐书目 ……………………………………………………… 191

| | | |
|---|---|---|
| 附件1 | 中华人民共和国学前教育法 | 193 |
| 附件2 | 幼儿园教育指导纲要（试行） | 206 |
| 附件3 | 3—6岁儿童学习与发展指南 | 215 |
| 附件4 | 幼儿园教师专业标准（试行） | 243 |
| 附件5 | 幼儿园工作规程 | 247 |
| 附件6 | 幼儿园保育教育质量评估指南 | 257 |

# 前　言

当今社会，人们越来越发觉，学习是一个传承、创新的过程，是一个持续积累的过程，也是一个相互唤醒和相互启发的过程。幼儿园教师应成为积极主动、善思考善实践和有自身见解的学习者，因此，教师们有必要对学前专业领域中主要的教育理念和重点问题有基本的认识与了解。

本书的编写基于以下几点考虑：

首先，期望本书能帮助幼儿园一线教师较快速和较全面地了解学前教育领域中重要的专业理论和相关经验。在本书中，既包括对国内外一些重要的教育理论家及教育流派主要观点的介绍与概括，也包括对实践领域中一些重点和难点问题的解析与思考。其中，有一些专业理论和相关经验长期受到人们的关注和重视，需要我们传承和发扬，有一些专业理论和相关经验则是在近年来愈发受到人们的关切，需要我们高度重视。通过阅读本书，一线的幼儿园教师可以较快和较全面地了解古今中外的教育思想和教育主张，对教育教学中的重难点有基本的了解，在专业素养方面可以有更加充分的储备和准备，从而可以更好地履行自身的专业职责。

其次，希望本书能起到导读的作用，能帮助幼儿园教师寻找到自己感兴趣的书籍，从而不断提升自身的专业素养和能力。在书中，我们会对各种教育流派进行深入分析，精选教育专家们的精彩语句，并标注出这些资料、信息的具体出处，也会为读者推荐广受欢迎和较有影响力的书籍与资料。实践证明，新的专业信息和资料能够进一步拓宽教师的视野，夯实教师的理论基础，有效提升教师的专业能力。

第三，相信本书能有效激发和唤醒幼儿园教师内心深处本来就有的学习热情和学习潜力，帮助教师提升研判能力，促进教师不断形成有自身特点的儿童观、教育观和学习观。我们鼓励教师们多看原著、读原书，体会作者真实的意思，也更加鼓励和支持教师们站在前人的肩膀上，用独特的眼光对前人的理论进行新的诠释，敢于并勤于写下自己的心得体会，举出适当的例子，从而更加深刻地、创造性地活学活用各种理论。希望教师们在学习与传承的基础上，发扬创造精神，大胆提出自己的想法，联系身边的实际事例进行分析和解读。

全书分为"教育理论篇""教育实践篇""家园共育篇"和"自身素养篇"，共编排了50条应知应会内容。每个条目中，都设置了"自我评估""参考要点""分析与思考"和"教师反馈"等内容。在条目开头部分，我们会对该条目做简单的介绍与描述。"自我评估"部分列出了一些题目，帮助教师以自我评估的方式来评判自己是否已经基本掌握了相关知识要点。"参考要点"中，我们为教师们提供了一些参考信息。在"分析与思考"部分，我们从该知识点出发，进行较为深入的分析和阐述，以帮助教师们更好地认识与理解相关内容，同时，我们也鼓励教师思考如何在日常教育实践中创造性地落实这些内容。在"教师反馈"部分，我们引用了一些教师阅读相关内容后的体会和反思，启发读者们形成有自身特点的认识与理解。

需要说明的是，我们是希望通过"梳理要点"这样一种简明有效的方式，来帮助读者拓宽思路。我们建议教师们根据自身情况对这50条内容进行必要的调整，既可以根据自己的想法增加新的条目，也可以进行删减。此外，大家还可以通过增添内容、举例、撰写心得等方式来使自己形成更加深入的认识与理解。我们还建议，教师们在阅读本书时，心中始终要有儿童，要以儿童发展为本，以育人为本，充分考虑自身的实际情况，因地制宜地学习与工作，不断优化自己的教育理念，提升自己的教育能力。

在此次修订再版过程中，我们根据广大读者的反馈，对条目内容进行了增加、充实、丰富和调整。比如，增加了《幼儿园保育教育质量评估指南》相关内容，进一步强调了教师的倾听意识和倾听能力，增加了如何写好保教计划等内容，对幼儿的户外学习进行了介绍和探讨，对教师在教育过程中的"有准备"状态也进行了分析和讨论。

本书内容紧扣国家颁布的各项教育法规，同时密切关注学前教育领域中的最新研究和发展成果。我们期望教师们能够结合自身实际来理解这些教育理念和教育观点，能够围绕真实问题形成自己的思考与判断，能够更加全面地认识与理解儿童，更加深刻地把握社会发展的要求，不断提高自身素养，不断增强自身的专业支持能力。

全书由毛曙阳主笔并统稿，程晓明、陈国强和贺伟参与了"教育实践篇"的编写，鲁艺和唐松梅参与了"家园共育篇"的编写，徐毅和王瑞参与了"自身素养篇"的编写。在本书写作过程中，许多专家、高校教师、教科研人员和幼儿园骨干教师围绕相关条目和内容进行了多次讨论和交流，提出了许多宝贵建议，在此谨向大家表示衷心感谢！因能力水平有限，难免有所疏漏，敬请读者朋友批评指正！

教育理论篇

# 1. 卢梭的自然主义教育思想

卢梭（Jean Jacques Rousseau，1712—1778），法国著名思想家、哲学家、教育家和文学家，是18世纪欧洲启蒙运动最卓越的代表人物之一。《爱弥儿——论教育》是卢梭的教育代表作，1762年在荷兰的阿姆斯特丹出版。这是一部半小说半论文体的教育著作。卢梭通过讲述他假定的对象——爱弥儿从出生到成人的教育过程，系统地阐述了他的自然主义教育理论。他主张，教育应遵循儿童的自然本性，按照儿童发展的程序，在儿童不同年龄阶段采用不同的教育原则、内容和方法。卢梭的教育思想影响了后来的裴斯泰洛齐、赫尔巴特、福禄培尔、蒙台梭利和杜威等教育家。

## 自我评估

1. 卢梭的教育代表作是 （　　）
A.《民主主义与教育》  B.《爱弥儿》
C.《有吸收力的心灵》  D.《爱的教育》

2. 卢梭提出，对0—12岁的孩子，有一个教育法则，就是"不仅不应当争取时间，而且还必须把时间白白地放过去"。 （　　）

## 参考要点

1. 卢梭的教育代表作是 （ B ）
A.《民主主义与教育》
B.《爱弥儿》
C.《有吸收力的心灵》
D.《爱的教育》

2. 卢梭提出，对0—12岁的孩子，有一个教育法则，就是"不仅不应当争取时间，而且还必须把时间白白地放过去"。 （ √ ）

## 分析与思考

### 一、卢梭明确地提出要采用自然主义的教育方法

在《爱弥儿》第一卷第一句,卢梭就说:"出自造物主之手的东西,都是好的,而一到了人的手里,就全变坏了。"① 这充分体现了他的自然主义教育观。他认为顺应人的天性发展的教育才是好的教育,提倡"回归自然"。所以在爱弥儿的早期教育上,他主张去乡村,去安宁祥和的地方。在卢梭看来,自然秩序是美妙的,身心健康的婴儿应该是在无拘无束的状态下成长起来的。这个观点得到了很多理论家的呼应,在当下,我们很多幼儿园也有类似的回归自然的活动。一些幼儿园设置的户外"种植园",往往成为幼儿园的亮丽"名片"。教师和幼儿共同精心打造的对孩子发展有特殊价值的种植园地也拥有一种自然的风采。种植园的花草树木就在眼前,这让孩子们感受到一种勃勃的生机,孩子们会与大自然有最密切的接触。在播种、观察、管理和收获中,孩子们获得了成长,大自然成了孩子们的老师。

### 二、卢梭认为自然的教育、人的教育和事物的教育要协调一致

卢梭说:"我们生来是软弱的,所以我们需要力量;我们生来是一无所有的,所以需要帮助;我们生来是愚昧的,所以需要判断的能力。我们在出生的时候所没有的东西,我们在长大的时候所需要的东西,全都要由教育赐予我们。"② 他把教育的来源做了分类,认为可以分为三种——受之于自然,或是受之于人,或是受之于事物。③ 他认为我们的身体与能力的内在发展,是自然的教育;别人教我们如何利用这种发展,是人的教育;我们从周围环境中获得经验,则是事物的教育。这三种教育协调一致,那么人就会实现自己的目标,而且生活得安宁;这样的人,才算是受过良好教育的人。就是说,这三种教育都非常重要,自然的教育不可替代,人和事物的教育也非常重要。这一点,与我们当前强调的和谐发展的观点是完全一致的。

### 三、卢梭认为0—12岁是一个人形成良好行为习惯的关键期

对于0—12岁的儿童,教育工作者的一个重要的任务,就是要充分地利用好这

---

① [法]卢梭. 爱弥儿——论教育(上卷)[M]. 北京:商务印书馆,1982:5.
② [法]卢梭. 爱弥儿——论教育(上卷)[M]. 北京:商务印书馆,1982:7.
③ [法]卢梭. 爱弥儿——论教育(上卷)[M]. 北京:商务印书馆,1982:7.

个时期，让孩子在这个阶段形成良好的习惯，而不是恶习。在卢梭看来，这个阶段"不仅不应当争取时间，而且还必须把时间白白地放过去①。"那些被白白放走的时间，将用于做更为重要的事情，那就是养成良好的习惯；好的习惯一旦养成了，那以后的教育将是一种轻轻松松和水到渠成的状态，人们就会创造出"教育的奇迹"。如果我们在孩子小的时候就急匆匆地去教他一些技能技巧，而不去关注其好习惯和好品行的养成，那我们很可能就会陷入一种危险。叶圣陶先生也说过："教育是什么？往简单方面说，只需一句话，就是要养成良好的习惯。"② 因此，教师和父母需要跟孩子讲道理，教给他们基本的礼仪习惯，引导他们遵守规则，学会待人接物，懂得尊重别人，通过自身的示范和榜样的作用，营造出有爱心、有凝聚力和支撑力的环境，以此来帮助幼儿形成终身受益的良好行为习惯。

总结与评价：卢梭是自然主义教育的倡导者。他认为幼儿应尽量多地与大自然接触，认为0—12岁是一个人的成长关键期；良好的习惯比知识和技能重要得多，且要在0—12岁之间培养起来。卢梭被人们誉为"儿童的发现者""教育史上的哥白尼"，他的教育思想直到今天仍有着深刻的影响力。

### 教师反馈

◎ 教育不能急功近利，不能只注重眼前的利益。人生是一场马拉松似的长跑，不是50米短跑，我们要放慢速度，注重幼儿的整体发展。在卢梭看来，习惯远比知识重要。在助推幼儿发展的过程中，教师要注重对幼儿生活习惯、行为习惯和学习习惯的培养，比如礼仪习惯、规则意识和尊重他人的品行等。

## 2. 福禄培尔的教育思想

福禄培尔（Friedrich Wilhelm August Fröbe，1782—1852），也译作"福禄贝尔"，德国著名的教育理论家和教育实践家，近代学前教育理论的奠基人。他的父亲是一位路德派的牧师。1826年，福禄培尔出版了《人的教育》。1837年，

---

① [法]卢梭. 爱弥儿——论教育（上卷）[M]. 李平沤，译. 北京：商务印书馆，1982：96.
② 刘国正. 叶圣陶教育文集. 第2卷 [M]. 北京：人民教育出版社，1994：478.

福禄培尔在德国的勃兰根堡创办了一所"发展幼儿活动本能和自发活动的机构",他于1840年把这个机构命名为"幼儿园"(Kindergarten)。福禄培尔被公认为现代学前教育的鼻祖,其教育思想与实践对世界各国幼儿教育的发展产生了深远的影响。

### 📝 自我评估

1. 19世纪德国学前教育家福禄培尔为学前儿童设计的一套玩具叫作"＿＿＿＿"。
2. 福禄培尔于1837年在德国的勃兰根堡创办了一所旨在"发展幼儿活动本能和自发活动的机构",在1840年,他将其命名为"＿＿＿＿"。

### ✎ 参考要点

1. 19世纪德国学前教育家福禄培尔为学前儿童设计的一套玩具叫作"　恩物　"。
2. 福禄培尔于1837年在德国的勃兰根堡创办了一所旨在"发展幼儿活动本能和自发活动的机构",在1840年,他将其命名为"　幼儿园　"。

### 💡 分析与思考

**一、福禄培尔创办了世界上第一所幼儿园**

1837年,福禄培尔在他的故乡图林根的勃兰根堡开办了一个"发展幼儿活动本能和自发活动的机构"。在那里,他创制了一套游戏用品——"恩物",并附使用说明。这是一套为学前儿童设计的玩具。福禄培尔认为自然界是上帝对人类的恩赐,要让儿童认识大自然,就必须以大自然为基础制作各种玩具,"恩物"就是恩赐给儿童的玩具物品。他运用自己在数学和建筑学方面的专长,设计了6套玩具,这些玩具以球、立方体和圆柱体为基本形态,供儿童触摸、抓握。1839年,福禄培尔在德累斯顿建立了一所类似的儿童游戏机构,于同年开办第一个儿童游戏指导员训练班,并配合训练班建立了一所儿童的"游戏和活动机构",以指导训练班的学员应用"恩物"去组织幼儿游戏,从而训练了第一批"儿童游戏指导员"。1840年,福禄培尔把设在勃兰根堡的机构命名为"德国幼儿园",这标志着世界上第一所幼儿园的诞生。

## 二、福禄培尔认为教育就是一种激发与唤醒

福禄培尔深受裴斯泰洛齐教育思想的影响,坚信人类精神发展的规律是自内而外展开的。在福禄培尔看来,人的教育就是激发和教导作为一种自我觉醒中的、具有思想和理智的生物的人有意识地和自决地、完美无缺地表现内在的法则,即上帝精神,并指明达到这一目的的途径和手段。① 也就是说,他认为在人身上本身就蕴含有待觉醒的力量,通过教育就可以促发这种力量。福禄培尔十分重视自然和天性的力量,主张幼儿园里要有花坛、菜园、果园等,认为儿童在大自然中才能获得健康幸福的成长。在福禄培尔看来,幼儿园就如同花园,幼儿如同花草,教师犹如园丁,儿童的发展犹如植物的成长。他认为,教育应当顺应儿童的本性,满足其本能的需要,如同园丁顺应植物的本性,给植物施加肥料,提供合适的日照、温度。这样,蕴含在人性中的神性将能逐步被唤醒而体现出来。

## 三、福禄培尔非常重视儿童的游戏,认为游戏对儿童的发展具有独特的价值

福禄培尔认为,游戏是人的内在本质的自发表现,一切的善都来自游戏。他指出,"游戏是儿童发展的、这一时期人的发展的最高阶段,因为它是内在本质的自发表现,是内在本质出于其本身的必要性和需要的向外表现,'游戏'一词本身就说明了这一点。游戏是人在这一阶段上最纯洁的精神产物,同时是人的整个生活、人和一切事物内部隐藏着的自然生活的样品和复制品。所以游戏给人以欢乐、自由、满足,内部和外部的平静,同周围世界的和平相处。一切善的根源在于它、来自它、产生于它。一个能干地、自发地、平心静气地、坚忍不拔地、直到身体疲劳为止坚持游戏的儿童,也必然成为一个能干的、平心静气的、坚忍不拔的、能够以自我牺牲来增进别人和自己幸福的人。一个游戏着的儿童,一个全神贯注地沉醉于游戏中的儿童,不就是这一时期儿童生活最美好的表现吗?"② 在福禄培尔看来,童年期时儿童对游戏的专注与成年后成人对生活的热爱这两者之间有着高度的相关。他认为,游戏会给儿童带来欢乐、自由和满足,有助于儿童拥有幸福和美好的一生。

总结与评价:福禄培尔是一位开创性的研究与实践者。他建造了世界上第一所幼儿园。在教育观念上,他重视儿童天性的力量,注重自然环境的价值,也十分看

---

① [德]福禄培尔. 人的教育[M]. 孙祖复,译. 北京:人民教育出版社,2001:6.
② [德]福禄培尔. 人的教育[M]. 孙祖复,译. 北京:人民教育出版社,2001:38-39.

重游戏的独特价值，这些都对当前的幼儿园教育实践有着深刻的影响。

### 教师反馈

◎ 福禄培尔十分重视和珍视儿童的游戏。他觉得，儿童是通过游戏来认识和理解外部世界的，幼儿在游戏中是非常认真和投入的，关于这一点，我完全赞成。有一次，我看到几个小朋友在活动室的一角玩"娃娃家"游戏，他们把低矮的栅栏当作家里的围墙，用积木搭建出了自己家的门。当伙伴来串门时，每个人都必须从门的位置进入，而不可以随意地跨越家里的"围墙"（尽管栅栏其实很矮）。你看，孩子们在游戏中是多么投入和专注呀。

## 3. 蒙台梭利的教育思想

玛丽亚·蒙台梭利（Maria Montessori，1870—1952），意大利第一位女医学博士，是20世纪享誉世界的杰出的幼儿教育家，蒙台梭利教育法的创始人。蒙台梭利自小受到良好的家庭教育，虽然她是独生女，但父母并不溺爱她，她养成了自律、自爱、乐于助人的独立个性。1907年，她在罗马开设了第一所"儿童之家"，将对智力缺陷儿童的教育方法运用于对正常儿童的教育中。她运用自己独创的方法进行教学，出现了惊人的效果：那些"普通的、贫寒的"儿童一个个被培养成聪明自信、有教养的、生机勃勃的少年英才。蒙台梭利通过观察和"儿童之家"的实验，提出了心理胚胎期、儿童发展敏感期、儿童在"工作"中成长等一系列重要观点。蒙台梭利认为，学校应为儿童设计量身定做的专属环境。她提出，成人必须信任儿童内在的力量，因为儿童有一种与生俱来的"内在生命力"，而教育只是为了促进儿童"内在潜能"的发挥。

### 自我评估

1. 第一个提出"敏感期"概念的教育家是哪一位？　　　　　　　　　（　　）
   A. 卢梭　　　　　B. 夸美纽斯　　　　C. 杜威　　　　D. 蒙台梭利

2. 名词解释:"敏感期"。

## 参考要点

1. 第一个提出"敏感期"概念的教育家是哪一位? （ D ）
A. 卢梭　　　　B. 夸美纽斯　　　　C. 杜威　　　　D. 蒙台梭利

2. 名词解释:"敏感期"。

答:(1)"敏感期"这一概念是由蒙台梭利提出的。(2)蒙台梭利认为"敏感期"是生物在发展时期所具有的一种特殊能力,是一种积极的活动力量。(3)蒙台梭利指出了儿童的几个发展敏感期:语言发展敏感期0—5岁;感觉发展敏感期0—5岁;行为规范养成敏感期2—6岁;肢体协调发展敏感期2岁半—5岁。(4)蒙台梭利认为教育必须与敏感期相符合。

## 分析与思考

### 一、蒙台梭利认为要相信儿童的力量,认为儿童期是人一生发展的重要时期

蒙台梭利非常确切地告诉人们,儿童自身具有强大的力量,人的发展主要体现在内部的自然发展方面。蒙台梭利认为,"存在一种神秘的力量,它给新生儿孤弱的躯体一种活力,使他能够生长,教他说话,进而使他完美,那我们可以把儿童心理和生理的发展说成是一种'实体化'"[①]。蒙台梭利十分重视遗传素质和内在的生命力,她认为,正是这种内在的冲动力,促使儿童不断地发展。蒙台梭利坚定地相信:"在儿童心灵中有着一种深不可测的秘密,随着心灵的发展,它逐渐展现出来。这种隐藏的秘密像生殖细胞在发展中遵循某种模式一样,也只能在发展的过程中才能被发现。"[②] 她觉得"人的第一意识不是后天给予的,而是先天存在的",她把这叫作"精神胚胎"。"因为每一婴儿都有一种创制本能,一种积极的潜力,能依靠他的环境构筑一个精神世界,所以,幼儿不仅作为一种肉体的存在,更作为一种精神的存在。每个幼儿的精神也各不相同,各有自己的创造性的精神。"[③] 蒙台梭利也相信儿童的

---

① [意] 玛利亚·蒙台梭利. 童年的秘密 [M]. 2版. 马荣根,译. 北京:人民教育出版社,2005:44.
② [意] 玛利亚·蒙台梭利. 童年的秘密 [M]. 2版. 马荣根,译. 北京:人民教育出版社,2005:34.
③ [意] 玛利亚·蒙台梭利. 童年的秘密 [M]. 2版. 马荣根,译. 北京:人民教育出版社,2005:50.

内部力量,她说:"尽管幼儿缺乏经验,但幼儿所拥有的最丰富的潜力能使他自己适应外部世界,并防止外部世界的伤害。"①(这与杜威的"补偿"理论有一定的相通之处)

## 二、提出了"敏感期"的概念

蒙台梭利对敏感期做了深入的阐述,她说:"一个敏感期跟一种特殊的敏感性有关,这种敏感性是生物在其早期仍处于个体发育的过程中获得的,它是一种暂时的倾向,限于获得一种特殊的品质。一旦这种品质和特性获得之后,这种特殊的敏感就消失了。一个活的动物体的每一种特殊品质都是借助于短暂的刺激和潜力的帮助而获得的。因此,生长不能归功于一种模糊的遗传的预定倾向,而是归功于周期性的和短暂的本能精心引导的结果。这种本能通过对某种确定的活动提供刺激来进行引导;这种活动可能跟同一物种的成年动物的活动大不相同。"②

蒙台梭利强调说,"正是这种敏感性,使儿童以一种特有的强烈程度接触外部世界。在这时期,他们容易地学会每样事情;对一切都充满了活力和激情"③,同时,"儿童不同的内在敏感性,使他能从复杂的环境中选择对自己生长适宜和必不可少的东西……使自己对某些东西敏感,而对其他东西无动于衷"。蒙台梭利认为"敏感期"是生物在发展时期所具有的一种特殊能力,是一种积极的活动力量。蒙台梭利指出了儿童的几个发展敏感期,即:语言发展敏感期0—5岁;感觉发展敏感期0—5岁;行为规范敏感期2—6岁;肢体协调发展敏感期2岁半—5岁。蒙台梭利认为儿童的发展有不同的敏感期,所以教育必须与敏感期相符合,才能促进儿童心理的正常发展,并避免由于延误时机而带来的儿童心理发展障碍。

## 三、蒙台梭利强调环境对儿童的发展能起到举足轻重的作用

蒙台梭利说:"正在实体化的孩子是一个精神的胚胎,他需要自己特殊的环境。正如一个肉体的胚胎需要母亲的子宫并在那里得以发育一样,精神的胚胎也需要外界环境的保护;这种环境充满着爱的温暖,有着丰富的营养,在这种环境中所有的东西都倾向于欢迎它,而不会对它有害。"④她认为旧的教育包括老师和儿童,而新

---

① [意] 玛利亚·蒙台梭利. 童年的秘密 [M]. 2版. 马荣根,译. 北京:人民教育出版社,2005:11.
② [意] 玛利亚·蒙台梭利. 童年的秘密 [M]. 2版. 马荣根,译. 北京:人民教育出版社,2005:51.
③ [意] 玛利亚·蒙台梭利. 童年的秘密 [M]. 2版. 马荣根,译. 北京:人民教育出版社,2005:52.
④ [意] 玛利亚·蒙台梭利. 童年的秘密 [M]. 2版. 马荣根,译. 北京:人民教育出版社,2005:48.

的教育包括老师、儿童和环境。她说,"我们教育最根本的特征是对环境的强调",而且应该是一个"自由发展的环境,有秩序的环境,愉快的环境,生机勃勃的环境……如果儿童没有这种环境,他的精神生命就不能发展,而一直处于虚弱、乖戾和与世隔绝的状态。这种儿童会成为一个不可思议的人。他是不能自助的、缺乏智谋的、厌烦的、易于陷入怪念头和非社会化的"。① 蒙台梭利是第一个如此旗帜鲜明地指出了为儿童营造出一个适宜于他自身环境的教育家,这个思想也深刻地影响了后面的高瞻课程,影响了瑞吉欧教育理念,也影响了华德福教育理念和实践体系。良好环境的支持,成为一个人走向成功与幸福的一条捷径,成为判断一个教育机构质量高低的标准。为幼儿提供一个有准备的环境已经逐步成为学前教育工作者的共识。

**四、蒙台梭利强调成人的作用,也强调成人与儿童之间良性互动**

1. 蒙台梭利认为成人对于儿童来说具有引导作用。她说:"儿童要想获得某种精神力量,就必须与经常使用这种力量的人在一起,我们想获得某种方法、习惯和传统,只能从具有这种方法、习惯和传统的人那里得来。……以前,人们只从身体和卫生方面考虑,把婴儿隔离起来,单放到一个特殊的房间里,让他们尽量多睡觉。婴儿孤单地睡在那个房间里,就像生病了一样。对待儿童的方式应该被当作一个社会问题,现在,我们通过观察和研究发现,当儿童能够走出大门的时候,我们出门时就应该带上他们,让他们尽可能地多观察周围的环境。"② 在蒙台梭利看来,经常地接触相关的环境,能够促进儿童获得新的精神力量。

2. 蒙台梭利认为儿童对成人具有唤醒和激发的作用。蒙台梭利认为,孩子的到来让父母们萌发出了被信任和被期待的感觉,让父母们产生了担当的力量,激发了父母对孩子的爱。她说:"自然赋予了父母爱儿女的心,这种爱是装不出来的,它也不需要任何理由。成人对婴儿的爱是非常伟大的,它代表着一种爱的能力,是一种本能,能够促使一个人为另一个人去牺牲,能够激发一个人为其他人服务。这是一种与生俱来的爱,所有的父母都将不惜牺牲自己的生命去保护儿童的生命。这种奉献会使他们感到快乐,而不是感到自己在牺牲。没有人会说:'看那个倒霉的家伙,

---

① [意] 玛利亚·蒙台梭利. 童年的秘密 [M]. 2 版. 马荣根, 译. 北京:人民教育出版社, 2005:164.

② [意] 玛利亚·蒙台梭利. 有吸收力的心灵 [M]. 蒙台梭利丛书编委会编, 北京:中国妇女出版社, 2012:78.

他居然有两个孩子！'相反，人们会认为有两个孩子是非常幸运的事情。为孩子做事情，父母会感到非常快乐，这就是父母的天性。孩子将人类无私奉献的美好情感唤醒了，而对于家庭以外的人来说，这种情感是不可能实现的。一个努力赚钱的商人绝对不可能对他的商业竞争对手说：'这些好处都给你了，我不要。'可是如果孩子缺少食物的时候，父母宁可自己挨饿，也会把自己仅有的一片面包留给孩子。"[1]

蒙台梭利认为，借助于儿童的爱，借助于一个新的生命，成人不得不开始过上一种新的生活，一种更好的生活。她说："儿童的爱具有极大的重要性。父母对一切都麻木了，需要一个新人去唤醒他们，用他们不再拥有的那种充满生气的和富有活力的能量再次激发他们。父母需要一个以不同方式行动的人，每天早晨他会对他们说：'复活另一种生命！学会更好地生活吧！'是的！更好地生活！感受到爱的精神！没有儿童对他们的帮助，成人将颓废。如果成人不努力自我更新，一层硬壳就开始在他心脏的周围形成，最终将会使他变得麻木不仁。"[2]

确实如此，我们见到，有许许多多的人因为孩子的到来，因为要给孩子一个好榜样，因为自己成为了孩子唯一的指望，因为受到了极高的期待，从而发生了改变。他们会更好地提高自己的境界，用更加积极乐观的方式去对待他人，会更加珍惜生命，更加热爱生活。

**五、蒙台梭利认为儿童也有工作，儿童的工作具有重要的意义**

蒙台梭利主张要支持儿童的工作。就像成人有自己的工作一样，儿童也有着真实的、属于自己的工作。她说："成人的工作和儿童的工作之间另一个明显的差异是，儿童并不寻求获利或帮助。儿童必须靠自己进行工作，他必须完成工作。没有人能挑起儿童的担子，代替他长大。儿童也不可能加快他的发展速度。一个生长中的生物特有的性质之一就是，它必须遵循一种进程表，既不允许推迟也不允许加快。自然是严厉的，它会对由于功能歧变，即反常或称作'迟滞'的病患所引起的点滴不服从的行为给予惩罚。儿童拥有一种驱动力，它不同于成人的驱动力。成人总是为了某些外在的目的而行动，这种目的要求他奋发努力和艰苦牺牲。但如果一个人

---

[1] ［意］玛利亚·蒙台梭利. 有吸收力的心灵［M］. 蒙台梭利丛书编委会编，北京：中国妇女出版社，2012：24-25.

[2] ［意］玛利亚·蒙台梭利. 童年的秘密［M］. 2版. 马荣根，译. 北京：人民教育出版社，2005：113.

要完成这个使命，他必须从他曾经做过的儿童那里获得力量和勇气。"① 蒙台梭利认为，教师要提供他们需要的环境，这样一来就能支持儿童的工作。儿童不会因为辛苦工作而感到疲累，他们通过工作获得成长并集聚了能量。蒙台梭利说："一旦给儿童留些余地时，儿童立即叫起来：'我要干这个！'但在我们的学校中，有一种适应儿童需要的环境，儿童会说：'让我自己做，这是对我的帮助。'这些话揭示了他们内在的需要。"②

总结与评价：蒙台梭利对幼儿的认识十分深刻，在教育目标上，她主张要发展儿童自发性的人格。她非常重视环境的价值，认为孩子可以从环境中吸收所有东西，并将其融入自己的生命。教师应当为儿童提供一个有准备的环境，这样的环境既包括充满了爱与快乐的心理环境，又包括经过教师精心组织和安排的物质环境。这些观念深刻地影响了后来的许多教育家和课程流派，如高瞻课程和华德福课程等。

### 教师反馈

◎ 蒙台梭利提出儿童发展是有"关键期"的。儿童的发展并不是均衡的速度，而是时快时慢的。儿童在每一个特定的时期都有一种特殊的感知能力。比如托班的孩子，会特别关注班级中的一些细节。

◎ 蒙台梭利提出儿童具有吸收性的心智。孩子是一个独特的个体，孩子内心也是敏感细腻的。孩子的知识不是通过教师的"教"得到的，而是通过儿童在特定的环境中自己的活动而获得的经验。这让我们认识到：儿童期在人的一生中是一个非常特殊的阶段，这种开放、有吸收性的状态只在这一阶段存在，因此，儿童就特别需要得到成人的爱与支持。

## 4. 杜威的教育思想

约翰·杜威（John Dewey，1859—1952），美国著名哲学家、教育家和心

---

① ［意］玛利亚·蒙台梭利. 童年的秘密［M］. 2版. 马荣根，译. 北京：人民教育出版社，2005：193.

② ［意］玛利亚·蒙台梭利. 童年的秘密［M］. 2版. 马荣根，译. 北京：人民教育出版社，2005：194.

理学家，实用主义哲学的创始人之一。1879年毕业于佛蒙特大学。1884年，获约翰·霍普金斯大学哲学博士学位。1894年，在芝加哥大学任哲学系、心理学系和教育系主任。杜威提出"教育即生活，学校即社会"的口号。其教育理论强调个人的发展、对外界事物的理解以及通过实验获得知识。杜威从1919年5月到1921年7月在中国讲学，历时2年又2个月，其思想深刻地影响了中国的教育。杜威一生著作颇丰，已出版的著作共计36种，论文800余篇，其中《民主主义与教育》《我的教育信条》和《明日之学校》等书籍具有深远的影响。

### 自我评估

1. 《民主主义与教育》一书的作者是　　　　　　　　　　　　　　　　（　　）
   A. 卢梭　　　　B. 杜威　　　　C. 皮亚杰　　　　D. 福禄培尔
2. 杜威认为："生长是生活的特征，所以教育就是生长。"（　　）

### 参考要点

1. 《民主主义与教育》一书的作者是　　　　　　　　　　　　　　　　（ B ）
   A. 卢梭　　　　B. 杜威　　　　C. 皮亚杰　　　　D. 福禄培尔
2. 杜威认为："生长是生活的特征，所以教育就是生长。"（ √ ）

### 分析与思考

**一、杜威提出"教育即生活，教育即生长"**

杜威认为，教育就是儿童生活的过程，而不是将来生活的预备。他说：生活就是发展，而不断发展，不断生长，就是生活。因此，最好的教育就是"从生活中学习，从经验中学习"。教育就是要给儿童提供保证生长或充分生活的条件。由于生活就是生长，儿童的发展就是原始的本能生长的过程，因此，杜威又强调说："生长是生活的特征，所以教育就是生长。"① 在他看来，教育不是把外面的东西强迫儿童去吸收，而是要使人类与生俱来的能力得以生长。杜威认为，教育过程在它的自身以

---

① ［美］约翰·杜威. 民主主义与教育［M］. 王承绪，译. 北京：人民教育出版社，2001：61.

外无目的，教育的目的就在教育的过程之中，他反对把从外面强加的目的作为儿童生长的正式目标。

杜威认为，人有四种基本的本能：制造的本能、交际的本能、表现的本能和探索的本能。这是与生俱来，无需经过学习，自然会知的。他说："当我将这四类兴趣——交谈或交流方面的兴趣、探究的或发现的兴趣、制作或建造的兴趣和艺术表现的兴趣——牢记在心时，我们就可以说，它们是自然的资源，是未投入的资本，儿童的积极生长仰赖于对它们的运用。"① 这些本能与兴趣提供学习活动的心理基础的动力。而其中制作的本能与兴趣最为突出。因此，他主张"教学应从学生的经验和活动出发，使学生在游戏和工作中，采用与儿童和青年在校外从事的活动类似的形式"。

## 二、杜威提出"学校即社会"

杜威认为，既然教育是一种社会生活过程，那么学校就是社会生活的一种形式。他强调说，学校应该"成为一个小型的社会，一个雏形的社会"。

杜威说："我认为教育是生活的过程，而不是将来生活的预备。我认为不通过各种生活形式或不通过那些本身就值得生活的生活形式来实现教育，对于真正的现实总是贫乏的代替物，结果便形成呆板，死气沉沉。我认为学校作为一种制度应当简化现实的社会生活；不应当像过去那样把它缩小成一种社会雏形……我认为既然学校生活是如此简化的社会生活，那么它应当从家庭生活里逐渐发展出来；它应当开展并继续儿童在家庭里已经熟悉的活动。"②

## 三、杜威强调儿童具有可塑性

在杜威看来幼儿生长的首要条件是未成熟状态。儿童生来弱小，无依无靠，却暗示着他们具有某种补偿的力量。杜威说："这种彻底的无依无靠性质，暗示着具有某种补偿的力量。……观察表明，儿童赋有头等社交能力。儿童具有灵活的和敏感的能力，对他们周围的人的态度和行为，都同情地产生感应，很少成年人能把这种能力保持下来。……从社会的观点看，依赖性指一种力量而不是软弱；它包含相互

---

① ［美］约翰·杜威. 学校与社会·明日之学校［M］. 赵祥麟，任钟印，吴志宏，译. 北京：人民教育出版社，2005：47.
② ［美］约翰·杜威. 学校与社会·明日之学校［M］. 赵祥麟，任钟印，吴志宏，译. 北京：人民教育出版社，2005：6.

依赖的意思。"① 杜威认为，未成熟的人为生长而具有特殊适应能力，构成他的可塑性。可塑性就是获得习惯或发展一定倾向的能力，这种可塑性有利于发展幼儿良好的生活能力和行为习惯。

杜威强调习惯的养成。他在《我的教育信条》中说："什么是教育？我认为一切教育都是通过个人参与人类的社会意识而进行的。这个过程几乎是在出生时就在无意识中开始了。它不断地发展个人的能力，熏染他的意识，形成他的习惯，锻炼他的思想，并激发他的感情和情绪。由于这种不知不觉的教育，个人便渐渐分享人类曾经积累下来的智慧和道德的财富。他就成为一个固有文化资本的继承者。世界上最形式的、最专门的教育确是不能离开这个普遍的过程。教育只能按照某种特定的方向，把这个过程组织起来或者区分出来。"②

### 四、杜威提出了"从做中学"这个基本的教学原则

在批判传统学校教育的基础上，杜威提出了"从做中学"这个基本原则。在他看来，如果儿童没有"做"的机会，那必然会阻碍儿童的自然发展。儿童生来就有一种要做事和要工作的愿望，对活动具有强烈的兴趣，对此要给予特别的重视。杜威认为，"从做中学"也就是"从活动中学"、从经验中学，它使得学校里知识的获得与生活过程中的活动联系了起来。由于儿童能从那些真正有教育意义和有兴趣的活动中进行学习，那就有助于儿童的生长和发展。杜威为体现这一教学思想，制定了五步教学法，即问题、观察、假定、推理和检验。

### 五、辩证地看待儿童与教师之间的关系

尽管杜威并不是"儿童中心"思想的首创者，但他是赞同"儿童中心"思想的。其最典型的一段话是："我们的教育中正在发生的一种变革是重心的转移。这是一种变革，一场革命，一场和哥白尼把天体的中心从地球转到太阳那样的革命。在这种情况下，儿童是中心，教育的各种措施围绕他们而组织起来。"③

从批判传统学校教育的做法出发，杜威认为，学校生活组织应该以儿童为中心，使得一切主要为儿童而不是为教师。因为以儿童为中心是与儿童的本能和需要协调

---

① [美] 约翰·杜威. 民主主义与教育 [M]. 王承绪，译. 北京：人民教育出版社，2001：51-52.
② [美] 约翰·杜威. 学校与社会·明日之学校 [M]. 赵祥麟，任钟印，吴志宏，译. 北京：人民教育出版社，2005：1.
③ [美] 约翰·杜威. 学校与社会·明日之学校 [M]. 赵祥麟，任钟印，吴志宏，译. 北京：人民教育出版社，2005：41.

一致的，所以，在学校生活中，儿童是起点，是中心，而且是目的。杜威强调说，我们必须站在儿童的立场上，并且以儿童为自己的出发点。

在强调"儿童中心"思想的同时，杜威又非常重视教师的作用。我们甚至可以说杜威持有一种"双中心"和"双主体"思想。杜威不同意教师采取"放手"的政策。他认为，教师如果对儿童采取放任的态度，实际上就是放弃他们的指导责任。在杜威看来，从外部强加于儿童，或者让儿童完全放任自流，两者都是根本错误的。由于教育过程是儿童与教师共同参与的过程，是他们双方真正合作的过程，因此，在教育过程中儿童与教师之间的接触更亲密，从而使得儿童更多地受到教师的指导。杜威说："教师作为集体的成员，具有更成熟的、更丰富的经验以及更清楚地看到任何所提示的设计中继续发展的种种可能，不仅是有权而且有责任提出活动的方针。"在他看来，教师不仅应该给儿童提供生长的适当机会和条件，而且应该观察儿童的生长并给予真正的引导。他这样说："教师总是真正上帝的代表者，真正天国的领路人。"①

总结与评价：杜威的"教育即生活，学校即社会"的观念，影响了许多教育理论家和教育实践家。他提出了著名的"做中学"思想。杜威对儿童也有着十分深刻的认识，例如，他极其深刻地提出了儿童具有可塑性，提出儿童的未成熟状态让儿童的成长成为可能，他还提出幼儿具有极强的社会交往能力。他的观点和主张，对当前的学前教育理论有着极强的启示作用。

### 教师反馈

◎ 杜威提出了"儿童的依赖性是一种力量而不是软弱"，这句话写得特别好。儿童充分地依赖和信任成人，往往能创造出一种新的力量，就能够帮助儿童和父母成为学习与成长的共同体，会倒逼着成人成为儿童的良好示范者。

◎ 幼儿期儿童的能力相对比较弱，生存力比较弱，却"补偿"出强大的社会能力，由这点也就理解了儿童特别会向着照料他的成人微笑。另外，杜威还认为未成熟的人为生长而具有特殊适应的能力，以构成他的可塑性。

---

① ［美］约翰·杜威. 学校与社会·明日之学校 ［M］. 赵祥麟，任钟印，吴志宏，译. 北京：人民教育出版社，2005：15.

# 5. 皮亚杰的认知理论

让·皮亚杰（Jean Piaget，1896—1980），瑞士心理学家，发生认识论创始人。1918年，他获生物学和哲学双博士学位。1938—1951年，皮亚杰受聘洛桑大学实验心理学和社会学教授。1939—1951年，日内瓦大学聘其为社会学教授。皮亚杰于1955年在日内瓦创建了"国际发生认识论中心"并任主任。皮亚杰是儿童心理学、发生认识论的开创者，他开辟了心理学研究的一个新途径，对心理学和教育学的发展具有重要影响。

## 自我评估

1. 皮亚杰提出，人的认知发展分为四个阶段，即_____阶段（0—2岁），前运算阶段（2—7岁），_____阶段（7—11岁）和形式运算阶段（从11岁开始发展）。

2. 皮亚杰认为："_____"就是儿童把外界的信息纳入他们已有的认知结构中；而"顺应"就是儿童改变已有的认知结构以适应外部环境。

## 参考要点

1. 皮亚杰提出，人的认知发展分为四个阶段，即 __感知运动__ 阶段（0—2岁），前运算阶段（2—7岁），__具体运算__ 阶段（7—11岁）和形式运算阶段（从11岁开始）。

2. 皮亚杰认为：__"同化"__ 就是儿童把外界的信息纳入他们已有的认知结构中；而"顺应"就是儿童改变已有的认知结构以适应外部环境。

## 分析与思考

一、儿童智力发展的理论

皮亚杰认为智力发展的本质是个体对外界的不断适应。这种适应以两种形式表现出来，一是同化，即儿童把外界的信息纳入他们已有的认知结构中；二是顺应，即儿童改变已有的认知结构以适应外部世界。同化和顺应之间的平衡也就是在同化过程中主体仍要服从客体的性质，而在顺应过程中客体要符合主体结构的状态（Ammon，1977）。随着同化、顺应之间的平衡和不平衡的循环往复的过程，儿童的智力水平从低级向高级发展。[①]

## 二、儿童认知发展的阶段论

皮亚杰把儿童的认知发展分成以下四个阶段：

1. 感知运动阶段（0—2岁），儿童依靠动作去适应环境。

2. 前运算阶段（2—7岁），儿童可凭借符号进行思维。

3. 具体运算阶段（7—11岁），儿童能进行逻辑运算，具有守恒性和可逆性，但思维活动需要具体内容的支持。

4. 形式运算阶段（11岁开始一直发展），儿童能够摆脱现实的影响，关注假设的命题，儿童的思维发展到了抽象逻辑推理水平。[②]

## 三、建构主义发展观

皮亚杰认为，发展有四个条件，即成熟、实际经验、社会环境的作用和平衡化，前三者是发展的三个经典性因素，而第四个条件才是真正的原因。皮亚杰认为，心理既不是起源于先天的成熟，也不是起源于后天的经验，而是起源于动作，即动作是认识的源泉，是主客体相互作用的中介。

皮亚杰特别关注逻辑思维的产生过程，他告诉我们："幼儿通过操作具体的事物来发展逻辑思维能力，建构他们对世界的了解。在操作各种不同尺寸、形状、颜色的物体的过程中，幼儿学会了分类、比较，也了解了顺序；在做实验、开拓新发现，以及修正先前的思考方式以适应新见解时，幼儿的知识增加了。"[③]

教师们要深入地学习领会皮亚杰的思想，智慧地加以运用。如果教师提供的学习内容太过容易，幼儿则没有兴趣，不会全身心投入到学习中去，但是内容也不应太难，内容太难，超过了幼儿当前的认知水平，也无法达到促进发展的目的。

---

① 周欣. 儿童数概念的早期发展 [M]. 上海：华东师范大学出版社，2004：9.
② 王振宇. 学前儿童发展心理学 [M]. 北京：人民教育出版社，2011：10.
③ [美] 黛安·翠斯特·道治，劳拉·柯克，凯特·海洛曼. 幼儿园创造性课程（上）[M]. 吕素美，译. 南京：南京师范大学出版社，2006：12-13.

总结与评价：皮亚杰认知阶段理论，让教师们深刻地认识到儿童在思维发展的过程中会经历一个相对固定的路径。"同化"和"顺应"概念的提出，让教师们对儿童的学习方式有了更为深刻的认识。皮亚杰的建构主义发展观也深刻地影响了后面许多课程流派。

### 教师反馈

◎ 皮亚杰特别关注逻辑思维的产生过程，他提出的"同化"和"顺应"的概念让我们对儿童的学习有了更深刻的了解。"同化"是指儿童把外部世界纳入自己的世界，"顺应"就是适应外部世界。这就让我们发现儿童是如何学习的。皮亚杰还把个体从出生到成熟的发展分为四个阶段，让我们知道儿童发展的每个阶段有其特定的需要解决的问题。

## 6. 维果斯基的"最近发展区"理念

维果斯基（Lev Vygotsky，1896—1934），也译作"维果茨基"，苏联心理学家，"文化—历史"理论的创始人。他主要研究儿童发展与教育心理，着重探讨思维和语言、儿童学习与发展的关系问题。他由于在心理学领域做出了重要贡献，被誉为"心理学中的莫扎特"。写有多篇论文阐述教学与发展的关系，提出了"最近发展区""教学必须走在发展的前面"等观点。他所创立的"文化—历史"理论不仅对苏联，而且对西方的心理学产生了广泛的影响。

### 自我评估

1. "最近发展区"理念的提出者是　　　　　　　　　　　　（　　）
   A. 皮亚杰　　　B. 埃里克森　　　C. 维果斯基　　　D. 陈鹤琴
2. 名词解释：最近发展区。

### 参考要点

1. "最近发展区"理念的提出者是　　　　　　　　　　　　（ C ）
   A. 皮亚杰　　　B. 埃里克森　　　C. 维果斯基　　　D. 陈鹤琴

2. 名词解释："最近发展区"。

答：（1）维果斯基提出"最近发展区"的思想。（2）儿童有两种发展水平，一是现有的发展水平，二是通过成人或有经验的同伴的帮助达到的另一种水平，这两种水平之间的差距就是"最近发展区"。

## 分析与思考

### 一、维果斯基特别强调在人的发展过程中社会文化历史的作用

维果斯基尤其强调活动和社会交往在人的高级心理机能发展中的突出作用。维果斯基所提出的"文化—历史"发展理论认为：人的高级心理机能亦即随意的心理过程，并不是人自身所固有的，而是在与周围人的交往过程中产生与发展起来的，是受人类的文化历史所制约的。其实现的具体机制是通过物质工具，如刀斧、计算机等，以及精神工具，如各种符号、词和语言等实现的。

维果斯基的理论强调四种层次的人类发展的相似与相异处：1. 人类种族是通过进化而发展的（系统发展论）。2. 人类是通过历史而发展的。3. 个人是通过儿童期以及成人期而发展的（个体发生学）。4. 能力是通过儿童及成人个别的工作或活动而发展的（微发生学）。[①]

维果斯基的儿童发展观点，假设社会互动和孩子参与真实的文化活动均是发展的必要条件，同时在进化过程中，人类的心智能力也因需要沟通而被唤起。

### 二、维果斯基第一个提出了"最近发展区"的概念

维果斯基在说明教学与发展的关系时，第一个提出了"最近发展区"的概念。他解释道：儿童在集体活动中，在成年人的引导下，通过模仿能做更多的事情，而且是理解地、独立地做。儿童在成年人指导和帮助下演算习题的水平，与他在独立活动中便能演算习题的水平，二者之间存在差距，这个差距就是儿童的最近发展区。[②]

---

① [美]贝尔克，[美]温斯勒. 鹰架儿童的学习：维果斯基与幼儿教育[M]. 谷瑞勉，译. 南京：南京师范大学出版社，2007：8.
② [苏]维果斯基. 维果斯基教育论著选[M]. 余震球，选译. 北京：人民教育出版社，2005：386.

基于"最近发展区"理论，他认为教学必须要考虑儿童已达到的水平并要走在儿童发展的前面。维果斯基认为："教学与发展不直接吻合，它处于十分复杂的相互关系中的两个过程。只有当教学走在发展前面时，这种教学才是好的教学，这种教学引起了处于成熟阶段、位于最近发展区的一系列机能。"[①] 这就启发我们，教育开始之前要首先确定儿童发展的两种水平，一是现有的发展水平，二是在有指导的情况下借助成人的帮助可以达到的解决问题的水平，或是借助于他人的启发帮助可以达到的较高水平。只有这样，教育才有准确的方向和目标。我们也可以这样来把握"最近发展区"，即指的是一个特定的距离——从孩子能独立解决问题，到获得成人或该文化中有能力分子的协助，而完成工作之间的距离。根据维果斯基"最近发展区"的思想，教学过程必须建立在那些尚未成熟的心理机能上，这样就和儿童的现有发展水平发生了矛盾，这种外部的对立性，引起了儿童心理上的内部矛盾，这一矛盾正是推动儿童心理发展的动力。

此外，维果斯基特别强调老师的作用，强调外部环境对教育的作用不是机械的。其思想体系是当今建构主义发展的重要基石，在此基础上，学者们也发展出了很多新的见解和认识，包括"鹰架"理论等支架式教学模式。这种教学方式首先强调在教师指导情况下学生的发现活动，其次，教师指导成分逐渐减少，最终要使学生达到独立发现的水平，将监控学习和探索的责任由教师向学生转移。

总结与评价：维果斯基的"最近发展区"理论，让人们一下子看到了教师在儿童发展中的独特作用。在这一理论的启发下，之后的研究者不断进行深入研究，提出了"鹰架"理论。这些都有助于人们深化关于"人是如何学习"的这一课题的认识。

### 教师反馈

◎ 维果斯基最早提出"最近发展区"的概念，人们还发展出了"鹰架"理论。这让我们看到，教师、家长以及同伴都在儿童成长中有着不可或缺的地位。儿童的学习很大程度上是一种模仿，需要得到成人的支持。这些事实提醒我们，教师和家长要有良好的示范及引导，需要对儿童多加鼓励，提出支持性的建议，这样才能让儿童获得新的发展。

---

① 黄人颂. 学前教育学参考资料[M]. 北京：人民教育出版社，1992：569-584.

# 7. 埃里克森的人格发展阶段理论

埃里克·霍姆伯格·埃里克森（Erik Homburger Erikson，1902—1994），出生于德国的法兰克福，美国著名的精神病医师、发展心理学家和精神分析学家，是新精神分析派的代表人物。1950年，他出版了第一部著作《童年与社会》。他提出人格的社会心理发展理论，认为人的自我意识发展持续一生。他把自我意识的形成和发展过程划分为八个阶段，指出每一阶段的特殊社会心理任务，并认为每一阶段都有一个特殊矛盾，矛盾的顺利解决是人格健康发展的前提。

## 自我评估

1. ＿＿＿＿＿＿认为，人的自我意识发展持续一生，他把自我意识的形成和发展过程划分为八个阶段。

2. 埃里克森把人格发展分为八阶段：（1）婴儿前期（0—1.5岁），基本信任—基本不信任；（2）婴儿后期（1.5—3岁），自主—羞愧；（3）幼儿期（3—6岁），主动—＿＿＿＿；（4）童年期（6—12岁），勤奋—自卑；（5）青少年期（12—18岁），同一性—角色混乱；（6）成年早期（18—25岁），亲密—孤独；（7）成年中期（25—50岁），繁衍—停滞；（8）成年后期（50岁以后），完善—失望。

## 参考要点

1. __埃里克森__ 认为，人的自我意识发展持续一生，他把自我意识的形成和发展过程划分为八个阶段。

2. 埃里克森把人格发展分为八阶段：（1）婴儿前期（0—1.5岁），基本信任—基本不信任；（2）婴儿后期（1.5—3岁），自主—羞愧；（3）幼儿期（3—6岁），主动—__内疚__；（4）童年期（6—12岁），勤奋—自卑；（5）青少年期（12—18岁），同一性—角色混乱；（6）成年早期（18—25岁），亲密—孤独；（7）成年中期（25—50岁），繁衍—停滞；（8）成年后期（50岁以后），完善—失望。

## 分析与思考

### 一、埃里克森提出了人格的社会心理发展理论，拓宽了精神分析理论的范围

埃里克森摈除了弗洛伊德的泛性论观点，强调人格发展中社会和文化影响的作用。首先，他认为，在人的心理发展过程中，自我与社会环境是相互作用的，他将精神分析和社会学结合了起来；其次，他强调健康和适应性的自我机制，将精神分析和社会学结合了起来；第三，他使精神分析不再局限于临床个案的研究，而是拓展到了对正常个体的研究；第四，他把以自我为中心的人格发展阶段扩展到整个生命周期，突破了其他自我心理学研究者仅仅描述幼儿早期人格发展的局限性。从此以后，人们眼中的精神分析成为一个可以持续发展的理论，而不再是僵化的教条。

### 二、埃里克森把自我意识的形成和发展过程划分为八个阶段[①]

埃里克森认为，人的发展是按阶段依次进行的，如果人的生命是一个周期，那么可划分为八个阶段，就像我们的身体器官是按照一个预定的遗传时间表发展的一样，我们同样也遗传了一个心理时间表来发展我们的人格。在人出生的时候，八个阶段都是未充分展开的，之后每一个阶段呈现出一个新的整体，就像是从前一个阶段脱胎进化而来，这便是埃里克森的"胚胎渐次生成说"，他以此来类比人发展的原则。这八个阶段是以不变的顺序依次出现的，而且具有跨文化的一致性，因为它们是由遗传因素决定的，不过，每一个阶段是否能够顺利度过，则是由社会环境决定的。社会环境不同，各阶段相关表现出现的时间可能不一样，因此，这种阶段发展理论也可称作"心理社会发展阶段理论"。埃里克森认为这八个阶段每一个阶段都是不可忽视的，与人类的健康、幸福密切相关。

埃里克森认为，在心理发展的每一个阶段都存在一种"危机"，这里所说的危机并非是灾难性的事件，而是指发展中的一个重要转折点。积极地解决危机可以增强自我的力量，帮助个体更好地适应环境，顺利地度过这一阶段，并提高后一阶段危机积极解决的可能性；消极地解决危机则会削弱自我的力量，阻碍个体适应环境，并降低后一阶段危机积极解决的可能性。积极解决与消极解决之间并不是非此即彼的关系，事实上，每一次危机的解决都同时包含着积极和消极因素。

这八个阶段和各阶段的人格特征具体如下：（1）婴儿前期（0—1.5岁），基本

---

① [美] 爱利克·埃里克森. 童年与社会 [M]. 高丹妮，李妮，译. 北京：世界图书出版公司，2018.

信任—基本不信任；（2）婴儿后期（1.5—3岁），自主—羞愧；（3）幼儿期（3—6岁），主动—内疚；（4）童年期（6—12岁），勤奋—自卑；（5）青少年期（12—18岁），同一性—角色混乱；（6）成年早期（18—25岁），亲密—孤独；（7）成年中期（25—50岁），繁衍—停滞；（8）成年后期（50岁以后），完善—失望。

第一阶段　婴儿前期（0—1.5岁）：基本信任—基本不信任

这是获得基本信任感而克服基本不信任感阶段。这一阶段的基本任务是通过和谐的早期亲子关系建立相互的信任感，这将会影响孩子自我概念的建立、道德判断的形成和个性的健康发展。所谓基本信任，就是婴儿的需要与外界对他需要的满足保持一致。这个阶段，婴儿对母亲或其他代理人表示信任，婴儿感到所处的环境是个安全的地方，周围人们是可以信任的，由此就会扩展为对一般人的信任。婴儿如果得不到周围人们的关心与照顾，他就会对外界，特别是对周围的人，产生害怕与怀疑的心理，以致影响下一阶段的顺利发展。埃里克森指出，从出生到1岁左右，新生儿几乎完全处在周围人的疼爱中。婴儿是否得到了疼爱和照料，他们的需要是否得到了满足，他们的啼哭是否被察觉了——这是他们人格发展中的第一个转折点。需要得到满足的儿童会产生基本的信任感，对这样的儿童来说，世界是个好地方，人人充满爱意，容易接近。遗憾的是，有些婴儿从没有得到所需要的疼爱和照料，这使他们形成了一种基本的不信任感，于是这些儿童开始进入一种对他人怀疑和退缩的生活模式。

第二阶段　婴儿后期（1.5—3岁）：自主—羞愧

这是获得自主感而避免怀疑感与羞耻感阶段。个体在第一阶段处于依赖性较强的状态下，什么都由成人照顾。到了第二阶段，儿童开始有了独立自主的要求，如想要自己穿衣、吃饭、走路、拿玩具等，他们开始去探索周围的世界。这时候，如果父母及其他照顾他们的成人允许他们独立地去干一些力所能及的事情，并且表扬他们完成的工作，就能培养他们的意志力，使他们获得一种自主感，能够自己控制自己。相反，如果成人过分爱护他们，处处包办代替，什么也不需要他们动手；或过分严厉，这也不准那也不许，稍有差错就粗暴地斥责，甚至体罚——例如，孩子由于不小心打翻了东西，成人就打孩子——使孩子一直遭遇到许多失败的体验，就会产生自我怀疑与羞耻之感。

因此，成人要有意识地引导孩子做各种力所能及的生活小事，培养他们的独立生活能力；要尊重幼儿在学习、游戏及社交活动中表现出来的自主性、独立性，让他们体验依靠自己的力量完成和解决问题的喜悦感和自豪感，从而树立自信心，培养独立精神。专制型和放任型或忽视型的父母，都不能与儿童形成有效的联系，而对儿童既提出适度的要求，又对儿童的交流做出积极反应的权威型父母，能较好地充当儿童社会化过程中的负责人。因此，应使孩子在民主的气氛中适度遵守规则，既具有自主意识，又具有良好的意志力。

第三阶段　幼儿期（3—6岁）：主动—内疚

这是获得主动感而克服内疚感的阶段。个体在这阶段的肌肉运动与言语能力发展很快，能参加跑、跳、骑小车等运动，能说一些连贯的话，还能把自己的活动扩展到超出家庭的范围。除了模仿行为外，个体对周围的环境充满了好奇心，知道自己的性别，也知道动物是公是母，常常问问这、动动那。这时候，如果成人对于孩子的好奇心以及探索行为不横加阻挠，让他们有更多机会去自由参加各种活动，耐心地解答他们提出的各种问题，而不是嘲笑、禁止，更不是指责，那么，孩子的主动性就会得到进一步发展，他们会表现出很大的积极性与进取心。

反之，如果父母对儿童采取否定与压制的态度，就会使他们认为自己的游戏是不好的，自己提出的问题是蠢笨的，自己在父母面前是被讨厌的，这致使孩子产生内疚感与失败感，会认为自己总把事情做错，这种内疚感与失败感会影响下一阶段的发展。如果这一阶段的危机得以积极解决，主动压倒了内疚，就会在儿童人格中形成"目的"品质，儿童就会拥有面对和追求有价值目标的勇气，成年后就容易具备有计划性、积极、果断等人格品质，否则可能会形成退缩、无计划性、不自信和依赖他人的消极人格品质。在这里，我们可以看到，埃里克森强调发展主动性的观点与《幼儿园教育指导纲要（试行）》所倡导的"尊重幼儿的人格和权力，尊重幼儿身心发展的规律和学习特点"的教育理念是相一致的。

第四阶段　童年期（6—12岁）：勤奋—自卑

这是获得勤奋感避免自卑感的阶段。学龄初期，儿童的智力不断发展，特别是逻辑思维能力发展迅速，他们提出的问题很广泛，而且有一定的深度。他们的能力也日益发展，活动范围已经扩展到学校以外的社会。这时候，对他们影响最大的已经不是父母，而是同伴或邻居，尤其是学校中的教师。他们很关心物品的构造、用途与性质，对于工具技术也很感兴趣。这些方面如果能得到成人的支持、帮助与赞扬，则能进一步加强他们的勤奋感，使他们进一步对这些方面产生兴趣。埃里克森劝告做父母的人，不要把孩子的勤奋行为看作捣乱，否则孩子会形成自卑感，认为自己不如别人；应该鼓励孩子努力获得成功，努力完成任务，激发他们的勤奋感与竞争心，对获得好成绩有信心；还要鼓励他们尽自己最大努力与周围的人们发生联系，进行社会交往，使他们相信自己是有能力的、聪明的，任何事情都能做得很好。总之，要使他们怀有一种成就感。

第五阶段　青少年期（12—18岁）：同一性—角色混乱

这一阶段的核心问题是自我意识的确定和自我角色的形成。"同一性"这一概念是埃里克森自我发展理论中的一个重要组成部分，它可以理解为社会与个人的统一，个体的主我与客我的统一，个体对历史性任务的认识与其主观愿望的统一；也可理解为对自己的过去、现在和将来的认识，即在任何情况下都能够全面认识到意识与行动的主体是自己，或者说能抓住自己，亦即能意识到"真正的自我"，也可称为"核心的自我"。青少年对周围世界有了新的观察与新的思考方法，他们经常考虑自己到底是怎样一个人，他们从别人对自己的态度中，从自己扮演的各种社会角色中，逐渐认清了自己。此时，他们逐渐疏远了自己的父母，从对父母的依赖关系中解脱出来，而与同伴们建立了亲密的友谊，从而进一步认识自己，对自己的过去、现在、将来产生一种内在的连续之感，也认识自己与他人在外表上与性格上的相同与差别，认识自己的现在与未来在社会生活中的关系，这就是同一性，即心理社会同一感。埃里克森认为，这种同一感可以帮助青少年了解自己，了解自己与各种人、事、物的关系，以便能顺利地进入成年期。否则就会产生同一性的混乱。如：怀疑自我认识与他人对自己认识之间的一致性；做事情马虎，看不到努力工作与获得成就之间的关系；对领导与被领导之间的共同点与差异看不清，要么持对立情绪，要么盲目顺从等；在两性问题上，表现为认识不到两性之间的相似与差异之处等。

第六阶段　成年早期（18—25岁）：亲密—孤独

这是建立家庭生活的阶段，是获得亲密感、避免孤独感的阶段。亲密感，是人与人之间的亲密关系，包括友谊与爱情。亲密的社会意义，是个人能与他人同甘共苦，相互关怀。亲密感在危急情况下往往会发展为一种互相承担义务的感情，它是在共同完成任务的过程中建立起来的，如果一个人不能与他人分享快乐与痛苦，不能与他人进行思想情感的交流，不相互关心与帮助，就会陷入孤独寂寞的苦恼情境之中。

第七阶段　成年期（25—50岁）：繁衍—停滞

这是成家立业的阶段，是获得创造感、避免"自我专注"阶段。这一阶段有两种发展可能性：一种可能性是向积极方面发展，个人除关怀家庭成员外，还会扩展到关心社会上其他人，关心下一代以至子孙后代的幸福。他们在工作上勇于创造，追求事业的成功，而不仅是满足个人需要；另一种可能性是向消极方面发展，即所谓"自我专注"，就是只顾自己以及自己家庭的幸福，而不顾他人的困难和痛苦，即使有创造，其目的也完全是为了自己的利益。

第八阶段　老年期（50岁以后）：完善—失望

这是获得完美感、避免失望感阶段。如果前面七个阶段积极的成分多于消极的成分，就会在老年期汇集成完美感，回顾一生觉得这一辈子过得很有价值，生活得很有意义。相反，如果之前的人生中消极成分多于积极成分，就会在此阶段产生失望感。

埃里克森在分析每个阶段时，都提出一些积极的建议。例如，他认为，一个人不应该对任何人都信任，不信任感也有一点用处，有了不信任感后，对于外界的危险会有一种准备，对于外界不愉快的事情可有一种预期，否则一遇到社会挫折就感到不可思议或束手无策，不利于自我的成长。但埃里克森认为，在人际关系中，信任感与不信任感要有一定的比例，信任感应该多于不信任感，以有利于心理发展。他还认为，自主感也不能无限制地发展，也必须有一定的怀疑感与羞耻感，如果过分相信自己，以后就不容易适应社会准则，变得独断专行。埃里克森认为，自主感应强于怀疑感与羞耻感。儿童的勤奋感中也应该有一点失败的经验，以便今后能经受住失败的挫折，但又不能过分地经常地遭受失败，经常失败就会产生自卑感。有研究表明，埃里克森自我发展的八个阶段在具体年龄段的划分上有些偏前，也有一些研究者提出埃里克森的理论存在一些局限性，例如，心理发展八阶段论的思辨性多于科学性。

总结与评价：埃里克森的人格发展阶段理论有助于人们进一步确认在人格发展过程中有不同的阶段，在特定阶段要面对相应的重大选择和挑战。尤其是他把学前期划分为三个阶段，十分有助于学前教育工作者进一步认识和理解儿童期的价值，以及学前儿童的发展目标。

### 教师反馈

◎ 埃里克森把人一生的人格发展分为八个阶段，其中前三个阶段都在学龄前期。他强调每个阶段都是不可忽视的，前一个阶段发展得健康，下一个阶段才能发展好。在人0—1.5岁这个阶段，埃里克森强调孩子和成人关系中的"信任感"，让孩子得到爱与信任的满足感，对他下一阶段乃至孩子个性的健康发展都有积极影响。1.5—3岁期间，则强调儿童的自主性，这个年龄段的孩子总是说"我自己来！" 3—6岁期间，强调儿童的主动性。这一理念和高瞻课程提出的"主动学习"的理念有相同的地方，即都认为儿童必须通过自己的主动学习获取经验并建构知识体系；这一过程不是被动的、别人强迫的，而是儿童自己积极主动学习的过程。

# 8. 马斯洛的需求层次理论

亚伯拉罕·马斯洛（Abraham H. Maslow，1908—1970），美国著名社会心理学家，人本主义心理学的代表人物。1926年考入康乃尔大学，1934年获得博士学位，之后留校任教。人本主义心理学兴起于二十世纪五六十年代的美国，由马斯洛创立，以罗杰斯为代表，被称为除行为学派和精神分析以外，心理学上的"第三势力"。它既反对行为主义把人等同于动物，只研究人的行为，不理解人的内在本性，又批评弗洛伊德只研究神经症和精神病人，不考察正常人心理，因而被称之为"心理学的第三种运动"。人本主义和其他学派最大的不同是特别强调人的正面本质和价值，而并非集中研究人的问题行为；人本主义强调人的成长和发展，并称之为"自我实现"。马斯洛的主要成就包括提出了人本主义心理学，提出了马斯洛需求层次理论（也被称为"需要层次理论"）。

## 自我评估

1. 马斯洛需求层次理论中，人由低到高的需求依次是：生理需求、安全需求、爱和归属的需求、尊重的需求和＿＿＿＿＿＿的需求。
2. 马斯洛是人本主义心理学的代表人物。　　　　　　　　　　　　　　（　　）

## 参考要点

1. 马斯洛需求层次理论中，人由低到高的需求依次是：生理需求、安全需求、爱和归属的需求、尊重的需求和__自我实现__的需求。
2. 马斯洛是人本主义心理学的代表人物。　　　　　　　　　　　　　　（　✓　）

## 分析与思考

### 一、马斯洛提出了需求层次理论

马斯洛人本主义心理学的核心是人通过"自我实现"满足多层次的需要，达到

"高峰体验",重新找回被技术排斥的人的价值,实现完美人格。马斯洛认为人作为一个有机整体,具有多种动机和需要,包括生理需求、安全需求、归属与爱的需求(也被称为"社交需求")、尊重需求和自我实现需要。

1. 生理需求。生理需求是人们最原始和最基本的需求,包括对水、食物、睡眠和呼吸等的需求。如果这些需要得不到满足,人类个人的生理机能就无法正常运转。

2. 安全需求。马斯洛认为,整个有机体是一个追求安全的机制,这里的安全包括人身安全、健康保障、道德保障等内容,即要求劳动安全、职业安全和生活稳定。安全需求比生理需求高一级。

3. 爱和归属的需求。爱和归属的需求也叫社交的需求,是指个人渴望得到家庭、团体、朋友和同事的关怀、爱护和理解,是对友情、信任、温暖和爱情的需求。社会的需求更加细腻、个性化。人人都希望得到相互的关心和照顾。

4. 尊重的需求。尊重的需求可分为自我尊重、信心、成就、尊重他人和被他人尊重。人人都希望自己有稳定的社会地位,要求个人的能力和成就得到社会的承认。尊重的需要又可分为内部尊重和外部尊重。内部尊重是指一个人希望在各种不同情境中有实力,能胜任,充满信心,能独立自主。总之,内部尊重就是人的自尊。外部尊重是指一个人希望有地位,有威信,受到别人的尊重、信赖和高度评价。马斯洛认为,尊重需要得到满足,能使人对自己充满信心,对社会满腔热情,体验到自己活着的用处与价值。

5. 自我实现的需求。包括道德、创造力、自觉性、问题解决能力和公正度。自我实现的需求是最高层次的需求,是指实现个人理想、抱负,发挥个人的能力到最大程度,达到自我实现境界,接受自己也接受他人,解决问题的能力增强,自觉性提高,善于独立处事,要求不受打扰地独处,完成与自己的能力相称的一切事情。也就是说,这样的人干自己喜欢并且适合自己的工作,并感到最大的快乐。马斯洛认为自我实现需求可以归入人对自我能力充分发挥的欲望,它就是一种使潜力得以实现的倾向,这种倾向可以使一个人越来越成为独特的那个人,成为他所能够成为的一切;一个人能够成为什么,他就必须成为什么,他必须忠于他自己的本性[①]。

1954年,马斯洛在《激励与个性》一书中探讨了他早期著作中提及的另外两种需求:求知需求和审美需求。这两种需求未被列入他的需求层次序列中,他认为这

---

① 彭运石. 走向生命的巅峰——马斯洛的人本心理学[M]. 武汉:湖北教育出版社,1999:108-110.

二者应居于尊重需求与自我实现需求之间。

过去，人们往往用金字塔理论来介绍和解释马斯洛所提出的不同需求层次理论。而事实上，这样的解释尽管能够给大家以直观明了的认识，但是也带来了新的可能的误解，即认为人的高级需求必须是在低层次需求满足之后才能产生。但马斯洛本人原来的解释却是新的需求是在前面的优势需求满足后逐渐出现的，这并不是一种突然的跳跃的现象，而是缓慢地从无到有的过程。比如说，当优势需求 A 仅满足了 10%，那么新的需求 B 可能还无踪影。然而，当需求 A 得到了 25% 的满足后，需求 B 就可能显露出 5%；当需求 A 满足了 75% 时，需求 B 也许将显露出 50%。因此，在马斯洛看来，基本需求的发展轨迹不是封闭的，而是交叠的[①]。因此，用波浪线图要比用金字塔图来描绘需求层次理论更为贴切和有意义。

## 二、马斯洛提出了"高峰体验"的概念

马斯洛在调查一批有相当成就的人士时，发现他们常常提到生命中曾有过的一种特殊经历，"感受到一种发自心灵深处的战栗、欣快、满足、超然的情绪体验"，由此获得的人性解放、心灵自由，照亮了他们的一生。马斯洛把这种感受称之为"高峰体验"。一种之前从未体验过的兴奋与欢愉的感觉，那种感觉犹如站在高山之巅，那种愉悦虽然短暂，却可能尤其深刻，那种感觉是语言无法表达的，心理学家称之为"高峰体验"。

高峰体验，是审美活动的最高境界、完美人格的典型状态。高峰体验可以通过对审美活动以外的知觉印象的寻求获得，只要是能获得丰富多彩的知觉印象的活动，都可能带来高峰体验，如爱的体验、神秘的体验、创造的体验，等等。

但针对滥用"高峰体验"概念的情况，马斯洛在晚年又描述了另一种风格的超越体验："不再是一种突发的、刹那间、感性、高潮式的体验，而是一种通过时间、努力、修炼、奉献达到的一种心灵境界，能从现实或永恒两种角度看待生命，从平凡中体会超越。"他称这种体验为"高原体验"。

总结与评价：马斯洛的需求层次理论，让人们一下子觉得做人也是一件十分有趣的事情，让人们发现每一个层次的需求都十分重要。其理论对幼儿园教师也有着深刻的启示，它提醒教师自觉、密切地关注在自己的教育生活中儿童的需求是否得到了充分的满足。

---

① 毛曙阳. 幼儿园教师文案写作指导［M］. 2 版. 上海：华东师范大学出版社，2024：016.

### 教师反馈

◎ 马斯洛最大的贡献就是认识到人的基本需求在人的发展中的重要作用。在幼儿园中，我们稍加留意，处处都能看到各种需求的萌芽，尤其是爱和归属的需求。小班刚入园的孩子要找到一种归属感，能力弱的孩子要寻找归属感，有特殊需要的孩子要有归属感。教师要给予幼儿充分的关心和爱护，满足其归属感需求。教师还要尊重儿童，尊重他的想法和权利。

# 9. 陈鹤琴的教育思想

陈鹤琴（1892—1982），浙江绍兴上虞人，中国近现代儿童教育家、心理学家、中国幼儿教育的奠基人、中国儿童心理研究的开创者，被人们称为"中国现代儿童教育之父"。1917年夏，从霍普金斯大学毕业，获文学学士学位。1918年，获哥伦比亚大学教育硕士学位。1919年，在南京高等师范学校教育科任心理学、儿童教育学教授。1920年12月，长子出生，陈鹤琴将其作为实验与研究儿童心理的对象，对其从出生起的身心发展情况进行连续跟踪观察和记录，并作系统研究，跟踪观察时间长达808天。1923年秋，他在南京鼓楼自己住宅内开办了中国第一所实验幼稚园——鼓楼幼稚园，试验科学化、中国化的幼稚教育。1952年，任南京师范学院（南京师范大学前身）的首任院长，1979年3月，当选为中国教育学会名誉会长。陈鹤琴一生主要从事一系列具有开创性的教育研究与实践，提出并实践了"活教育"理论。著有《玩具与教育》《儿童心理之研究》《家庭教育》和《陈鹤琴全集》等著作。

### 自我评估

1. "活教育"理论是由我国著名教育家_____提出的。

2. 幼儿教育家陈鹤琴先生创编了五指活动课程，其意是指课程有五个方面的内容，具体包括：_____活动、社会活动、科学活动、艺术活动和语文活动。这些内容又是以一种_____、相互贯通的方式组成起来的，就好像人的手，虽有五指之分，但彼此相互联系，共存于一个手掌。

## 参考要点

1. "活教育"理论是由我国著名教育家__陈鹤琴__提出的。

2. 幼儿教育家陈鹤琴先生创编了五指活动课程，其意是指课程有五个方面的内容，具体包括：__健康__活动、社会活动、科学活动、艺术活动和语文活动。这些内容又是以一种__整体的__、相互贯通的方式组成起来的，就好像人的手，虽有五指之分，但彼此相互联系，共存于一个手掌。

## 分析与思考

### 一、陈鹤琴的活教育理论

活教育思想是陈鹤琴先生于1940年在江西省立实验幼稚师范学校时提出，经过多年的教学实践而建立起来的一个教育理论体系。在活教育中，"教材是活的，方法是活的"。陈鹤琴先生说："什么是'活的教育'？简单地说一句，就是'不是死的教育'。书本主义的教育就是死的教育……比利时的大教育家德可乐利，想是大家都知道的。这位老先生所从事的工作，我曾参观过的，他已经70多岁了，从事他的事业40余年如一日。他的学生从小学到初中都是分组教学，四五个人一组共同研究，共同工作，先生只在旁边指导和找参考资料，他们一天到晚是多么的忙。记得我去参观时，他们正在研究蜜蜂，大家真是聚精会神地在那里研究，讨论哪些是雌蜂，哪些是雄蜂，雌蜂和雄蜂的形状有什么不同。研究别种动物也是如此的努力，他们的教育才真是活的教育。"[①]

活教育理论主要包括三大纲领（目的论、课程论和方法论）、十七条教学原则和十三条训育原则。

1. 三大纲领

（1）活教育的目的论。陈鹤琴指出，"活教育"的目的是"做人，做中国人，做现代中国人"。关于做现代中国人，陈鹤琴明确提出了五个条件：第一，"要有健全

---

① 陈鹤琴. 陈鹤琴全集（第五卷）[M]. 陈秀云，陈一飞，编. 南京：江苏教育出版社，2008：017-018.

的身体"。第二,"要有建设的能力"。第三,"要有创造的能力"。第四,"要能够合作"。第五,"要服务"。他提出了"五指活动"课程的四个目标:① 做人:要有合作的精神、同情心、服务的精神。② 身体:要有健康的体格,养成卫生习惯,并有相当的运动技能。③ 智力:要有研究的态度、充分的知识和表意的能力。④ 情绪:能欣赏自然和艺术美,养成快乐精神,打消惧怕的情绪。①

(2)活教育的课程论。陈鹤琴认为,传统教育的课程内容是固定的,教材是呆板的,先生只是一节一节课地上,学生只是一节一节课地学。这样的读书只能造就"书呆子"。鉴于传统教育的严重弊端,唯有提倡"活教育",到大自然、大社会中去寻找"活教材"。陈鹤琴所谓的"活教材"是指直接取自大自然、大社会的"书",即让儿童在与自然和社会的直接接触中,在亲身观察中,获取经验和知识。"活教育"的课程论并不摒弃书本,只是强调历来为教育所忽视的活生生的自然和社会,而书本知识则应是现实世界的写照,应能在自然和社会中得到印证,并能够反映儿童的身心特点和生活特点。陈鹤琴认为:① 课程应为目标服务,课程具有目标性、生活性、自然性、社会性和综合性。② 课程内容的选择应重视儿童的生活环境,以大自然、大社会为中心。③ 课程结构以"五指活动"为基本成分,其意为课程有五个方面的内容,包括健康活动、社会活动、科学活动、艺术活动和语文活动。④ 课程实施为"整个教学法"(就是把儿童所应该学习的东西整个儿地、有系统地去教儿童学)、游戏式和小团体式教学。陈鹤琴非常重视环境的教育作用,他指出,儿童的环境不外乎两种,一种是自然环境,一种是社会环境。这两种环境都是儿童天天要接触的,所以应当将这两种环境作为幼稚园课程的中心。他认为,应围绕这个中心,从两类环境中选择儿童感兴趣的而且又适合儿童的人、事、物,以儿童的生活、儿童的心理为根据,以单元主题来组织课程,各项活动都围绕单元进行,使各科之间构成内在联系,这种组织方法被陈鹤琴先生称为"整个教学法",后来改称为"单元教学法"。

陈鹤琴认为活教育中的课程应该是:① 以大自然、大社会作为主要的教材,以课本作为参考资料,这是直接的活知识,是直接的经验。② 各科混合和互相关联。③ 不受时间的限制,没有分节的时间表,时间为功课所支配。④ 内容丰富。⑤ 生气勃勃。⑥ 儿童自己做的。⑦ 整个的,有目标的。⑧ 有意义的。⑨ 儿童了解的。②

---

① 中国教育史编写组. 中国学前教育史料选[M]. 北京:人民教育出版社,1989:344.
② 王春燕. 幼儿园课程概论[M]. 2版. 北京:高等教育出版社,2014:206.

（3）活教育的方法论。陈鹤琴指出，活教育方法论的基本原则是"做中学，做中教，做中求进步"。他认为"做"是学生学习的基础，因此也是活教育方法论的出发点。陈鹤琴在强调"做"的同时，还强调思维的作用。他把活教育的教学过程分为以下四个步骤：一是实验与观察；二是阅读与参考；三是发表与创作；四是批评与研讨。这四个步骤是教学过程的一般程序，不是机械的、割裂的，它们同样体现了以"做"为基础的学生主动学习。

2. 十七条教学原则

陈鹤琴还提出了十七条教学原则，即：（1）凡儿童自己能够做的，应当让他自己做；（2）凡儿童自己能够想的，应当让他自己想；（3）你要儿童怎样做，你应当教儿童怎样学；（4）鼓励儿童去发现他自己的世界；（5）积极的鼓励胜于消极的制裁；（6）大自然、大社会是我们的活教材；（7）比较教学法；（8）用比赛的方法来增进学习的效率；（9）积极的暗示胜于消极的命令；（10）替代教学法；（11）注意环境，利用环境；（12）分组学习，共同研究；（13）教学游戏化；（14）教学故事化；（15）教师教教师；（16）儿童教儿童；（17）精密观察。[①] 这些原则可以概括为六项，即：活动性原则、儿童主体性原则、教学法多样化原则、利用活教材原则、积极鼓励原则和教学相长原则。

3. 十三条训育原则

陈鹤琴认为训导工作在整个教育工作中可说是最繁重、最重要的，他提出了十三条训育原则：（1）从小到大；（2）从人治到法治；（3）从法治到心理；（4）从对立到一体；（5）从不觉到自觉；（6）从被动到自动；（7）从自我到互助；（8）从知到行；（9）从形式到精神；（10）从分家到合一；（11）从隔阂到联络；（12）从消极到积极；（13）从"空口说道"到"以身作则"。

陈鹤琴先生认为活教育有十个特征：（1）一切设施、一切活动以儿童为中心和主体，学校里一切活动差不多都是儿童的活动。（2）教育的目的在培养做人的态度，养成优良的习惯，发现内在的兴趣，获得求知的方法，训练人生的基本技能。（3）一切教学，集中在做，做中学，做中教，做中求进步。（4）分组学习，共同研讨。（5）以爱以德来感化儿童。（6）儿童自订法则来管理自己。（7）课程是根据儿童的心理和社会的需要来编订的，教材也是根据儿童的心理和社会的需要来选定的，所以课程是有伸缩性，教材是有活动性而可随时更改的。（8）儿童天真烂漫，活泼

---

[①] 陈鹤琴. 陈鹤琴全集（第五卷）[M]. 陈秀云，陈一飞，编. 南京：江苏教育出版社，2008：066.

可爱，工作时很静很忙，游戏时很起劲很高兴。（9）师生共同生活，教学相长。(10) 学校是社会的中心，师生集中力量，改造环境，服务社会。[1]

## 二、陈鹤琴的家庭教育思想

陈鹤琴十分重视家庭教育。他在《家庭教育》中这样写道：一个人的"知识之丰富与否、思想之发展与否、良好习惯之养成与否，家庭教育实应负完全的责任"[2]。他认为，家长应充分挖掘家庭教育的深层意义，在家教目标上尽快摆脱个人家庭的束缚，树立为国教子的大教育观，将能否为社会作贡献作为衡量孩子成材的标准，由"为个人型"向"为国家型"转变。家庭教育的内容不是单一的。家庭教育同幼儿园一样，也担负着儿童体、德、智、美、劳诸方面的教育任务，教育内容也相当丰富。

陈鹤琴十分重视家庭教育中父母的重要作用。他对如何做父母提出了五条要求：(1) 父母要以身作则；(2) 要研究儿童的生理和心理；(3) 不要自信太深；(4) 不要迁怒；(5) 要小孩子每天做件好事。[3] 他认为，父母要尊重儿童的人格；父母步调要一致；父母要给儿童以真正的爱。他反复强调"对子女要爱护，但绝不可溺爱"，"凡是儿童自己能够做的，应当让他自己做"，"凡是儿童自己能够想的，应当让他自己想"[4]。

陈鹤琴认为，应该创设良好的家庭教养环境，包括物质的环境与人的环境，而人的环境尤为重要。家长应为孩子选择和创设良好的教育环境以支持他们的模仿，诸如良好的精神环境、游戏环境、艺术环境和阅读环境等。父母应随时注意自己的眼神、表情、语言交流、行为举止、性格表现、作风习惯和对儿童的态度等，这些都在无形之中给儿童以很大的积极或消极影响。陈鹤琴指出，应遵循儿童身心发展的规律。父母对子女教育的第一步应从了解幼儿的心理入手，遵循科学的宏观指导。他还进一步指出，应加强家庭与幼儿园之间的联系，幼儿家庭教育和幼儿园教育在儿童成长中的作用和意义都非常重大，但二者不能脱节，必须共同合作才能取得最大的教育效果。

---

[1] 陈鹤琴. 陈鹤琴全集（第五卷）[M]. 陈秀云，陈一飞，编. 南京：江苏教育出版社，2008：021-022.
[2] 陈鹤琴. 陈鹤琴全集（第二卷）[M]. 陈秀云，陈一飞，编. 南京：江苏教育出版社，2008：522.
[3] 陈鹤琴. 陈鹤琴全集（第二卷）[M]. 陈秀云，陈一飞，编. 南京：江苏教育出版社，2008：879-885.
[4] 张瑞芳. 陈鹤琴的家庭教育思想[J]. 中国民办教育—幼教版，2005（12）.

总结与评价：陈鹤琴的活教育理论全面深刻地阐述了在学前教育阶段该如何对幼儿进行有效的教育。他提出了活教育的三大纲领、十七条教学原则和十三条训育原则，鼓励大家用活的教材、活的方法来引导儿童，保证儿童获得健康、和谐的发展。作为学前教育工作者，我们要传承陈鹤琴先生的教育思想和理念，不仅要热爱儿童、关心儿童，也要为儿童提供良好的环境和符合其身心发展规律与需求的游戏和活动课程，以促进儿童身心全面健康发展。我们还要把自然和社会化为课本，将儿童的生活变为教材，鼓励儿童自己去探索，去发现，去研究，重视儿童的情感体验，寓教于乐，把学前教育做"活"，把儿童教"活"。

### 教师反馈

◎ 陈鹤琴是一位非常有创意、富有爱国心和童心的了不起的教育家。他的"活教育"思想让我们知道：要关注儿童的生活，关注儿童的活动，做事情要灵活而不拘于陈规。

◎ 在陈鹤琴先生活教育的目标当中，有一点让我印象颇深，那就是服务精神。在当今社会，具有服务精神尤为重要。幼儿只有能关心他人，有爱心，有同理心，才能体会到别人的感受，才会具有服务的精神。

# 10. 张雪门的教育思想

张雪门（1891—1973），浙江宁波鄞县人，我国著名的学前教育专家。早在20世纪30年代，他就与我国另一位著名的学前教育专家陈鹤琴先生有"南陈北张"之称。1930年秋，他在香山见心斋开办北平幼稚师范学校，任校长。张雪门陆续写下了《幼稚教育》《幼稚园课程活动中心》《幼稚园行为课程》等十几本专著。他提出了幼稚园行为课程。行为课程的基本思想是"生活即教育""行为即课程"，强调以行动为中心。

### 自我评估

1. 在20世纪30年代，学前教育界有"南陈北张"的说法，其中"陈"指的是陈鹤琴，"张"指的是_____。

2. _____提出了"幼稚园行为课程理论"。

## 参考要点

1. 在 20 世纪 30 年代，学前教育界有"南陈北张"的说法，其中"陈"指的是陈鹤琴，"张"指的是__张雪门__。

2. __张雪门__提出了"幼稚园行为课程理论"。

## 分析与思考

### 一、幼稚园行为课程方面的主张

1. 课程的概念。张雪门认为，"课程是经验，是人类的经验，用最经济的手段，按有组织的调制，用各种的方法，以引起孩子的反应和活动"①。幼稚园的课程就是"给三足岁到六足岁的孩子所能够做而且欢喜做的经验的预备"②。他主张把"技能、知识、兴趣、道德、体力、风俗礼节种种的经验，都包括在课程里。换一句话来说，课程是适应生长的有价值的材料"。

2. 行为课程的概念。张雪门先生说："生活就是教育，五六岁的孩子们在幼稚园生活的实践，就是行为课程。……这份课程包括了工作、游戏、音乐、故事等材料，也和一般的课程一样。然而，这份课程完全根据于生活；它从生活而来，从生活而开展，也从生活而结束。"③

3. 行为课程的目标。张雪门从幼稚教育"应完全以儿童为本位，成就儿童在该时期内心身的发展并培养其获得经验的根本习惯，以适应环境"④入手，提出"幼稚园课程的目的，在于联络孩子们的旧观念，以引起其新观念，更谋其旧经验的打破，新经验的建设"⑤。幼稚园的课程目标就是要满足儿童心身的需求，养成儿童"扩充经验的方法"与习惯，培养其生活的能力与意识，从而使幼儿的身心得到全面的发展。

---

① 戴自俺. 张雪门幼儿教育文集（上卷）[M]. 北京：北京少年儿童出版社，1994：369.
② 戴自俺. 张雪门幼儿教育文集（上卷）[M]. 北京：北京少年儿童出版社，1994：24.
③ 戴自俺. 张雪门幼儿教育文集（下卷）[M]. 北京：北京少年儿童出版社，1994：1088.
④ 戴自俺. 张雪门幼儿教育文集（上卷）[M]. 北京：北京少年儿童出版社，1994：25.
⑤ 戴自俺. 张雪门幼儿教育文集（上卷）[M]. 北京：北京少年儿童出版社，1994：128.

4. 行为课程的内容。在行为课程的内容方面，张雪门先生使用了"教材"一词。他说："幼稚园教材是一般在幼稚园的时候儿童生活的经验。"[①] 他把行为课程的内容划分为：(1) 儿童自发的诸般活动，即儿童自身发展中所进行的一些活动。(2) 儿童的自然环境，即儿童周围生活中一切有关自然界的事物与知识，如植物、动物、旅行，儿童对各种自然现象的认识与探究活动。(3) 儿童的社会环境，即与儿童现在生活和未来生活相关的社会生活知识，如家庭、临近的地方、各种职业活动等。另外，张雪门还提出了选择教材的五条标准[②]：(1)"应合于儿童的需要"。(2)"应顾到社会生活的意义"。(3)"应在儿童自己的环境里搜集材料"。(4)"应顾到社会生活的重要"。(5)"上面所述还没有道及的一切冲动习惯态度"。

5. 行为课程的组织。张雪门认为，幼稚园课程的组织与中小学、大学等有所不同，它有自己的特点与要求。具体有三点：第一，整体的。幼稚园的课程与中小学的课程有所不同，它不应是分科的，而应是整体的，是"一种具体的整个活动"。"幼稚生对于自然界和人事界没有分明的界限；他看宇宙间的一切的一切，都是整个儿的。"[③] 第二，偏重于儿童个体的发育。"幼稚生时期，满足个体的需要，实甚于社会的希求……我们编制课程时，原不能忽略社会的希求，但须极力注意儿童现在的需要和能力。"第三，注重儿童的直接经验。"幼稚园的课程，须根据儿童自己直接的经验。"[④]

张雪门先生在《中国幼稚园课程研究》一书中，对幼稚园课程实践研究又作了进一步总结，提出了组织幼稚园课程的一些标准："课程须和儿童的生活联络。是有目的、有计划的活动。事前应有准备，应估量环境，应有相当的组织，且须有远大的目标。各种动作和材料，全须合于儿童的经验能力和兴趣。动作中须使儿童有自由发展创作的机会。各种知识、技能、兴趣、习惯等全由儿童直接的经验中获得。"

6. 行为课程的实施。张雪门指出，行为课程的要旨是以行为为中心，强调"做"即行动的价值，提倡"做学教"打成一片。他说："我们所提倡的幼稚园课程，首先应注意的是实际行为，凡扫地、抹桌、熬糖、炒米花以及养鸡、养蚕、种玉黍和各种小花，能够实在行动的，都应让他们实际去行动。"[⑤] 认为"事怎样做必怎样

---

① 戴自俺. 张雪门幼儿教育文集（上卷）[M]. 北京：北京少年儿童出版社，1994：404.
② 戴自俺. 张雪门幼儿教育文集（上卷）[M]. 北京：北京少年儿童出版社，1994：126-127.
③ 戴自俺. 张雪门幼儿教育文集（上卷）[M]. 北京：北京少年儿童出版社，1994：342.
④ 戴自俺. 张雪门幼儿教育文集（上卷）[M]. 北京：北京少年儿童出版社，1994：342-343.
⑤ 戴自俺. 张雪门幼儿教育文集（下卷）[M]. 北京：北京少年儿童出版社，1994：1089.

学,怎样学必怎样教,做学教打成一片,才能完成行为课程"①,强调"从行动中所得的认识,才是真实的知识;从行动中所发生的困难,才是真实的问题;从行动中所获得的胜利,才是真实的制驭环境的能力"。为此,张雪门先生提出了"行为"在课程中的两条应用原则:(1)课程固由于自然的行为,却须经过人工的精选。(2)课程固由于劳动行为,却需在劳动上劳心。②

张雪门先生经过多年的实验研究及不断改进,确立了设计教学法,用以拟订行为课程计划,并采用单元教学形式来实施,具体包括"动机""目的""活动""活动过程"以及"工具与材料"。张雪门说:"真正的单元活动就是行为课程,真正的行为课程没有不是单元活动。我们若在形式上讲,叫作单元活动,若在实质上讲,就可以叫作行为课程。这两种课程实在可说是二而一、一而二,仅因角度看法的不同,产生了名称的区分。"③

7. 行为课程的评价。张雪门指出:(1)"对幼童的行为应有检讨"。(2)"对幼童行为应有继续的注意"。(3)"对幼童行为应有记录"。(4)"对幼童行为经验应有估计"。

幼稚园行为课程的基本思想就是"生活即教育""行为即课程",课程目标在兼顾社会需要的同时更关注儿童个体的需要,课程内容来自儿童周围的生活环境。它对当前的幼儿园课程改革有一定的借鉴价值与启发意义。

### 二、幼稚师范教育方面的主张

幼稚师范教育思想是张雪门的幼稚教育思想的重要组成部分。他认为研究幼稚教育如仅限于研究幼稚园教育,抛弃了师范教育,这无异于"清溪流者不清水源,整枝叶者不整树木,决不是彻底的办法"。张雪门的幼稚师范教育思想和实践有一个十分鲜明的特点,就是他非常注意实践,从开始起,就从"骑马者应从马背上学"这一基本指导思想出发,把见习和实习放在突出的重要地位。对于幼稚师范的见习和实习,张雪门曾作了系统的论述。他认为幼师生的实习场所应有 4 种单位:中心幼稚园、平民幼稚园、婴儿教保园和小学。他还主张组织学生下乡举办乡村幼稚园,使学生了解农村迫切需要幼稚教育的情况。

总结与评价:张雪门的行为课程理论有着重要的影响。他高度关注儿童的生活

---

① 戴自俺. 张雪门幼儿教育文集(下卷)[M]. 北京:北京少年儿童出版社,1994:1456.
② 戴自俺. 张雪门幼儿教育文集(下卷)[M]. 北京:北京少年儿童出版社,1994:1089-1091.
③ 戴自俺. 张雪门幼儿教育文集(下卷)[M]. 北京:北京少年儿童出版社,1994:1193.

和经历，他十分明确地提出要让儿童在经历中成长。他认为，"从行动中所得的认识，才是真实的知识；从行动中所发生的困难，才是真实的问题；从行动中所获得的胜利，才是真实的制驭环境的能力"。学前教育工作者有必要认真地学习和了解行为课程的内在精神并加以实践。

### 教师反馈

◎ 张雪门主张"生活即教育"，强调幼儿园课程应挖掘生活资源，课程的内容应从生活而来，在生活中发展，也在生活中结束。读张雪门的书就仿佛见到了一幅幅历历在目的生活画卷。我们幼儿园平时也开展了大量的种植活动，孩子们在种植区种植瓜果、蔬菜，感受植物的生长、四季的变化，幼儿园课程中就充满着浓浓的生活意蕴。

◎ 张雪门的"行为课程"理论体系给我许多启发，他十分注重儿童亲身经历活动的整个过程，因为只有这样儿童才能更透彻地理解活动的意义和价值。比如，在种植活动中，儿童需要亲自种植、观察并记录，获得最直接的经验，这样才能更好地展开活动。

## 11. 中国优秀传统文化中的经典名言

传统文化是中华民族智慧和创造力的结晶，是中华民族的瑰宝。对传统文化，要坚持古为今用，推陈出新。中国优秀传统文化中有许多与教育相关的经典名言。学前教育阶段应重视传承中华民族优秀传统文化。

### 自我评估

1. 《论语》有言："不愤不_____，不悱不_____。"
2. "教学相长"出自以下哪一部著作？　　　　　　　　　　　　　（　　）
A. 《论语》　　　B. 《大学》　　　C. 《礼记·学记》　　　D. 《诗经》

### 参考要点

1. 《论语》有言："不愤不__启__，不悱不__发__。"

2. "教学相长"出自以下哪一部著作？　　　　　　　　　　　　　　（ C ）
A.《论语》　　　　B.《大学》　　　　C.《礼记·学记》　　　　D.《诗经》

### 💡 分析与思考

我国是一个文明古国、文化大国，从古到今，我们都非常重视教育传承，重视对人才的培育。在传统文化中，积累了大量的教育名言、名师故事和育人典籍。

**一、关于教育和自然环境的重要性**

1. 一年之计，莫如树谷；十年之计，莫如树木；终身之计，莫如树人。（《管子·权修》）意思是：要为一年作打算，最好栽种谷物；要为十年作打算，最好栽种树木；而要为长远打算，不如培养人才。

2. 玉不琢，不成器；人不学，不知道。（《礼记·学记》）意思是：玉石不经过琢磨，就不能用来做器物。人不通过学习，就不懂得道理。

3. 大抵童子之情，乐嬉游而惮拘检，如草木之始萌芽，舒畅之则条达，摧挠之则衰痿。（明·王守仁《训蒙大意示教读刘伯颂等》）意思是：儿童性情好动，喜欢嬉戏玩耍，害怕受拘束和禁锢，就像草木刚刚萌芽，顺其自然，它就长得枝叶茂盛，摧挠它，则很快使它衰败枯萎。所以，对儿童进行教育，必须注意顺应儿童的发展规律与年龄特点，不宜加以束缚和限制。

**二、关于早期教育和习惯养成的重要性**

1. 少成若天性，习惯如自然。语出《大戴礼记·保傅》："少成若性，习贯之为常。"意思是：自幼形成的习惯就好像天性一样。

2. 恻隐之心，人皆有之；羞恶之心，人皆有之；恭敬之心，人皆有之；是非之心，人皆有之。恻隐之心，仁也；羞恶之心，义也；恭敬之心，礼也；是非之心，智也。仁义礼智，非由外铄我也，我固有之也，弗思耳矣。故曰"求则得之，舍则失之"。（《孟子·告子章句上·第六节》）意思是：同情心，人人都有；羞耻心，人人都有；恭敬心，人人都有；是非心，人人都有。同情心属于仁；羞耻心属于义；恭敬心属于礼；是非心属于智。仁义礼智都不是由外在的因素另加给我的，而是我本身固有的，只不过是平时没有去想它因而不觉得罢了。所以说：探求就可以得到，放弃便会失去。

3. 人之初，性本善；性相近，习相远；苟不教，性乃迁。（宋·王应麟《三字经》）意思是：人在刚出生时，本性都是善良的，性情也很相近。但随着各人生存环境的不同变化和影响，性情便产生了很大的差别，如果幼小的时候不施以良好的教育，那么他的性情便会受到不好的影响而有所改变。

4. 人生百年，立于幼学。（清·梁启超《论幼学》）意思是：人生这一辈子，建树都立足于幼年时所受的教育。

### 三、关于教与学的相互启发和学习态度的重要性

1. "三人行，必有我师焉。择其善者而从之，其不善者而改之。"（《论语·述而》）意思是：几个人在一起走路，其中一定有人可以当我的老师。应当选择他们的优点去学习，对他们的缺点要注意改正。

2. "不愤不启，不悱不发。举一隅不以三隅反，则不复也。"（《论语·述而》）意思是：不到他努力想弄明白却因弄不明白而困惑万分的时候就不要去开导他；不到他想说却不能完善表达出来的憋闷状态就不要去启发他。如果他不能举一反三，就不要再反复地给他举例了。强调教学应促发学生的学习自主性与思考能力，体现出教学智慧。

3. 学而时习之，不亦说乎？有朋自远方来，不亦乐乎？人不知而不愠，不亦君子乎？（《论语·学而》）意思是：学了后，时时去温习它，不也很高兴吗？有志同道合者从远处来共学，不也很快乐吗？别人不了解自己的才能，却不抱怨，不也是品德上有修养的君子吗？

4. "虽有嘉肴，弗食，不知其旨也。虽有至道，弗学，不知其善也。是故学然后知不足，教然后知困。知不足，然后能自反也，知困，然后能自强也。故曰：教学相长也。"（《礼记·学记》）意思是：即使有美味的菜，不去品尝，就不知道它味道的甘美。即使有最好的道理，不去学习，就不知道它的好处。学习之后才知道自己的不足，教人之后才知道自己理解不了的地方。知道了自己的不足，然后才能自我反省；知道了自己不懂的地方，然后才能勉励自己。所以说：教和学是相互促进的。

5. "达师之教也，使弟子安焉、乐焉、休焉、游焉、肃焉、严焉。"（《吕氏春秋·诬徒》）意思是：高明的老师施行教育，能够让学生安心、快乐、舒适、从容、庄重、严谨。

6. "青出于蓝而胜于蓝。冰，水为之，而寒于水。"（《荀子·劝学篇》）意思是：靛青是从蓼蓝里提炼出来的，但是颜色比蓼蓝更深。冰是水结成的，但是比水更寒

冷。比喻人经过学习或教育之后可以得到提高。常用以比喻学生超过老师或后人胜过前人。也从另一个角度说明了老师的引领对于学生成长的必要性。

7. 吾尝终日而思矣，不如须臾之所学也。（《荀子·劝学》）意思是：与其整天坐在那儿苦思冥想，不如花一点时间去学习。说明学与思是相辅相成的，如果只顾某一个方面，就会徒劳无功。

8. 今教童子，必使其趋向鼓舞，中心喜悦，则其进自不能已；譬之时雨春风，沾被卉木，莫不萌动发越，自然日长月化。（明·王守仁《训蒙大意示教读刘伯颂等》）意思是：要激发儿童学习的兴趣，调动学生的情感去促进其学习。如果儿童对学习兴趣盎然，则学习时必然心情愉快，能生动活泼地学，这样他的进步自然不会停止。就像在时雨春风滋润下的草木花卉，没有不生机勃发，自然而然地一天天长大的。

9. 知之真切笃实处，即是行；行之明觉精察处，即是知。知行工夫本不可离。（明·王守仁《传习录·答顾东桥书》）意思是：认知达到真切笃实的地步就是实践，实践达到明觉精察的地步就是认知。知与行本来就不可分离。

### 四、强调家庭教育和环境的重要性

1. "修身，齐家，治国，平天下。"语出《礼记·大学》："古之欲明明德于天下者，先治其国；欲治其国者，先齐其家；欲齐其家者，先修其身；欲修其身者，先正其心；欲正其心者，先诚其意；欲诚其意者，先致其知，致知在格物。物格而后知至，知至而后意诚，意诚而后心正，心正而后身修，身修而后家齐，家齐而后国治，国治而后天下平。"格物、致知、正心、诚意、修身、齐家、治国、平天下，是儒学"内圣外王"经典思想的体现，其核心是修身，其关键是齐家；以修身为界，分为"内圣"与"外王"，是历代知识分子孜孜以求的高尚境界。

2. "近朱者赤，近墨者黑。声和则响清，形正则影直。"（晋·傅玄《太子少傅箴》）意思是：靠着朱砂的变红，靠着墨的变黑。声音是和谐的，那么它听起来就很清越；身形是端正的，那么影子看起来就是直的。比喻接近好人可以使人变好，接近坏人可以使人变坏；外在现象受事物本质的影响。总体指客观环境对人有很大影响；事物本质影响外形。

3. "蓬生麻中，不扶而直；白沙在涅，与之俱黑。"（《荀子·劝学篇》）意思是：蓬草长在大麻田里，不用扶持，自然挺直。白沙混进了黑土里，就会变得和土一样黑。比喻生活在什么样的环境里，就受到什么样的影响。

《关于实施中华优秀传统文化传承发展工程的意见》中提出,要把中华优秀传统文化"贯穿于启蒙教育、基础教育、职业教育、高等教育、继续教育各领域"。《幼儿园教育指导纲要(试行)》中也明确指出:"充分利用社会资源,引导幼儿实际感受祖国文化的丰富与优秀,感受家乡的变化和发展,激发幼儿爱家乡、爱祖国的情感。适当向幼儿介绍我国各民族和世界其他国家、民族的文化,使其感知人类文化的多样性和差异性,培养理解、尊重、平等的态度。"在多元文化背景下,幼儿教育对传统文化的继承和发展也承担着不可推卸的责任。幼儿教师也理应多多吸收传统文化中的精华,并将之灵活应用于教育教学实践。

中华传统文化中有许多凝聚了古人智慧的教育名言,这些教育的理论和方法代代相传,经过了许多人的不同理解和实践,历久弥新,我们需要结合目前的情境创造性地加以传承。例如,"教学相长"这句话就是古人对教与学相互关系理解的高度概括,今天听来依然有深刻的意义。教与学是相互激发的,在信息时代、大数据时代,"教学相长"有了新的迫切性和必要性,在教学过程中,孩子们经常会带给教师新的启发,对教师来说也是一次新的成长。教师会成为学生,学生也会成为教师;教师会影响学生的学习习惯、学习品质,学生也会影响教师的教学过程、教学方法。在教学中,孩子与老师是共同进步、相互成就的。

### 教师反馈

◎ "三人行,必有我师焉。择其善者而从之,其不善者而改之。"三岁孩童亦可为师,每个人的身上都有闪光点,都可以成为别人的榜样。幼儿以同伴为师,以父母为师,以老师为师;老师也可以幼儿为师,以家长为师,以同事为师。教师、幼儿和家长都可以在不断的学习中发挥主动性,共同进步。

# 12. 瑞吉欧幼儿教育体系

瑞吉欧是意大利北部的一个小城镇,拥有良好的城市公共生活的传统与艺术。自 20 世纪 60 年代以来,洛利斯·马拉古齐(Loris Malaguzzi)和当地的幼教工作者一起兴办并发展了该地的学前教育,形成了一套"独特与革新的哲学和课程假设、学校组织方法以及环境设计的原则"，人们称这个综合体为"瑞吉欧教育体系"。20世纪80年代后，瑞吉欧幼儿教育体系逐渐受到世人的关注，成为继蒙台梭利后在意大利兴起的又一种颇具世纪影响力的幼儿教育实践方式。瑞吉欧教育理念认为：儿童是一个拥有充分的生存和发展权利的人，是发现及创造生活内涵的主体；儿童是主动的学习者；儿童是有能力的学习者；儿童的学习是一种互动的、以某种相互关系为基础的社会建构过程；强调互动关系和合作参与的理念，认为儿童的学习不是独立建构的，而是在诸多条件下，主要是在与家长和教师、同伴的相互作用过程中建构的；儿童在特定的文化背景中建构知识、情感和人格；在互动过程中，儿童既是受益者，又是贡献者。

## 自我评估

1. 自20世纪60年代以来，在意大利的瑞吉欧小镇，在创始人_____的领导下，全体教师在社区的支持下共同研究和探索出了一种有影响力的幼儿教育实践方式。

2. 瑞吉欧幼儿教育体系认为：儿童与成人一样，是社会与文化的参与者，也是共同历史的创造者，他们是拥有独特生存与发展权利的个体。（　　）

## 参考要点

1. 自20世纪60年代以来，在意大利的瑞吉欧小镇，在创始人__马拉古奇__的领导下，全体教师在社区的支持下共同研究和探索出了一种有影响力的幼儿教育实践方式。

2. 瑞吉欧幼儿教育体系认为：儿童与成人一样，是社会与文化的参与者，也是共同历史的创造者，他们是拥有独特生存与发展权利的个体。（　√　）

## 分析与思考

### 一、走进儿童心灵的儿童观

瑞吉欧教育体系非常重视提炼自己的价值取向。他们提出了自己独特的儿童观：
（1）儿童是一个拥有充分的生存和发展权利的人。儿童与成人一样，是社会与文化的参与者，也是共同历史的创造者，他们有权利发表自己的看法，是拥有独特生存与发展权利的个体。"即使再年幼的孩子也是社会的一分子，从出生开始，他们就倾向于与父母及其他的照顾者产生重要的关系。"（2）儿童是主动的学习者。儿童具有巨大的潜能。他们富有好奇心、创造性，具有可塑性。他们有强烈的学习、探索和了解周围世界的愿望。他们与外部世界相互作用。（3）儿童具有巨大的潜能。（4）儿童天生都是艺术家。① 在教育观上，他们也有着自己的主张：（1）教育并不仅仅追求什么外在的目标，而是更多注重内在的品质。（2）在教学方法上，瑞吉欧反对传统的单项灌输，他们认为教育就要为儿童带来更多创新和发现的可能性，教育在于给儿童创设学习的情境，儿童可以通过任何途径、以任何形式来学习。（3）强调儿童与同伴的相互作用及其价值。（4）在"教"与"学"两者之间，更应尊重后者。（5）在儿童的探索活动中，教师应掌握正确的时机，找到正确的方法，适当地介入，协助儿童发现问题，帮助儿童提出问题。（6）幼儿学习是社会生态大系统的一个组成部分，是一个整合的生命有机体，是一个儿童与大人可以彼此分享的地方。（7）环境是重要的教育因素。②

瑞吉欧教育的目标着眼于儿童整体人格的发展，注意激发和丰富儿童的感觉经验、审美体验，特别凸显对儿童想象力、创造力的开发和提升。③ 瑞吉欧的创始人马拉古奇写了一首《不，一百种是在那里》的诗歌，这首诗歌集中地道出了瑞吉欧教育体系的价值追求，即要还给孩子曾经被学校和文明"偷"走的99种语言，要给予孩子完整的感觉，恢复他们快乐、富有个性的童年生活。瑞吉欧教育体系认为，通过合适的教育，儿童应该具有以下的内在特征，即"更健康、更聪明、更具潜力、更愿学习、更好奇、更敏捷、更具随机应变的适应能力、对象征语言更感兴趣、更能反省自己、更渴望友谊"④。

## 二、重视有准备的环境，注重儿童表达形式的多样性

在瑞吉欧教育体系中，环境被视为重要的因素，他们把环境称作"第三位老师"，认为环境包含丰富的信息，有准备的环境将对幼儿起到促进和激发的作用。

---

① 王春燕. 学习瑞吉欧重在把握其教育理念［J］. 学前教育研究，2002（5）：42.
② 屠美如. 向瑞吉欧学什么：《儿童的一百种语言》解读［M］. 北京：教育科学出版社，2002：26-28.
③ 王春燕. 幼儿园课程概论［M］. 2版. 北京：高等教育出版社，2014：245.
④ 马拉古奇，等. 孩子的一百种语言：意大利瑞吉欧方案教学报告书［M］. 张军红，等，译. 台北：光佑文化事业股份有限公司，1996：24.

马拉古奇说：我们重视环境，因为环境有能力去组织、提升不同年龄的人之间的愉悦关系，创造出美好的环境，提供变化，让选择和活动能更臻完善。而且环境的潜能可以激发社会、情感和认知方面的种种学习。①

在瑞吉欧教育体系中，创造一个和谐的环境也成为他们的课程目标之一。他们提出："我们的目标，也是我们一直追求的，是创造一个和谐的环境，在此环境中的每一位幼儿、家庭及教师们都感到自在。"②

### 三、主张通过"项目活动"来组织课程

由一群幼儿一起深入探索某个独特主题的活动，我们称之为"项目活动"。"项目活动"是瑞吉欧课程与教学的主要方式，也是瑞吉欧教育方案的灵魂与核心。儿童在教师的支持、帮助和引导下，像研究人员一样，围绕某个大家感兴趣的生活中的"课题"或认识中的"问题"进行研究、探讨，在共同的研讨中发现知识，理解意义，建构知识。所谓项目活动，是指一群儿童以小组形式，运用多种接近客观事物与主观经验的方式方法，对真实的生活事件和日常情景中的现象进行的长期而深入的探索活动。围绕这种项目活动，瑞吉欧发展出了一系列课程与教学的特点：（1）弹性计划；（2）小组活动；（3）合作教学；（4）记录的支持；（5）视觉与图像语言的运用。③

### 四、重视教师的作用

在瑞吉欧教育体系中，教师是一个重要的角色。教师不是传统意义上的知识、技能的拥有者、传授者，幼儿也不是被动地接受教师的语言文化传递，幼儿是行为活动的发起者、具体执行者，幼儿的兴趣、需要、经验是一切活动的出发点。在瑞吉欧教育体系中，教师的角色是多样的。（1）教师是幼儿的倾听者；（2）教师是幼儿的观察者；（3）教师是幼儿的伙伴与向导；（4）教师是幼儿行为的记录者与研究者；（5）教师还是一个实践的反思者。④

瑞吉欧教育体系越来越多地被人们认为是一种成功的、可行的教育模式。它有许多优点，其中最为引人注意的是它的儿童观。在瑞吉欧教师的眼中，儿童有着充

---

① ［美］卡洛琳·爱德华兹，莱拉·甘第尼，乔治·福尔曼. 儿童的一百种语言：转型时期的瑞吉欧·艾米利亚经验［M］. 3版. 尹坚勤，王坚红，沈尹婧，译. 南京：南京师范大学出版社，2014：152.
② Edwards, 等. 儿童的一百种语言［M］. 罗雅芬，等，译. 台北：心理出版社，1998：69.
③ 王春燕. 幼儿园课程概论［M］. 2版. 北京：高等教育出版社，2014：249－254.
④ 王春燕. 幼儿园课程概论［M］. 2版. 北京：高等教育出版社，2014：255－256.

分的权利，是主动的学习者，是有潜力的，是艺术家。他们认为要注重支持儿童内在品质的萌芽与发展，其教育目标在于发展儿童整体的人格。此外，瑞吉欧教育体系中的项目活动重视环境，重视记录，强调友好社区的建设等，这些理念都给我们留下了深刻的印象。

瑞吉欧教育体系得到了越来越多专业人士的认可，我们也应该创造性地、因地制宜地学习和借鉴。正如我国著名幼教专家屠美如教授所说："我们正进入一个多元化的世界，不同的教育理念、不同的教育观点，都会给我们以启示。当我们以充满热情、充满好奇、充满渴望的心态去探索、发现教育的种种奥秘时，我们应带着怀疑和快乐的态度去接受它，融会它，发展它。"①

### 教师反馈

◎ 瑞吉欧教育理念强调的是一种欣赏与支持，认为儿童有"一百种语言"，每个儿童都是一个独特的个体。我们不能用一个固定的标准来看待所有的儿童，应充分理解、尊重儿童，积极地促进儿童发展他们的天赋与潜能。

# 13. 多元智能理论

多元智能理论是由美国哈佛大学教育研究生院心理学、教育学教授霍华德·加德纳（Howard Gardner）提出的。他被誉为"多元智能理论之父"。他的专著超过20本，发表论文数百篇。《纽约时报》称他为"美国当今最有影响力的发展心理学家和教育学家"。

### 自我评估

1. 多元智能理论提出人类的智能可以分为八种范畴，分别是_____智能、逻辑数学智能、空间智能、肢体运作智能、音乐智能、_____智能、内省智能和自然探索智能。

---

① 屠美如. 向瑞吉欧学什么：《儿童的一百种语言》解读［M］. 北京：教育科学出版社，2002：序言（2）.

2. 多元智能理论是由哪位教育家提出的？ （ ）
A. 皮亚杰　　　B. 加德纳　　　C. 维果斯基　　　D. 布鲁纳

### 参考要点

1. 多元智能理论提出人类的智能可以分为八种范畴，分别是__语言__智能、逻辑数学智能、空间智能、肢体运作智能、音乐智能、__人际__智能、内省智能和自然探索智能。

2. 多元智能理论是由哪位教育家提出的？ （ B ）
A. 皮亚杰　　　B. 加德纳　　　C. 维果斯基　　　D. 布鲁纳

### 分析与思考

#### 一、加德纳提出了多元智能理论

霍华德·加德纳是世界著名教育心理学家，最为人知的成就是提出了"多元智能理论"，他被誉为"多元智能理论之父"。

多元智能理论由加德纳在1983年提出。加德纳在研究脑部受创伤的病人时，发觉他们在学习能力上的差异，从而提出该理论。传统上，学校一直只强调学生在逻辑—数学和语文（主要是读和写）两方面的发展。但这并不是人类智能的全部。不同的人会有不同的优势智能组合，例如：建筑师及雕塑家的空间感（空间智能）比较强，运动员和芭蕾舞演员的体力（肢体运作智能）较强，作家的内省智能较强等。

那么，什么是"智能"呢？加德纳开始时曾这样定义：智能是人在特定的文化背景下或社会中解决问题或制造产品的能力。解决问题的能力，就是能够针对某一特定的目标找到通向这一目标的正确路线。文化产品的创造，则需要有获取知识、传播知识、表达个人观点或感受的能力。后来，加德纳又给"智能"概念下更为精确的定义，认为它是指在一种文化环境中个体处理信息的生理和心理潜能，这种潜能可以被文化环境激活，以解决实际问题和创造该文化所珍视的产品。上述界定反映了两个要点：第一，智能是中枢神经系统的潜能，而不是可以用某种特定标准计量的东西；第二，作为潜能的智能可能会被激活，也可能不会被激活。

## 二、多元智能理论认为人具有八种智能

加德纳提出，人类的智能至少可以分为八个范畴，这八个范畴的内容如下：

1. 语言智能。这种智能主要是指有效地运用口头语言及文字的能力，即指听说读写能力，表现为个人能够顺利而高效地利用语言描述事件、表达思想并与人交流的能力。这种智能，在作家、演说家、记者、编辑、节目主持人、播音员、律师等职业人员身上有更加突出的表现。

2. 逻辑数学智能。从事与数字相关工作的人特别需要这种有效运用数字和进行推理的智能。他们学习时靠推理来进行思考，喜欢提出问题并进行实验，以寻求答案，寻找事物的规律及逻辑顺序，对科学的新发展有浓厚兴趣。

3. 空间智能。空间智能强调人对色彩、线条、形状、形式、空间及它们之间关系的敏感性很高，感受、辨别、记忆、改变物体的空间关系并借此表达思想和情感的能力比较强，表现为对线条、形状、结构、色彩和空间关系的敏感，以及通过平面图形和立体造型将它们表现出来的能力；能准确地感觉视觉空间，并把所知觉到的表现出来。这类人在学习时擅长用意象及图像来思考。空间智能可以划分为形象的空间智能和抽象的空间智能两种能力。

4. 肢体运作智能。这种智能主要是指人调节身体运动及用灵巧的双手改变物体的技能，表现为能够较好地控制自己的身体，对事件能够做出恰当的身体反应，以及善于利用身体语言来表达自己的思想。这种智能占优势的人，善于运用整个身体来表达想法和感觉，拥有运用双手灵巧地生产或改造事物的能力。这类人很难长时间坐着不动，喜欢动手建造东西，喜欢户外活动，与人谈话时常用手势或其他肢体语言。他们学习时，通过身体的感觉来思考。

5. 音乐智能。这种智能主要是指人敏感地感知音调、旋律、节奏和音色等的能力，表现为个人对音乐节奏、音调、音色和旋律的敏感以及通过作曲、演奏和歌唱等表现音乐的能力。这种智能在作曲家、指挥家、歌唱家、乐师、乐器制作者、音乐评论家等人员那里都有突出的表现。

6. 人际智能。这种智能是指能够有效地理解他人及人与人之间的关系，拥有较强的与人交往的能力，包括四大要素：（1）组织能力，包括群体动员与协调能力。（2）协商能力，指仲裁与排解纷争的能力。（3）分析能力，指能够敏锐察知他人的情感动向与想法，易与他人建立密切关系的能力。（4）人际联系，指对他人表现出关心，善解人意，适于团体合作的能力。

7. 内省智能。这种智能主要是指能够清楚地认识到自己的能力，正确把握自己的长处和短处，把握自己的情绪、意向、动机、欲望；对自己的生活有规划，有自尊，能自律，会吸收他人的长处，会从各种回馈管道了解自己的优劣，常静思以规划自己的人生目标；爱独处，以深入自我的方式来思考；喜欢独立工作，有自我选择的空间。这种智能，在优秀的政治家、哲学家、心理学家、教师等人员那里都有突出表现。内省智能可以划分为两个层次：事件层次和价值层次。事件层次的内省指向对事件成败的总结。价值层次的内省是指将事件的成败和价值观联系起来进行自审。

8. 自然探索智能。这种智能主要指认识植物、动物和其他自然环境的能力。自然智能强的人，在打猎、耕作、生物科学上的表现较为突出。自然探索智能应当进一步归结为探索智能，包括对社会的探索和对自然的探索两个方面。这一条智能由加德纳在 1995 年补充加入。

霍华德·加德纳博士的研究说明了一个人的智力不能单以智商（IQ）分数来代表，因为传统的智力测验只能测出个人较小范围的技巧水平。加德纳不认为人只有一种固定的智能，他认为人可以有许多不同的方式来表现智能，而他找出了至少八种。当教师在看待这些智能时，要提醒自己，在某方面具有聪明才智的幼儿，可能只表现出相关特点中的几项，而不是全部。①

### 三、多元智能理论对学前教育的启示

1. 让人们不再以单一的智能观来看待幼儿，而是相信每个人都有不同的智能组合。传统智力理论认为语言能力和数理逻辑能力是智力的核心，而多元智能观则给人们以新的概念，人们不再由于自己某种能力较弱就怀疑自己的整体智力水平低，而是相信每个人都有不同的优势智能，每个人的智能在范畴和性质上有差异，每个人有不同的特长。这种观念让大家更加相信"天生我材必有用"，教师也更有信心地考虑学生的个体差异，因材施教，努力使每个学生都成为优秀的自己。

2. 教师需要创设丰富的环境，让幼儿有机会与大自然接触，在多样化的选择背景之下发展幼儿的优势智能，同时让其他智能也有机会得到发展，从而让它们之间产生积极的相互影响。

---

① ［美］黛安·翠斯特·道治，劳拉·柯克，凯特·海洛曼. 幼儿园创造性课程（上）［M］. 吕素美，译. 南京：南京师范大学出版社，2006：16.

3. 教师要重视发展幼儿的人际智能和内省智能。多元智能理论让人们意识到社会能力和自省能力也是非常重要的。

总结与评价：多元智能理论让人们看到了人的智能是多元的，教育者和学习者都要清醒地认识到这一点。它也提醒学习者要在一段时间内寻找到自己最擅长的方面，而教育者可以为每个学习者提供适宜的支持和帮助。

### 教师反馈

◎ 了解了霍华德·加德纳的多元智能理论后，我认为每个人都同时拥有所有的这些智能，但大部分人都只在其中一项或几项上突出。由这个理论我想到了以下几点：(1) 因材施教。有句名言叫"教育没有绝对的正确性，只有相对的合适性"，我们要了解幼儿的个体差异，针对幼儿的不同特点进行适宜的教育。(2) 提优补弱。"每个孩子都是一个潜在的天才儿童"，只是其天赋经常表现在不同的方面。作为教师，要善于让孩子用自己的方法来学习。教育就应当为每一个孩子搭建平台，创设情境。(3) 教学相长。教育的过程是"教学相长"的过程，是教学双方相互唤醒的过程。在这样一个过程中，教师根据幼儿的不同智能发展水平、幼儿的"优势、劣势"进行互动教育。教师根据幼儿的学习状况不断调整自己的教育方法、策略，促进幼儿提升，也使自己在与幼儿的相互学习中与幼儿共同进步。

## 14. 高瞻课程的基本理念

高瞻课程，也被称为"海伊·斯科普课程"或"高宽课程"，是由美国著名的儿童心理学家戴维·韦卡特创立的海伊·斯科普教育研究机构从1961年开始发展起来的课程。高瞻课程强调了儿童的主动学习，强调学习环境的创设，提出了幼儿发展的关键指标。高瞻课程是国际上有重要影响力的学前教育课程之一。

### 自我评估

1. 高瞻课程是由美国著名的儿童心理学家_____创立的海伊·斯科普教育研

究机构从 1961 年开始发展起来的课程。

2. _____ 是高瞻课程的核心教育理念。

### 参考要点

1. 高瞻课程是由美国著名的儿童心理学家__韦卡特__创立的海伊·斯科普教育研究机构从 1961 年开始发展起来的课程。

2. __主动学习__是高瞻课程的核心教育理念。

### 分析与思考

#### 一、高瞻课程强调了儿童的主动学习

美国著名的儿童心理学家戴维·韦卡特创立的海伊·斯科普教育研究机构从 1961 年开始发展高瞻课程。到了 1995 年，高瞻课程把"主动学习"作为其教学设计的核心。对"主动学习"这个概念，高瞻课程有着自己的深刻认识。他们提出，科学研究表明，在整个生命周期里，大脑有不断改变、形成新连接（被称为"可塑性"）的能力。因此，在人的一生中，主动学习都发挥着至关重要的作用。认知发展理论认为，儿童"建造"或"构建"他们的知识世界，他们通过自己与人、物、事及观念的直接经验探索出世界是如何动作的。[①] 韦卡特等人认为"儿童的知识来自他们与各种思想的互动，来自他们对物体和事件的直接经验，同时也来自他们把逻辑思维应用到这些经验的过程中"。主动学习是"幼儿通过直接操作物体，在与成人、同伴、观点以及事件的互动中，建构新的理解的学习过程"。

目前，高瞻课程有了许多新发展，他们强调教师与儿童的互动，强调家庭和学校的合作，重视儿童的社会性和情感的发展。在高瞻课程的教育体系中，主动学习是核心理念，他们不再把主动学习仅看作手段，而认为它更多的是一个目标，认为应使之成为一日活动的核心。[②] 主动学习是指由学习者发起的学习，是学习者通过操作物体与人、观念、情境相互作用，主动地建构关于现实知识的过程。主动学习的主要特征是：主动学习是儿童以自己的方式与材料互动的身体活动；主动学习是

---

[①] ［美］安·爱泼斯坦. 学前教育中的主动学习精要——认识高宽课程模式［M］. 霍力岩，郭珺，译. 北京：教育科学出版社，2012：代译者序（011）.

[②] 王春燕. 幼儿园课程概论［M］. 2 版. 北京：高等教育出版社，2014：230.

儿童对身体活动进行反思的思考活动；能够为儿童提供解决问题的机会；以儿童的内部学习动机为基础。在这种学习过程中，教师与幼儿是合作伙伴，成人与儿童之间的积极互动是形成温暖且具有支持作用的教育环境的核心，这种环境能够激发儿童对学习的兴趣。高瞻课程的一日常规中，"计划—工作—回顾"过程是其中既关键又独特的部分，包括计划时间、工作时间、整理和回顾时间。

## 二、高瞻课程特别强调学习环境的创设①

高瞻课程认为，儿童的主动学习不会自然发生；要促进儿童主动学习的发生，必须向儿童提供主动学习的环境。"主动学习的环境"主要包括以下内容：1. 主动学习环境的五个要素。（1）材料与操作机会。要提供丰富的、能适应孩子不同发展需要的材料，这些材料也是儿童能够轻易取得的；要为儿童提供自由操作、转换、组合材料的机会；（2）选择。儿童应能自由地选择操作材料与活动。这是儿童主动学习的中心要素。（3）来自孩子的语言。儿童有机会描述事物、表达自己的想法，有机会谈论自己做了什么，能与其他儿童很好地进行交流。（4）来自成人的支持。成人会支持、鼓励孩子的选择与活动，鼓励他们按照自己的兴趣和想法去做。（5）成人为儿童提供"鹰架"。2. 主动学习环境的创设。（1）室内学习环境创设：① 将学习空间按不同的兴趣方向进行划分。② 让空间对儿童有吸引力。③ 使空间适合开展活动和收纳物品。④ 开设开放且易于出入的空间。（2）户外学习环境创设：① 设置在空旷的场地或在幼儿园旁边的院子里，以使儿童快速、安全地出入和游戏。② 要和室内空间一样，也设置各种独立的区域以让儿童进行不同的游戏。③ 需要存放材料的空间。④ 具有安全性。

## 三、高瞻课程提出了幼儿发展的关键指标

高瞻课程的内容包括五个领域，即：学习方式；语言、读写能力和交流；社会性和情感发展；身体发展和身心健康；艺术与科学。其中，艺术与科学又分为数学、科学和技术、社会学习和艺术。同时，围绕这些领域，提出了58条关键指标。此外，高瞻课程还形成了自己的评估系统，具体包括婴幼儿发展评估（针对0—2.5岁和2.5—6岁两个阶段）、学前教育机构教育质量评估（分为教师评估和机构评估）。

---

① [美] 安·爱泼斯坦. 学前教育中的主动学习精要——认识高宽课程模式 [M]. 霍力岩，郭珺，译. 北京：教育科学出版社，2012：067 - 087.

对婴幼儿发展情况的评估又分为主动性、社会关系、创造力表现、运动和音乐、语言和读写、数学与科学六个方面。在日常教学工作中，教师通过观察并客观记录幼儿的行为或事件来评定每一个幼儿的发展水平，然后，教师依据幼儿的现有水平决定下一步的教学策略。

高瞻课程的理念有较大的影响力，其中有几个方面让人印象深刻。第一，它明确地提出了"主动学习"的概念。第二，它十分重视有准备的环境。第三，它有一套特殊的一日活动流程，如计划、工作与回顾等。第四，它提出了儿童发展的58条关键经验。同时，我们也看到，随着时代的发展与进步，高瞻课程也在不断进行调整，以更好地适应儿童发展的需要。

### 教师反馈

◎ 高瞻课程的核心教育理念是主动学习。针对主动学习我谈几点心得体会：（1）让幼儿掌握学习的主动权。主动学习是幼儿以自己的方式和材料进行互动的过程，所以教师要引导幼儿明确自己活动的目的并在活动中学会自我监督。（2）为幼儿提供自我选择的机会。高瞻课程是以幼儿的内部学习动机为基础的，就如专家所说，教学相长就是教师与儿童双方的一种"相互唤醒"的过程，教师需唤醒幼儿的内在需要，要让幼儿自己产生学习动力。（3）让幼儿自由探索，自主解决问题。教师要容忍幼儿因为探索而弄脏、弄乱甚至损坏玩具、材料的行为，对于幼儿的各种各样新奇的问题，教师要认真对待，可以和幼儿猜一猜、想一想，也可以和幼儿一起做简单的调查或者小实验等。

## 15. STEM 教育理念

"STEM"是科学、技术、工程、数学四门学科的英文单词的首字母组成的。我们认为，提出"开展STEM教育"凸显了一种跨学科教育的取向，以工程思维为核心，强调实际生活，强调设计在前，关注学习方法的形成和科学品质的养成。STEM教育具有四个特点：强调方法，强调整个过程，强调真实问题情境，强调设计与记录。幼儿园应重视设计和实施STEM教育。

## 自我评估

1. "STEM"是四门学科的英文单词的首字母组成的,其中"S"表示科学,"T"表示技术,"E"表示_____,"M"表示数学。

2. 在幼儿园,因为幼儿年龄小,所以我们没有必要开展 STEM 教育。（  ）

## 参考要点

1. "STEM"是四门学科的英文单词的首字母组成的,其中"S"表示科学,"T"表示技术,"E"表示__工程__,"M"表示数学。

2. 在幼儿园,因为幼儿年龄小,所以我们没有必要开展 STEM 教育。（ × ）

## 分析与思考

### 一、什么是 STEM 教育

"STEM"是科学（Science）、技术（Technology）、工程（Engineering）和数学（Mathematics）四门学科的合称,STEM 教育强调多学科的交叉融合教育。在 STEM 教育中,科学是关于"是什么"的知识,技术是有关"怎样做"的知识,工程是关于"如何进行设计"的知识,而数学是解决以上问题的工具。

STEM 教育并不是科学、技术、工程和数学教育的简单叠加,而是要将四门学科内容组合形成有机整体。可以说,STEM 教育凸显了跨学科教育的取向,以工程思维为核心,强调实际生活、真实情境中的问题的一揽子解决,强调设计在前和设计优先,关注学习方法的形成和科学品质的养成。

### 二、STEM 教育的特点

1. 一种强调学习方法的教育。STEM 教育被称为"元教育",其教育过程不是将科学、技术、工程和数学知识进行简单叠加,而是强调将原本分散的四门学科内容自然组合形成整体。可以说,STEM 教育强调跨学科和跨领域的学习。

2. 一种强调整个学习过程的教育。STEM 教育鼓励儿童参与学习的整个过程,而不仅仅是参与某一个片段的学习。这能让儿童站在整体的角度来思考问题,能最大限度地激发起他们参与整个活动的积极性,不仅增添了活动的挑战性,而且让儿童承担起各种职责。著名教育家陈鹤琴先生就非常明确地提出,"凡是儿童自己能够做的，应当让他自己做"，"凡是儿童自己能够想的，应当让他自己想"①。因此，让儿童参与整个的探究过程，就意味着给予儿童最大的空间，支持他们继续保持和发展与生俱来的主动和好奇，鼓励他们自己去想，自己去做，去完成尽可能多的挑战。

3. 一种真实或准真实问题情境下的教育。STEM 教育强调要在真实或准真实的生活情境中，以问题解决为导向，来培养儿童的创新精神与实践能力。这样就能让幼儿像科学家那样亲身经历科学研究的各个阶段：如何在众多现象中选择最为合适的研究话题，如何进一步缩小研究范围，以及如何设计出可行的方案并不断进行修正和优化。

4. 一种强调设计与记录等学习方式的教育。STEM 教育理念强调在学习的过程中要凸显设计理念。这意味着，研究者在一开始就已经充分考虑到了各种可能性，意味着要最大限度地优化研究的方案；意味着一旦有了明确的计划，就要严格地按照计划去执行。这样的研究能够很好地发展儿童的逻辑思维能力和沟通能力。同时，STEM 教育为儿童的高阶思维学习提供了机会。郝京华教授指出，分析、评价、创造这三个认知目标对应的是分析性思维、批判性思维和创造性思维，它们都属于高阶思维；而我们长期以来都较为忽视它们，而高阶思维正是工程思维的灵魂。在工程设计的很多环节，高阶思维随处可见：在设计解决方案环节，有和创造性思维息息相关的"头脑风暴"；在权衡环节，需要用到的是分析、综合等思维；至于批判性思维，更是贯穿在工程设计的诸多环节。所以，培养学生的高阶思维能力和强调学生的设计能力越来越成为一种共识。② 此外，在整个研究的过程中，记录也发挥着积极的作用。通过记录，可以清晰地看出研究者的设计想法，把握研究者的研究思路，凸显实事求是的精神，能够让研究的过程更具科学性和可验证性。

### 三、怎样设计和实施幼儿园 STEM 教育活动

1. 幼儿园阶段在开展 STEM 教育时要明确自身的优势和劣势。幼儿园阶段开展 STEM 教育具有一定的劣势，具体在于：（1）幼儿年龄较小，读写算的能力有限，抽象思维能力不足，独立探究的能力不强，很难开展起真正有价值的、能解决现实中真实的有挑战性的问题的活动。（2）幼儿的自我保护能力不够，经验缺乏，在进行科学探究类活动过程中面临一定的安全风险。（3）幼儿园阶段，幼儿面临的

---

① 陈鹤琴. 陈鹤琴全集（第五卷）[M]. 陈秀云，陈一飞，编. 南京：江苏教育出版社，2008：067-068.

② 冯凌. 促进融合的学习——小学 STEM 教学案例 [M]. 南京：江苏教育出版社，2016：序言.

一个主要任务是形成完善的人格，需要发展起幼儿良好的社会适应能力和良好的品格，因此，幼儿需要在各个方面都积累大量的活动经验，而过于强调某一方面的学习，或者说过于强调让幼儿积累科学方面的经验，会让儿童陷入发展不均衡的危险；（4）幼儿园教师的科学素养普遍不高，幼儿园在科学探究上的物质资源支持普遍显得不足。当然，幼儿园在开展 STEM 教育方面，也有一定的优势：（1）STEM 教育所提倡的注重生活和整体发展的理念，与当前幼儿园教育的整体趋势相一致；（2）幼儿园往往拥有科学区角、户外园地以及种植园地等资源，有利于开展 STEM 教育；（3）一些幼儿园有一定的开展项目学习的经验。

2. 深刻理解 STEM 教育的基本理念和幼儿园教育的基本属性。幼儿园在开展 STEM 教育时，需要进一步加强学习。教师需要对 STEM 教育的概念和基本精神有深入的了解，知道为什么要开展 STEM 教育。教师也需要进一步把握幼儿园教育的根本目标和基本属性，进一步明确学前教育的重要性和特殊性，注重幼儿园教育的生活性、趣味性、整体性和社会性。教师要努力做到让幼儿在丰富的活动中形成良好的生活习惯、学习习惯和行为习惯。

3. 谨慎选择确定 STEM 教育的研究内容。在幼儿园中，许多活动都是综合性活动，是儿童亲身参与其中的活动，很多活动具有一定的 STEM 教育的属性。例如，在幼儿园中普遍存在的搭建类活动就和 STEM 教育活动非常类似。在幼儿园中，教师既可以开展专门的 STEM 教育活动，也可以在各个科学活动区或其他活动区中开展科学探究类活动。教师需要和幼儿共同探讨，选择出适合于幼儿的 STEM 教育活动。在选择的过程中，需要注意的原则有：安全性原则、可行性原则、科学性原则、可操作原则、趣味性原则。

4. 遵循设计 STEM 教育活动方案的基本流程。一般来说，幼儿园教师在设计 STEM 教育活动方案时，儿童将经历以下几个流程：（1）确定研究话题；（2）界定具体的研究目标；（3）搜集相关信息；（4）提出可能的方案；（5）分析方案的可行性；（6）选择最合理的方案；（7）实施研究方案；（8）优化研究方案；（9）交流和展示研究结果。

5. 多采用小组研究的方式，并凸显记录的作用。幼儿园的 STEM 教育活动可以小组式的项目学习为主，充分发挥幼儿的主动性和积极性。在教师的引导和组织下，孩子们可以共同讨论确定研究的话题。感兴趣的孩子可以组织起来成立项目研究小组，按照项目开展程序，形成可行的研究方案并逐步落实方案。在这个过程中，要注意凸显个别化记录的作用，鼓励幼儿用绘画等多种方式进行记录，形成自己的绘画式记录本，并且可以借助记录交流墙等平台进行充分的交流、讨论和展示。这样一来，幼儿就可以在整个研究过程中充分体验到研究所带来的挑战，初步形成尊重事实和证据、严谨务实的科学态度，并逐渐具有大胆质疑和敢于创新的科学精神，从而发展起多种科学素养，形成良好的思维习惯。①

### 教师反馈

◎ STEM教育与《3—6岁儿童学习与发展指南》理念相吻合，将科学、技术、工程、数学四门不同的学科融合；还与其指出的"关注幼儿学习与发展的整体性"的理念相一致。因此，在幼儿的多项活动中，教师要有融合教育观，要强调情境性与体验性，尊重幼儿的学习方式与特点，引导幼儿在操作中探究，在探究中学习。

◎ STEM教育是一种强调学习方法的教育，强调在整个过程中学习，是真实或准真实问题情境下的学习，是强调设计和记录的学习，因此，在幼儿园科学探索活动的实施过程中，教师要以问题为驱动，引导幼儿在观察记录中收集信息，预测探究过程，操作验证，寻找答案，逐步发展幼儿的逻辑思维能力，帮助幼儿形成终身受益的学习态度与能力。

## 16. 我国学前教育的基本政策法规

近年来，我国逐步推出了一些学前教育政策法规，主要有2001年9月起实行的《幼儿园教育指导纲要（试行）》（教基〔2001〕20号文件），2012年10月颁布的《3—6岁儿童学习与发展指南》（教基二〔2012〕4号文件），2012年出台的《幼儿园教师专业标准（试行）》（教师〔2012〕1号文件），1996年首次颁布、2013年修订、2016年3月1日起施行的《幼儿园工作规程》（中华人民共和国教育部令第39号），2022年2月教育部以教基〔2022〕1号文件形式颁布的《幼儿园保育教育质量评估指南》，以及2024年11月8日十四届全国人大常委会第十二次会议表决通过、自2025年6月1日起施行的《中华人民共和国学前教育法》。这些政策法规为我国学前教育的健康有序发展提供了较为全面的保障。

---

① 毛曙阳. 关于幼儿园阶段开展STEM教育的若干思考［J］. 物理之友. 2018（9）：10-12.

### 自我评估

1. 《幼儿园教育指导纲要（试行）》指出，幼儿园教育应尊重幼儿的_____和权利，尊重幼儿身心发展的_____和学习特点，以_____为基本活动，_____并重，关注个别差异，促进每个幼儿_____的发展。

2. 《3—6岁儿童学习与发展指南》指出，幼儿在活动过程中表现出的积极态度和良好行为倾向是终身学习与发展所必需的宝贵品质。要充分尊重和保护幼儿的好奇心和_____，帮助幼儿逐步养成积极主动、_____、不怕困难、敢于探究和尝试、乐于想象和创造等良好学习品质。

3. 《幼儿园教师专业标准（试行）》中提出了三个维度，即专业理念与师德、专业知识和_____。专业理念与师德包含四个领域，即职业理解与认识、对幼儿的态度与行为、幼儿保育和教育的态度与行为，以及_____。

4. 《幼儿园工作规程》中提出，幼儿园的任务是：贯彻国家的教育方针，按照保育与教育相结合的原则，遵循幼儿身心发展特点和规律，实施德、智、体、美等方面全面发展的教育，促进幼儿_____。幼儿园同时面向幼儿家长提供_____指导。

5. 《幼儿园保育教育质量评估指南》提出，要坚持以促进_____为导向，聚焦幼儿园保育教育过程质量。评估内容主要包括办园方向、保育与安全、_____、_____、_____5个方面，共15项关键指标、48个考查要点。

6. 《中华人民共和国学前教育法》提出，学前儿童享有生命安全和身心健康、_____、依法平等接受学前教育等权利。学前教育应当坚持最有利于学前儿童的原则，给予学前儿童_____、_____保护。

### 参考要点

1. 《幼儿园教育指导纲要（试行）》指出，幼儿园教育应尊重幼儿的 人格 和权利，尊重幼儿身心发展的 规律 和学习特点，以 游戏 为基本活动， 保教 并重，关注个别差异，促进每个幼儿 富有个性 的发展。

2. 《3—6岁儿童学习与发展指南》指出，幼儿在活动过程中表现出的积极态度和良好行为倾向是终身学习与发展所必需的宝贵品质。要充分尊重和保护幼儿的好奇心和 学习兴趣 ，帮助幼儿逐步养成积极主动、 认真专注 、不怕困难、敢于探究和尝试、乐于想象和创造等良好学习品质。

3.《幼儿园教师专业标准（试行）》中提出了三个维度，即专业理念与师德、专业知识和__专业能力__。专业理念与师德包含四个领域，即职业理解与认识、对幼儿的态度与行为、幼儿保育和教育的态度与行为，以及__个人修养与行为__。

4.《幼儿园工作规程》中提出，幼儿园的任务是：贯彻国家的教育方针，按照保育与教育相结合的原则，遵循幼儿身心发展特点和规律，实施德、智、体、美等方面全面发展的教育，促进幼儿__身心和谐发展__。幼儿园同时面向幼儿家长提供__科学育儿__指导。

5.《幼儿园保育教育质量评估指南》提出，要坚持以促进__幼儿身心健康发展__为导向，聚焦幼儿园保育教育过程质量。评估内容主要包括办园方向、保育与安全、__教育过程__、__环境创设__、__教师队伍__5个方面，共15项关键指标、48个考查要点。

6.《中华人民共和国学前教育法》提出，学前儿童享有生命安全和身心健康、__得到尊重和保护照料__、依法平等接受学前教育等权利。学前教育应当坚持最有利于学前儿童的原则，给予学前儿童__特殊__、__优先__保护。

## 分析与思考

### 一、关于《幼儿园教育指导纲要（试行）》的简要解读

2001年7月，教育部以教基2001年20号文件的形式颁布了《幼儿园教育指导纲要（试行）》。文件提出，为进一步贯彻第三次全国教育工作会议和全国基础教育工作会议精神，落实《国务院关于基础教育改革与发展的决定》，推进幼儿园实施素质教育，全面提高幼儿园教育质量，从2001年9月起试行《幼儿园教育指导纲要（试行）》（以下有时简称《纲要》），同时宣布1981年颁发的《幼儿园教育纲要（试行草案）》废止使用。

《纲要》分为四个部分，即：总则、教育内容与要求（包括健康、语言、社会、科学、艺术等五个领域）、组织与实施、教育评价。

其中部分重要内容如下：

1. 幼儿园教育是基础教育的重要组成部分，是我国学校教育和终身教育的奠基阶段。城乡各类幼儿园都应从实际出发，因地制宜地实施素质教育，为幼儿一生的发展打好基础。

2. 幼儿园应与家庭、社区密切合作，与小学相互衔接，综合利用各种教育资

源，共同为幼儿的发展创造良好的条件。

3. 幼儿园应为幼儿提供健康、丰富的生活和活动环境，满足他们多方面发展的需要，使他们在快乐的童年生活中获得有益于身心发展的经验。

4. 幼儿园教育应尊重幼儿的人格和权利，尊重幼儿身心发展的规律和学习特点，以游戏为基本活动，保教并重，关注个别差异，促进每个幼儿富有个性的发展。

简要的解读：

《纲要》帮助幼儿园教师明确了幼儿园教育的基本属性、幼儿园教育的目标、幼儿园教育的基本领域。在《纲要》中处处渗透着深刻的教育理念，需要教师结合实际细细研读。《纲要》可以帮助教师明确幼儿园课程的内容和要求。

## 二、关于《3—6岁儿童学习与发展指南》的简要解读

2012年10月，教育部以教基二〔2012〕4号文件的形式颁布了《3—6岁儿童学习与发展指南》。文件提出，为深入贯彻《国家中长期教育改革和发展规划纲要（2010—2020年）》和《国务院关于当前发展学前教育的若干意见》（国发〔2010〕41号），指导幼儿园和家庭实施科学的保育和教育，促进幼儿身心全面和谐发展，教育部正式颁布《3—6岁儿童学习与发展指南》（以下有时简称《发展指南》）。

其中部分重要内容如下：

1. 关注幼儿学习与发展的整体性。儿童的发展是一个整体，要注重领域之间、目标之间的相互渗透和整合，促进幼儿身心全面协调发展，而不应片面追求某一方面或几方面的发展。

2. 尊重幼儿发展的个体差异。幼儿的发展是一个持续、渐进的过程，同时也表现出一定的阶段性特征。每个幼儿在沿着相似进程发展的过程中，各自的发展速度和达到某一水平的时间不完全相同。要充分理解和尊重幼儿发展进程中的个别差异，支持和引导他们从原有水平向更高水平发展，按照自身的速度和方式到达《发展指南》所呈现的发展"阶梯"，切忌用一把"尺子"衡量所有幼儿。

3. 理解幼儿的学习方式和特点。幼儿的学习是以直接经验为基础，在游戏和日常生活中进行的。要珍视游戏和生活的独特价值，创设丰富的教育环境，合理安排一日生活，最大限度地支持和满足幼儿通过直接感知、实际操作和亲身体验获取经验的需要，严禁"拔苗助长"式的超前教育和强化训练。

4. 重视幼儿的学习品质。幼儿在活动过程中表现出的积极态度和良好行为倾向是终身学习与发展所必需的宝贵品质。要充分尊重和保护幼儿的好奇心和学习兴趣，

帮助幼儿逐步养成积极主动、认真专注、不怕困难、敢于探究和尝试、乐于想象和创造等良好的学习品质。忽视对幼儿学习品质的培养、单纯追求知识技能的做法是短视而有害的。

简要的解读：

《发展指南》从健康、语言、社会、科学、艺术五个领域描述幼儿的学习与发展目标，分别对3—4岁、4—5岁、5—6岁三个年龄段末期幼儿应该知道什么、能做什么、大致可以达到什么水平提出了合理期望。同时，针对当前学前教育普遍存在的困惑和误区，为广大家长和幼儿园教师提供了具体、可操作的指导和建议。《发展指南》的制订始于2006年，专家组分析比较了13个国家关于早期儿童学习与发展方面的内容，用两年时间广泛征求幼儿园园长、教师和家长的意见，在全国东、中、西部抽取3600名幼儿及其家长作为测查对象。正式文本出台前，《发展指南》先后两次面向各省（自治区、直辖市）教育行政部门和有关师范院校征求意见，又在教育部门户网站面向社会公开征求意见。

《发展指南》在幼儿各年龄段的发展水平方面提出了明确的要求，汇集了多方意见，其观点相当有代表性。《发展指南》在幼儿的学习品质发展方面提出了明确的要求。

### 三、关于《幼儿园教师专业标准（试行）》的简要解读

为促进幼儿园教师专业发展，建设高素质幼儿园教师队伍，教育部根据《中华人民共和国教师法》，以2012年1号文的形式颁布了《幼儿园教师专业标准（试行）》（以下有时简称《专业标准》）。

其中部分重要内容如下：

1.《专业标准》的基本理念是：师德为先、幼儿为本、能力为重和终身学习。

2. 师德为先。热爱学前教育事业，具有职业理想，践行社会主义核心价值体系，履行教师职业道德规范，依法执教。关爱幼儿，尊重幼儿人格，富有爱心、责任心、耐心和细心；为人师表，教书育人，自尊自律，做幼儿健康成长的启蒙者和引路人。

3. 幼儿为本。尊重幼儿权益，以幼儿为主体，充分调动和发挥幼儿的主动性；遵循幼儿身心发展特点和保教活动规律，提供适合的教育，保障幼儿快乐健康成长。

4. 能力为重。把学前教育理论与保教实践相结合，突出保教实践能力；研究幼儿，遵循幼儿成长规律，提升保教工作专业化水平；坚持"实践—反思—再实践—再反思"，不断提高专业能力。

5. 终身学习。学习先进的学前教育理论，了解国内外学前教育改革与发展的经验和做法；优化知识结构，提高文化素养；具有终身学习与持续发展的意识和能力，做终身学习的典范。

6. 提出了三个维度：专业理念与师德、专业知识、专业能力。专业理念与师德维度包括四个领域，即职业理解与认识、对幼儿的态度与行为、幼儿保育和教育的态度与行为、个人修养与行为。专业知识维度包括三个领域，即幼儿发展知识、幼儿保育和教育知识、通识性知识。专业能力维度包括七个领域，即环境的创设与利用、一日生活的组织与保育、游戏活动的支持与引导、教育活动的计划与实施、激励与评价、沟通与合作、反思与发展。针对这些维度与领域，共提出了62条基本要求。

简要的解读：

《专业标准》中明确规定：幼儿园教师是履行幼儿园教育教学工作职责的专业人员，需要经过严格的培养与培训，应具有良好的职业道德，掌握系统的专业知识和专业技能。《专业标准》是国家对合格幼儿园教师专业素质的基本要求，是幼儿园教师实施保教行为的基本规范，是引领幼儿园教师专业发展的基本准则，是幼儿园教师培养、准入、培训、考核等工作的重要依据。

幼儿园教师的质量决定着学前教育的质量，师德高尚、业务精良、高素质、专业化的幼儿园教师队伍是高质量幼儿园教育的重要保障。通过科学研究与论证而制定适宜、规范的《专业标准》，明确了合格的幼儿园教师应具备的基本专业素养，将引领和促进幼儿园教师的专业发展，有利于学前教育事业的健康发展和幼儿的健康和谐发展。

### 四、关于《幼儿园工作规程》的简要解读

为加强幼儿园的科学管理，规范办园行为，提高保育和教育质量，促进幼儿身心健康，依据《中华人民共和国教育法》等法律法规制定了《幼儿园工作规程》（以下有时简称《规程》），以中华人民共和国教育部第39号令发布，自2016年3月1日起施行。由原国家教育委员会于1996年发布的《幼儿园工作规程》同时废止。

其中部分重要内容如下：

1. 幼儿园的任务是：贯彻国家的教育方针，按照保育与教育相结合的原则，遵循幼儿身心发展特点和规律，实施促进幼儿德、智、体、美等方面全面发展的教育，促进幼儿身心和谐发展。幼儿园同时面向幼儿家长提供科学育儿指导。

2. 幼儿园保育和教育的主要目标是：（1）促进幼儿身体正常发育和机能的协调发展，增强体质，促进心理健康，培养良好的生活习惯、卫生习惯和参加体育活动的兴趣。（2）发展幼儿智力，培养正确运用感官和运用语言交往的基本能力，增进对环境的认识，培养有益的兴趣和求知欲望，培养初步的动手探究能力。（3）萌发幼儿爱祖国、爱家乡、爱集体、爱劳动、爱科学的情感，培养诚实、自信、友爱、勇敢、勤学、好问、爱护公物、克服困难、讲礼貌、守纪律等良好的品德行为和习惯，以及活泼开朗的性格。（4）培养幼儿初步感受美和表现美的情趣和能力。

3. 幼儿园教育应当贯彻以下原则和要求：（1）德、智、体、美等方面的教育应当互相渗透，有机结合。（2）遵循幼儿身心发展规律，符合幼儿年龄特点，注重个体差异，因人施教，引导幼儿个性健康发展。（3）面向全体幼儿，热爱幼儿，坚持积极鼓励、启发引导的正面教育。（4）综合组织健康、语言、社会、科学、艺术各领域的教育内容，渗透于幼儿一日生活的各项活动中，充分发挥各种教育手段的交互作用。（5）以游戏为基本活动，寓教育于各项活动之中。（6）创设与教育相适应的良好环境，为幼儿提供活动和表现能力的机会与条件。

简要的解读：

2016年教育部发布的《规程》突出了坚持立德树人的思想。进一步强调幼儿园要坚持国家的教育方针，遵循幼儿身心发展特点和规律，实施促进幼儿德、智、体、美诸方面全面发展的教育，促进幼儿身心和谐发展。同时强化了安全管理方面的要求。强调幼儿园应当结合幼儿的年龄特点和接受能力开展反家庭暴力教育，发现幼儿遭受或者疑似遭受家庭暴力的，应当依法及时向公安机关报案。提出禁收赞助费及兴趣班费。明确规定幼儿园实行收费公示制度，收费项目和标准向家长公示。明确提出，不得以培养幼儿某种专项技能、组织或参与竞赛等为由另外收取费用。禁止任何形式的入园考试或测查。幼儿园不得提前教授小学教育内容，不得开展任何违背幼儿身心发展规律的活动。强化了家长委员会的职能作用，要求家长委员会参与幼儿园重要决策和事关幼儿切身利益事项的管理。强调幼儿园应当建立教研制度，加强教育教学研究，研究解决教师在保教工作中遇到的实际问题。

《幼儿园工作规程》在内容与要求上与《纲要》和《发展指南》相一致，是规范幼儿园管理工作的基本准则，幼儿园的举办者和管理者都应严格按照《规程》的要求组织和安排幼儿园的各项工作。《规程》对于提高各类幼儿园的办园水平和保教质量，对于推进幼儿园管理的规范化和科学化等都具有重要的现实意义。

### 五、关于《幼儿园保育教育质量评估指南》的简要解读

2022年2月，教育部以教基2022年1号文件的形式印发了关于《幼儿园保育教育质量评估指南》（以下有时简称《评估指南》）的通知。其中部分重要内容如下：

1. 基本原则：（1）坚持正确方向。坚持社会主义办园方向，践行为党育人、为国育才使命，树立科学评价导向，推动构建科学保育教育体系，整体提升幼儿园办园水平和保育教育质量。（2）坚持儿童为本。尊重幼儿年龄特点和成长规律，注重幼儿发展的整体性和连续性，坚持保教结合，以游戏为基本活动，有效促进幼儿身心健康发展。（3）坚持科学评估。完善评估内容，突出评估重点，改进评估方式，切实扭转"重结果轻过程、重硬件轻内涵、重他评轻自评"等倾向。（4）坚持以评促建。充分发挥评估的引导、诊断、改进和激励功能，注重过程性、发展性评估，引导办好每一所幼儿园，促进幼儿园安全优质发展。

2. 评估内容：坚持以促进幼儿身心健康发展为导向，聚焦幼儿园保育教育过程质量。评估内容主要包括办园方向、保育与安全、教育过程、环境创设、教师队伍5个方面，共15项关键指标、48个考查要点。

简要的解读：

《评估指南》提出，幼儿园要全面落实立德树人根本任务，遵循幼儿发展规律和教育规律，完善以促进幼儿身心健康发展为导向的学前教育质量评估体系，切实扭转不科学的评估导向，强化评估结果运用，推动树立科学保育教育理念，全面提高幼儿园保育教育水平，为培养德智体美劳全面发展的社会主义建设者和接班人奠定坚实基础。《评估指南》对完善以促进幼儿身心健康发展为导向的学前教育质量评估体系提出了明确和具体的要求，有助于学前教育工作者更好地改进评价的方式并建立起更加有效的教育评价制度。《评估指南》的颁布和落实也使广大学前教育工作者进一步明晰理念，坚持以儿童发展为本，尊重并了解学前教育规律，注重过程质量，支持幼儿园持续强化自我评估和改进调整，不断提高教师队伍的专业水平和能力，从而更好地实现学前教育的普惠优质发展，有效促进学前教育的高质量发展。

### 六、关于《中华人民共和国学前教育法》的简要解读

《中华人民共和国学前教育法》（以下有时简称《学前教育法》）于2024年11月8日在第十四届全国人民代表大会常务委员会第十二次会议上通过，自2025年6

月1日起施行。《学前教育法》共有9章，分别是：总则、学前儿童、幼儿园、教职工、保育教育、投入保障、监督管理、法律责任和附则。其中部分重要内容如下：

第一章为"总则"，主要内容包括：学前教育是国民教育体系的组成部分，是重要的社会公益事业。发展学前教育坚持政府主导，以政府举办为主，大力发展普惠性学前教育，鼓励、引导和规范社会力量参与。全社会应当为适龄儿童接受学前教育、健康快乐成长创造良好环境。

第二章为"学前儿童"，主要内容包括：学前儿童享有生命安全和身心健康、得到尊重和保护照料、依法平等接受学前教育等权利。学前教育应当坚持最有利于学前儿童的原则，给予学前儿童特殊、优先保护。实施学前教育应当从学前儿童身心发展特点和利益出发，尊重学前儿童人格尊严，倾听、了解学前儿童的意见，平等对待每一个学前儿童，鼓励、引导学前儿童参与家庭、社会和文化生活，促进学前儿童获得全面发展。

第三章为"幼儿园"，主要内容包括：县级以上地方人民政府应当统筹当前和长远，根据人口变化和城镇化发展趋势，科学规划和配置学前教育资源，有效满足需求，避免浪费资源。各级人民政府应当采取措施，扩大普惠性学前教育资源供给，提高学前教育质量。公办幼儿园和普惠性民办幼儿园为普惠性幼儿园，应当按照有关规定提供普惠性学前教育服务。各级人民政府应当利用财政性经费或者国有资产等举办或支持举办公办幼儿园。各级人民政府依法积极扶持和规范社会力量举办普惠性民办幼儿园。

第五章为"保育教育"，主要内容包括：幼儿园应当坚持保育和教育相结合的原则，面向全体学前儿童，关注个体差异，注重良好习惯养成，创造适宜的生活和活动环境，有益于学前儿童身心健康发展。幼儿园应当把保护学前儿童安全放在首位，对学前儿童在园期间的人身安全负有保护责任。幼儿园应当建立科学合理的一日生活制度，保证户外活动时间，做好儿童营养膳食、体格锻炼、全日健康观察、食品安全、卫生与消毒、传染病预防与控制、常见病预防等卫生保健管理工作，加强健康教育。国务院教育行政部门制定幼儿园教育指导纲要和学前儿童学习与发展指南，地方各级人民政府教育行政部门依据职责组织实施，加强学前教育教学研究和业务指导。幼儿园应当按照国家有关规定，科学实施符合学前儿童身心发展规律和年龄特点的保育和教育活动，不得组织学前儿童参与商业性活动。幼儿园应当以学前儿童的生活为基础，以游戏为基本活动，发展素质教育，最大限度支持学前儿童通过亲近自然、实际操作、亲身体验等方式探索学习，促进学前儿童养成良好的品德、行为习惯、安全和劳动意识,健全人格、强健体魄,在健康、语言、社会、科学、艺术等各方面协调发展。

简要的解读:

《学前教育法》全面总结了学前教育改革发展的成果和经验,针对性地破解实践中的突出问题,为学前教育高质量发展提供坚实的法治保障。《学前教育法》进一步明确了学前教育是国民教育体系的组成部分,是重要的社会公益事业,全社会应当为适龄儿童接受学前教育、健康快乐成长创造良好环境。《学前教育法》填补了我国学前教育法律方面的空白,具有里程碑式的意义,必将有力地推动学前教育的高质量发展。

### 教师反馈

◎ 教师要了解并熟悉学前教育的相关政策法规。这些导向性的政策和法规能帮助教师进一步厘清思路,明确教育的目标,了解最新的教育理念;将有利于教师自身专业能力的提升,有利于幼儿的健康发展。

# 17. 适宜的早期教育具有重要价值

早期教育非常重要。研究表明,0—6岁是人生发展的关键时期,也是教育的最佳时期。适宜的早期教育会影响人的一生。早期阶段是一个人性格养成和行为习惯养成的关键期。教师和家长要通过各种方式来开展适宜的早期教育。要营造良好的环境与氛围,要耐心地倾听并理解幼儿,要积极有效地回应幼儿,要发挥好示范引导作用,要让幼儿多接触大自然、大社会,从而培养起幼儿的职责感。

### 自我评估

1. 适宜的早期教育有利于人一生的发展。　　　　　　　　　　(　　)
2. 开展早期教育主要是为了发展孩子的智力。　　　　　　　　(　　)

## 参考要点

1. 适宜的早期教育有利于人一生的发展。　　　　　　　　　　　　　（ √ ）
2. 开展早期教育主要是为了发展孩子的智力。　　　　　　　　　　　（ × ）

## 分析与思考

### 一、适宜的早期教育影响人的一生

一般来说，早期教育指的是人从出生到小学以前所接受的教育。当前，人们越来越重视早期教育。

1. 早期阶段是一个人性格养成和行为习惯养成的关键期。幼儿期正是行为习惯养成的关键期，而好的习惯一旦养成就不容易改变，就会给人一生的生活和学习带来各种便利；反之，则会造成许多新的障碍。幼年期的经验与一个人品格的形成与性格的养成有着密切的关系。

2. 大脑在幼儿时期有飞速的发展。研究表明：小儿刚出生时，脑的重量仅有390克，大约是成人脑重的25%。10个月时脑的重量为780克，为出生时的两倍，达到成人脑重的50%。2.5岁时脑重为1170克，是成人脑重的75%。7岁孩子的脑重为1404克，是成人脑重的90%。可见，在人出生后最初的1~2年内，脑发育是最快的，同时，早期阶段也是大脑树突等快速增长的时期。因此，专家建议，可以通过确保营养、养成良好的生活习惯、为婴儿按摩、营造良好的亲子关系及和谐的家庭气氛、提供多元的感官刺激、帮助婴儿练习独立能力等方式来促进婴幼儿大脑的发育。

3. 早期的经验会有持续的影响。研究者认为，早期经验对于儿童今后的发展具有明显的影响作用。早期经验对儿童个体的发展有累积和延时效应。如果某个经验是偶然获得的，它的影响可能不会持久，但是，如果正面或负面的经验频繁地发生，它们就有强大的、持久的影响力，甚至产生"雪球效应"①。

4. 相关研究项目的研究结果表明，早期教育影响人今后的发展。例如，高瞻课程的研究者通过跟踪和对比研究发现，早期阶段接受过高瞻学前教育课程的孩子，在小学及初中阶段，其行为和情绪方面都有较好的表现，能较为顺利地度过青春期，

---

① 姜勇. 国外学前教育学基本文献讲读 [M]. 北京：北京大学出版社，2013：234.

他们成年后在生活中也有较强的社会责任感，更容易获得学业和事业上的成就。

## 二、如何开展适宜的早期教育

1. 营造良好的环境与氛围。孩子从一出生就能感受到家庭的气氛，不同的家庭气氛会使孩子有不同的感受和反应。如果孩子在家里感到愉快和安全，他们的心理和性格就能得到良好发展；如果家里整天吵吵闹闹，孩子常常处于提心吊胆、担惊受怕的环境中，就易产生不良情绪和行为问题。同样，在一个温暖、安定和有归属感的幼儿园班级中，幼儿的情绪也会更加稳定，并且表现出更多的积极行为。

2. 教养者要具有一定的敏感性，要有效地回应幼儿。研究者发现，富有责任心又敏感的成人在幼儿的早期发展中起着重要的作用。"从众多不同理论视角的研究来看，支持性环境的特征之一就是有责任心且具有敏感性的成人参与儿童发展。家长、教师和保育者根据儿童的能力并朝着拓展该能力的方向提供学习经验，一种富有挑战性而又能为儿童所掌握的经验才能促进儿童的发展。要做到这样，成人必须对儿童的个性及其发展特点非常敏感。"[1]

3. 父母、教师与成人要发挥好示范引导作用。幼儿是好模仿的，所以大人的性格、喜好和行为方式都会成为幼儿模仿的榜样。父母是孩子的一面镜子。父母和教师都要知道，自身的行为方式、心理状态以及性格特征会对幼儿产生巨大的影响，因此要时刻注意自己的言行举止。

4. 让幼儿多接触大自然，让幼儿多与同伴进行交往。在大自然中，在与人接触交往的过程中，幼儿会积累经验，会受到启迪，会在生活和经历中发展自己的能力。

5. 培养幼儿的职责感。幼儿在家庭中和幼儿园中都要有职责感，都要知道哪些事情是自己要去做的。如果孩子从小就能做自己职责范围内的事情，做好自我服务，并且能够承担更多的责任，那么他们长大后就更能自觉担负起对家庭和社会的责任。

### 教师反馈

◎ 0—3岁是人生非常关键的时期，很多孩子会在这一关键时期养成一些终身受益的良好习惯，也有部分孩子会形成一些坏习惯。因此，家长和教师有必要重视

---

[1] [美]芭芭拉·鲍曼，苏珊娜·多诺万，苏珊·勃恩兹. 渴望学习：教育我们的幼儿 [M]. 吴亦东，周萍，罗峰，刘红，译. 南京：南京师范大学出版社，2005：4.

这一时期，为儿童的发展营造良好的氛围，修身养性，成为儿童学习模仿的榜样，帮助儿童形成良好的行为习惯。

# 18. 理解幼儿的学习特点

幼儿的学习有着自身的特点。幼儿是有能力的学习者，是以兴趣为导向的学习者，是直接经验的学习者，是模仿创造的学习者，是热情积极的学习者，是游戏玩耍的学习者。在幼儿园的生活中，幼儿的主动探索和教师的积极支持之间有着密切的联系。教师应深刻理解幼儿的学习特点，不断提升自身的专业支持能力。

### 自我评估

1. 幼儿是有能力的学习者，是以_____为导向的学习者，是_____经验的学习者，是模仿创造的学习者，是热情积极的学习者，是游戏玩耍的学习者。

2.《3—6岁儿童学习与发展指南》指出：幼儿的学习是以直接经验为基础，在游戏和日常生活中进行的。要珍视_____的独特价值，创设丰富的教育环境，合理安排一日生活，最大限度地支持和满足幼儿通过直接感知、实际操作和_____获取经验的需要。

### 参考要点

1. 幼儿是有能力的学习者，是以__兴趣__为导向的学习者，是__直接__经验的学习者，是模仿创造的学习者，是热情积极的学习者，是游戏玩耍的学习者。

2.《3—6岁儿童学习与发展指南》指出：幼儿的学习是以直接经验为基础，在游戏和日常生活中进行的。要珍视__游戏和生活__的独特价值，创设丰富的教育环境，合理安排一日生活，最大限度地支持和满足幼儿通过直接感知、实际操作和__亲身体验__获取经验的需要。

### 分析与思考

幼儿园教育是国民教育体系的起始阶段，是儿童身心健康和谐发展的关键时期。

高质量的幼儿园教育离不开高质量的保教过程，离不开高水平的教师，需要教师随着时代的发展不断提升专业能力。教师需要持续地更新观念、积累经验和探寻规律，需要更加深刻地理解幼儿学习的特点，把握好学与教的关系，持续提升自身的专业支持能力。①

## 一、幼儿是有能力的学习者

幼儿是有能力的，这种能力是其生来就具有的，是十分可贵的。拥有能力并不断求新是人类基本的生物特征，是人类的生存方式。为了生存，每一种生物都会主动地去适应环境。和其他动物相比，刚出生的人类显得更加弱小，其原生的"生物装备"十分单薄，常被视为是"一种有缺陷的生物"。但是，这些缺陷却让人类获取了一个新的优势，那就是更加具有学习能力和可塑性。德国哲学家博尔诺夫提出，"正是由于要通过较高的能力来弥补现存的缺陷，人成了'不断求新的生物'，成了虽不完美，但因此而能不断使自己完美起来的生物"②。为了生存和适应，人类会在创造的过程中不断地自我更新和自我发展。会探索、会学习和会创造的特征自然地显现于人的各个年龄段。精力充沛、兴趣广泛的幼儿对外部世界充满了好奇和想象，非常乐意去进行大量的尝试和探究。幼儿的未成熟性和依赖性让他们具有高度的可塑性。杜威提出："儿童的这种彻底的无依无靠性质，暗示着具有某种补偿的力量，……未成熟的人为生长而有的特殊适应能力，构成他的可塑性。"③幼儿的能力也呈现出显著的差异性和多样性，他们有着不同的身体形态、气质类型、兴趣爱好、文化背景、潜在优势和发展路径。正因为存在这样的差异，他们的世界才会如此丰富多彩、神奇有趣。

## 二、幼儿是以兴趣为导向的学习者

在生活中，人们会发现，幼儿会格外关注自己感兴趣的事物。当幼儿沉浸于自己喜欢的活动中时，他们的专注时间会更长，尝试和探索的次数也会更多。幼儿的学习往往会跟着自己的兴趣走。幼儿对外部世界充满了好奇，充满了兴趣，总能在平常的生活中找到自己的兴趣点和经验生长点。在他们的世界中，总是充满各种各样的惊讶和喜悦。

---

① 毛曙阳. 理解幼儿学习特点 提升教师专业支持能力[J]. 江苏教育研究，2023（15）：84-86.
② [德]博尔诺夫. 教育人类学[M]. 李其龙，等译. 上海：华东师范大学出版社，1999：37.
③ [美]杜威. 民主主义与教育[M]. 王承绪，译. 北京：人民教育出版社，2001：51-52.

### 三、幼儿是直接经验的学习者

幼儿更加善于通过直接体验的方式来进行学习,更加乐意亲眼见到某个事物,更加愿意以动手动脑的方式来进行尝试和体验。《发展指南》指出:"幼儿的学习是以直接经验为基础,在游戏和日常生活中进行的。要珍视游戏和生活的独特价值,创设丰富的教育环境,合理安排一日生活,最大限度地支持和满足幼儿通过直接感知、实际操作和亲身体验获取经验的需要。"皮亚杰提出,儿童在0—2岁期间处于感知运动阶段,主要依靠感觉和动作来适应环境,在2—6岁阶段处于前运算阶段,主要依靠语言、模仿、想象、符号游戏和符号绘画等方式进行思维,他们的知识在很大程度上来源于自身的知觉。

### 四、幼儿是模仿创造的学习者

幼儿天生好模仿,会在模仿中进行学习和创造。好模仿是幼儿的天性,也是幼儿在自然状态下的一种主动学习。成人会在生活中相互模仿、相互学习,幼儿更是天生的模仿家。幼儿会细心地观察和揣摩成人,会自觉或不自觉地重复成人的行为,会惟妙惟肖地模仿成人的语言、动作、表情和态度,他们就是成人的一面镜子。

### 五、幼儿是热情积极的学习者

幼儿对外界充满了积极的期待,会积极乐观地对待外部世界,渴望与他人建立起友好的关系。良好的关系能使成人保持愉快的心情并积极地做事,对幼儿而言更是如此。博尔诺夫指出:"幼儿需要在熟悉的可信赖的天地中安全地活动,这是一种天性。这种安全感对于儿童正常地发展是必需的。"[①] 幼儿在社会性和情感性上依附成人,而成人也对幼儿有着强烈的关心情感。社会性发展在幼儿的生活中居于重要的位置。良好的社会关系有利于幼儿安全感的建立,幼儿渴望与身边亲近的人建立起密切而温暖的关系。

### 六、幼儿是游戏玩耍的学习者

幼儿渴望能够自在地游戏和玩耍。通过游戏和玩耍,他们会获得巨大的想象空间和发展可能,会更加充分地自我表现和表达。在游戏和玩耍的过程中,幼儿可以

---

① [德]博尔诺夫. 教育人类学 [M]. 李其龙,等译. 上海:华东师范大学出版社,1999:42.

不断地积累各种有意义的经验，自在地与他人进行交流，以最恰当的方式来平衡内心世界和外在世界，让自身获得最优化的发展。研究表明，游戏和玩耍能够支持幼儿更好地发展身体运动能力、社会交往能力、问题解决能力、情绪情感能力和梦想创造能力。

### 教师反馈

◎ 教师需要认真把握和理解幼儿的学习特点，这样才能因地制宜地引导和支持幼儿的健康发展。幼儿的学习往往从自身兴趣出发，那么，教师就要充分了解和拓展幼儿的兴趣，使幼儿较短时间的兴趣转变为更长时间的志趣和热爱。幼儿在学习过程中更善于倾听、观察和模仿，那么，教师就要更好地起到示范和榜样作用，同时也要让环境在潜移默化中充分发挥教育作用。

# 19. 环境在儿童发展中的价值

环境在幼儿发展的过程中具有重要的价值。《幼儿园教育指导纲要（试行）》也明确要求，"幼儿园应为幼儿提供健康、丰富的生活和活动环境，满足他们多方面发展的需求，使他们在快乐的童年生活中获得有益于身心发展的经验"。环境在儿童发展的过程中具有重要的价值。幼儿极易受环境的影响。环境是重要的教育资源。

### 自我评估

1. 要珍视游戏和生活的独特价值，创设丰富的_____，合理安排一日生活，最大限度地支持和满足幼儿通过直接感知、实际操作和亲身体验获取经验的需要。

2. 幼儿园中的"环境"主要是指自然环境和物质环境，人际关系、班级氛围等与之无关。（    ）

### 参考要点

1. 要珍视游戏和生活的独特价值，创设丰富的__教育环境__，合理安排一日生活，最大限度地支持和满足幼儿通过直接感知、实际操作和亲身体验获取经验的需要。

2. 幼儿园中的"环境"主要是指自然环境和物质环境，人际关系、班级氛围等与之无关。　　　　　　　　　　　　　　　　　　　　　　　　　　　（　×　）

### 分析与思考

#### 一、幼儿容易受到环境的影响

儿童是极易被环境影响的，一个秩序井然、美好祥和的环境，有利于幼儿获得内心的平静与安宁。幼儿园和家庭要为幼儿提供有准备的环境，应该充分利用现有资源，为幼儿创设适宜的成长空间。在一个适宜的环境中，幼儿会获得更加健康与和谐的发展。

#### 二、环境是重要的教育资源

幼儿的发展是在与周围环境的相互作用中实现的，良好的教育环境对幼儿的身心发展具有积极的促进作用。《幼儿园教育指导纲要（试行）》提出："环境是重要的教育资源，应通过环境的创设和利用，有效地促进幼儿的发展。幼儿园的空间、设施、活动材料和常规要求等应有利于引发、支持幼儿的游戏和各种探索活动，有利于引发、支持幼儿与周围环境之间积极的相互作用。"[①] 根据《纲要》的这一精神，在实际的教育教学活动中，教师应积极地挖掘各种教育资源，力求创设与教育需要相适应的环境，使资源的教育价值最大化。

#### 三、环境是幼儿园课程的基础与支柱

大量事实证明，好的环境能够熏陶幼儿，使之获得成长的良好支撑。古今中外许许多多的教育家、各种类型的课程体系，都非常重视环境的创设，他们把环境视为课程的基础与支柱，例如高瞻课程、瑞吉欧课程，包括陈鹤琴的"活教育"理论，都反复提及环境对幼儿发展的重要作用。我们可以说，有什么样的课程理念，就会有什么样的环境，有什么样的环境，就意味着教师真正持有怎样的教育理念。环境是课程理念的外在显现。

---

① 中华人民共和国教育部基础教育司.《幼儿园教育指导纲要（试行）》解读［M］. 南京：江苏凤凰教育出版社，2017：43.

### 四、环境包括物质环境和心理环境

良好的心理环境对幼儿来说更为重要。幼儿园班级中同伴关系和谐美好、家中氛围温暖亲切，等等，心理环境在某种程度上比物质条件对幼儿的影响更为巨大。专家指出："幼儿在安全和受尊重的团队环境下发展和学习的效果最好，在这个环境中，他们的物质需要得到满足，而且感到心理安全。"[①] 因此，幼儿园和家庭都要尽力营造出这样一种团队环境。在幼儿园中，心理环境的重要性不言而喻，其重要性体现在："（1）儿童能被环境中安排的材料和设置的情景所吸引，从而积极主动地参与活动。（2）儿童会以教师计划中的方式主动地运用材料和设备。（3）儿童能与成人或者其他儿童分享、商谈和合作。（4）儿童会有相当的机会对自己的活动做出选择。（5）儿童会以多种方式作用于材料。（6）儿童会在活动中关心其他儿童及其活动。（7）在需要时，儿童会帮助教师安排设施，分发和收拾材料以及组织活动。（8）在游戏和教学活动中，儿童会表现出与活动性质符合的各种行为。上面这八条是整个幼儿园环境创设（包括物质环境和心理环境）的目标。可以看到，这八条目标非常强调儿童与周围物质环境的积极互动、相互作用。"[②]

### 五、教师要合理、充分利用空间，不断创设和优化班级环境

教师要随着实际情形不断进行改变，使环境成为"活环境"。专家们认为，"一个用于认知发展课程的教室需要一个宽敞的场所——一个供具有主动性的幼儿进行活动和置放大量的材料和设备的场所。教室中需要有幼儿自己能看到和易于取放物品的贮藏空间。幼儿需要有便于他们通过自己的活动来学习的空间，一个便于他们移动、建造、分类、创造、摊放物品、制作、实验、装扮、和朋友一起活动、存放自己的物品、展现作品以及便于个别幼儿、小组和全班集体活动的空间。这一空间的布置非常重要，因为它将影响幼儿全部的活动。它影响幼儿的主动性和自由交谈展开的程度，幼儿对活动的选择以及完成计划过程中的心理状态、幼儿和他人的关系及幼儿摆弄材料的方式，等等。许多种建筑物都能改成适合本课程使用的教室——住宅、地下室、体育馆、普通教室、库房加油站、单间学校用房、活动房屋、可移动的学校附属建筑物、野营的帐篷，只要能有足够的空间让每个幼儿都活动起

---

① 姜勇. 国外学前教育学基本文献讲读 [M]. 北京：北京大学出版社，2013：238.
② 虞永平，王春燕. 学前教育学 [M]. 北京：高等教育出版社. 2012：275.

来。对于主动的学习而言，空间是最基本的条件。"①

我们还要关注环境创设的有效性。如何评估硬件环境的成效？"如果幼儿有下面的表现，你就知道教室环境的规划是完善的：可以自选择，决定要做什么活动；一进入学习区，幼儿马上可以有创意地合理使用那里的材料；同一项活动可以持续进行一段时间；玩的时候，幼儿能感受到成功的喜悦；会帮忙维护器材。"②

### 教师反馈

◎ 我认为幼儿园中的心理环境尤为重要，幼儿的学习，乃至整个发展，都是在与环境的交互作用中完成的。"幼儿在安全和受尊重的团队环境下发展和学习的效果最好"，这句话实在是说到我的心坎儿里。使幼儿感受到尊重、有安全感，不会处于紧张、互相制约的情绪困扰中，这不正是我们一线老师关注的问题嘛！

## 20. 游戏在儿童发展中的独特价值

游戏是儿童最喜爱的一类活动。教师要珍视游戏和生活的独特价值。游戏是儿童的基本权利。通过游戏，幼儿能够获得多方面的发展。

### 自我评估

1. 世界上第一个系统研究了儿童游戏，并把游戏作为幼儿园教育基础的教育家是（    ）
A. 欧文　　　　B. 福禄培尔　　　　C. 蒙台梭利　　　　D. 皮亚杰

2. 在《儿童权利公约》中明确规定："缔约国确认儿童有权享有＿＿＿＿和闲暇，从事与儿童年龄相宜的＿＿＿＿和娱乐活动，以及自由参加文化生活和艺术活动。"

---

① ［美］玛丽·霍曼，伯纳德·班纳特，戴维·P. 韦卡特. 活动中的幼儿——幼儿认知发展课程（幼儿园教师手册）［M］. 郝和平，周欣，译. 北京：人民教育出版社，1995：3.
② ［美］黛安·翠斯特·道治，劳拉·柯克，凯特·海洛曼. 幼儿园创造性课程（上）［M］. 吕素美，译. 南京：南京师范大学出版社，2006：87.

## 参考要点

1. 世界上第一个系统研究了儿童游戏,并把游戏作为幼儿园教育基础的教育家是　　　　　　　　　　　　　　　　　　　　　　　　　　　（ B ）
   A. 欧文　　　　B. 福禄培尔　　　　C. 蒙台梭利　　　　D. 皮亚杰

2. 在《儿童权利公约》中明确规定:"缔约国确认儿童有权享有__休息__和闲暇,从事与儿童年龄相宜的__游戏__和娱乐活动,以及自由参加文化生活和艺术活动。"

## 分析与思考

### 一、在儿童发展中游戏具有独特的价值

正因为游戏与儿童的发展有着密切的联系,游戏具有特殊的价值,所以游戏才被教育家重视,才被确认为是幼儿园的基本活动。

刘焱教授指出,游戏是幼儿积极主动地与周围环境相互作用的基本活动形式。幼儿在游戏中探索、发现、计划、思考,积极主动地建构自己的经验和意义。特殊性探究和多样性探究构成了幼儿与环境连续不断的互动模式,具有经验建构和促进发展的"自组织"机能。较之于其他活动形式来说,游戏活动的独特价值在于它能够为幼儿的主动学习和经验建构提供一种具有"发展适宜性"的"游戏生态"。这种特殊的游戏生态可以为幼儿个人独特的经验建构提供选择和创新的可能性和灵活性,使幼儿的认知和情感需求处于和谐的统一状态。同时,幼儿园游戏特有的"社会性情景"可以使幼儿围绕游戏中发现的共同感兴趣的问题形成"游戏-学习"的共同体,从而为以对话和协商为基础的经验的"社会性建构"创造条件。[①]

福禄培尔是世界上第一个系统研究了儿童游戏的教育家。他认为游戏是幼儿期儿童生活的一个要素,是幼儿内在本质的外部表现。自福禄培尔之后,众多的教育家和心理学家都对游戏的独特作用进行了自己的诠释。

游戏是儿童的基本权利之一。具有法律约束力的国际性文件——《联合国儿童权利公约》(1989)中就包含了关于游戏的内容。《儿童权利公约》以法律的形式对儿童的游戏权予以了确认。1989年11月20日联合国大会一致通过的《儿童权利公

---

① 刘焱. 儿童游戏通论 [M]. 北京:北京师范大学出版社,2014:365.

约》是一部具有划时代意义的文献，它是"为儿童人权拟定种种保证的第一项国际法律文书"。在《儿童权利公约》第 31 条中明确规定："缔约国确认儿童有权享有休息和闲暇，从事与儿童年龄相宜的游戏和娱乐活动，以及自由参加文化生活和艺术活动。"可见，《儿童权利公约》强调保护儿童的精神所需，确认儿童不仅有受教育权，而且有休息、游戏和娱乐的权利，有充分参加文化和艺术活动、社会活动以及他们个人成长与福利所必需的其他活动的权利。

### 二、通过游戏，幼儿能够获得多方面的发展

1. 游戏有利于身体机能的发展。在游戏活动中，尤其是户外游戏中，幼儿的肢体得以舒展，他们的大肌肉和小肌肉都得到了锻炼和发展。

2. 游戏有利于发展幼儿的好奇心。游戏为幼儿提供了大量的接触大自然和活动材料的机会，幼儿会在游戏中产生许多新的困惑和想法，会由此发展他们的探究意识。

3. 游戏有利于幼儿拥有良好而稳定的情绪。大量的游戏体验可以让幼儿积累丰富的与人交往的经验，与他人建立起相互信任的关系，而缺少此类经验则可能造成一些危机。辛格（Singer，1990）指出："那些缺乏机会、缺少鼓励以及性格上不喜欢（例如自闭儿童）参与假装游戏的儿童会失去一个重要阶段，正是这个阶段有助于使他成为一个真正全面的个人，并发展复杂的自我计划，以及学习如何表达情绪。"[1]

4. 游戏有利于幼儿社会交往能力的发展。加维（Garvey，1970）等研究者认为团体游戏可以提高儿童的社会能力，特别是提高儿童理解游戏规则的能力。任何社会性游戏都受到规则的制约，即使最简单的亲子游戏，如躲猫猫，也要求建立轮流的规则。游戏还有助于幼儿获得新的视角。专家指出："通过游戏，儿童学习社会互动的规则，培养社会能力以及练习自律。游戏时，儿童可以采纳他人的人格，尝试他人的角色，并且用新视角看问题。"[2]

5. 游戏有利于幼儿发展问题解决能力。游戏能让儿童入神和专注。有一次，蒙台梭利发现一个三岁的小女孩在聚精会神地反复摆弄一套圆柱体插板，小女孩将大小不同的圆柱体从插板上取出，又插上，再取出，再插上，注意力非常集中。她注

---

[1] 刘焱. 儿童游戏通论［M］. 北京：北京师范大学出版社，2014：49.
[2] ［美］朱莉·布拉德. 0—8 岁儿童学习环境创设［M］. 陈燕妃，彭楚芸，译. 南京：南京师范大学出版社，2014：003.

意观察并做了记录。蒙台梭利见小女孩摆弄游戏材料的时间比较长，便将小女孩连同她坐着的小椅子从地上搬到桌上，小女孩立刻又将插板放在椅子的扶手上，将圆柱体放在腿上，继续"工作"。这时蒙台梭利请其他孩子在她旁边唱歌，小女孩仍不受打扰，直到重复了42次，最后才停下来，满意地向四周看，丝毫没有疲劳的表现。蒙台梭利发现这种现象在儿童之中是很普遍的。[①]

### 教师反馈

◎ 一些成人无法忍受幼儿"把时间浪费在游戏上"。然而，游戏不仅是幼儿的基本权利，而且在幼儿的发展中起着独特的作用。通过观察幼儿游戏，教师也可以更加真切地了解幼儿。

# 21. 幼儿的社会性发展

社会性发展对幼儿的健康成长有着重要意义，是儿童健全发展的重要组成部分，对其未来的发展也具有至关重要的作用。幼儿社会性的发展不仅是儿童发展的重要内容之一，也是幼儿其他方面发展的基础。教师要通过多种方式支持幼儿的社会性发展。教师要营造良好的氛围，要帮助幼儿确立目标，形成良好的品行和习惯，将幼儿培养成受欢迎的人。幼儿园和家庭要相互配合，共同促进幼儿社会性的发展。

### 自我评估

1. "社会性发展"是一个过程，是人从"自然人"向"_____"转化的过程，是一个人社会化的过程。

2. 幼儿的社会性发展具有生活化和潜移默化的特点，融合在各种学习活动中，渗透于幼儿_____的各个环节。

---

① 卢乐山. 蒙台梭利的幼儿教育[M]. 北京：北京师范大学出版社，1985：46.

### 参考要点

1. "社会性发展"是一个过程,是人从"自然人"向"__社会人__"转化的过程,是一个人社会化的过程。

2. 幼儿的社会性发展具有生活化和潜移默化的特点,融合在各种学习活动中,渗透于幼儿__一日生活__的各个环节。

### 分析与思考

#### 一、社会性发展是幼儿发展的一个目标

"社会性"是指一个人对自己、对他人、对社会的认识、情感、行为等方面的特征。"社会性发展"是一个过程,是人从"自然人"向"社会人"转化的过程,是一个人社会化的过程。幼儿阶段是幼儿社会化的起步阶段,也是一个人社会性发展的重要时期。幼儿早期社会化的发展,是个体社会化发展的基础,对一个人的人格完善和身心全面发展都具有重要的影响。拥有良好的社会性与个性,幼儿就更愿意与人交往,能与同伴友好相处,能表现出自尊和自信,能主动适应社会生活,会遵守基本的行为规范,具有初步的归属感。

教师应帮助幼儿不断提高沟通能力与人际关系水平。专家认为,人际关系的学习是我们每个人都要面对的最困难的任务。很多时候,我们将良好的人际关系技巧等同于流利的言语表达,或者单方向的人对人的影响……教师、医生、律师、外交家和政治家都需要掌握高水平的人际关系技巧。朋友、爱人、父母以及工作伙伴同样应该具备这种能力。"应该让孩子们学会与不同人打交道的不同技巧。学会与善良的人们交流时充满爱心,与不那么可信的人交往时保持距离。我还希望我的孩子们能够不断审视自己的生活能给他人带来什么影响。"[1]

越来越多的研究表明,幼儿社会性的发展不仅是儿童发展的重要内容之一,也是幼儿其他方面发展的基础。也就是说,有了良好的社会性发展,幼儿也比较容易在其他领域中取得进步。

---

[1] [美]诺丁斯. 学会关心——教育的另一种模式 [M]. 于天龙,译. 北京:教育科学出版社,2003: 74-75.

## 二、教师要通过多种方式支持幼儿的社会性发展

1. 教师要营造良好的氛围。相互信任和相互关心的班级氛围更容易促进幼儿社会性的发展。教师要充分发挥自身支持者、合作者和引导者的角色，创设适宜的物理环境和富有感染力的心理环境，引导幼儿创造多样化的机会，支持幼儿与他人保持良好的人际关系。

2. 教师要帮助幼儿确立目标，形成良好的品行和习惯，成为受欢迎的人。教师和父母要充分重视幼儿社会性的发展，在孩子还小的时候，就要思考必须帮助幼儿形成哪些可贵的品质。希斯指出："我希望过充实愉快的生活，而且我希望我的孩子也能如此。充实愉快的生活包括良好的人际关系在内。这种人际关系指的是与配偶、朋友、孩子和父母都保持着一种密切的和令人满意的关系。这也包括工作上的优异。工作能够让一个人的思考力和技能得到延伸。这将对我们生活的社会有所贡献。这也意味着要成为一个对社会有所贡献的成员，……充实愉快的生活会加深人的精神理解能力，而且会积累起美的体验。为了能过上这样的生活，而且也为孩子们做好准备，我就必须对自己生活的这个世界进行认真的思考，孩子们也同样需要这么做。"[1]

3. 家园配合，共同促进幼儿社会性的发展。教师应该让幼儿的父母也充分重视幼儿社会性方面的发展。常言道，做事先做人。父母们在家庭中也应该密切关注幼儿的情绪情感，帮助幼儿形成良好的品质，养成良好的行为习惯，树立正确的观念，不断提升与人沟通的能力。

### 教师反馈

◎ 当孩子们展现出大方、自信、宽容、大度、乐意助人等品质之后，他们就能更加自信地与他人交往，而这些品质，往往和这些孩子的家长在这方面的意识、观念以及他们的悉心培养有着密切的关系。

---

[1] [德]哈莉特·希斯. 塑造孩子的品格：如何对孩子言传身教[M]. 毛曙阳，李娜，译. 上海：华东师范大学出版社，2012：32.

# 22. 幼儿园的教育目标

幼儿园的教育目标是根据教育目的并结合幼儿园教育的性质和特点提出来的，是确定幼儿园教育任务、评估幼儿园教育质量的根本依据。《幼儿园工作规程》提出，幼儿园的任务是：贯彻国家的教育方针，按照保育与教育相结合的原则，遵循幼儿身心发展特点和规律，实施德、智、体、美等方面全面发展的教育，促进幼儿身心和谐发展。幼儿园同时面向幼儿家长提供科学育儿指导。幼儿园教师要深刻理解幼儿园教育目标的重要意义，因地制宜地贯彻落实教育目标。

## 自我评估

1. 《幼儿园教育指导纲要（试行）》指出：幼儿园教育应尊重幼儿的人格和权利，尊重幼儿身心发展的规律和学习特点，以游戏为基本活动，保教并重，关注_____，促进每个幼儿_____的发展。

2. 《幼儿园工作规程》提出："幼儿园的任务是：贯彻国家的教育方针，按照保育与教育相结合的原则，遵循幼儿身心发展特点和规律，实施德、智、体、美等方面全面发展的教育，促进幼儿_____发展。幼儿园同时面向_____提供科学育儿指导。"

## 参考要点

1. 《幼儿园教育指导纲要（试行）》指出：幼儿园教育应尊重幼儿的人格和权利，尊重幼儿身心发展的规律和学习特点，以游戏为基本活动，保教并重，关注__个别差异__，促进每个幼儿__富有个性__的发展。

2. 《幼儿园工作规程》提出："幼儿园的任务是：贯彻国家的教育方针，按照保育与教育相结合的原则，遵循幼儿身心发展特点和规律，实施德、智、体、美等方面全面发展的教育，促进幼儿__身心和谐__发展。幼儿园同时面向__幼儿家长__提供科学育儿指导。"

## 分析与思考

### 一、深刻理解幼儿园教育目标的重要意义

学前教育目标是指学前教育机构（幼儿园、托儿所）的教育目标，它是在教育目的的指导下，根据学前教育的任务和教育对象而提出来的，指向学前教育机构所培养的人的具体质量和规格。教育目的与学前教育目标之间的关系，是一般和个别的关系。教育目的是对受教育者的质量和规格的总体要求，它构成了教育实践活动的第一要素和前提。教育目标直接决定着课程的性质和方向。制定学前教育目标必须以总的教育目的为依据，否则就会偏离办学的方向。[①]

我国一系列关于学前教育的文件都对幼儿园的教育目标提出了明确的要求。

《幼儿园教育指导纲要（试行）》提出："幼儿园应为幼儿提供健康、丰富的生活和活动环境，满足他们多方面发展的需要，使他们在快乐的童年生活中获得有益于身心发展的经验。幼儿园教育应尊重幼儿的人格和权利，尊重幼儿身心发展的规律和学习特点，以游戏为基本活动，保教并重，关注个别差异，促进每个幼儿富有个性的发展。"

《幼儿园工作规程》提出："幼儿园的任务是：贯彻国家的教育方针，按照保育与教育相结合的原则，遵循幼儿身心发展特点和规律，实施德、智、体、美等方面全面发展的教育，促进幼儿身心和谐发展。幼儿园同时面向幼儿家长提供科学育儿指导。"幼儿园保育和教育的主要目标是：（1）促进幼儿身体正常发育和机能的协调发展，增强体质，促进心理健康，培养良好的生活习惯、卫生习惯和参加体育活动的兴趣。（2）发展幼儿智力，培养正确运用感官和运用语言交往的基本能力，增进对环境的认识，培养有益的兴趣和求知欲望，培养初步的动手探究能力。（3）萌发幼儿爱祖国、爱家乡、爱集体、爱劳动、爱科学的情感，培养诚实、自信、友爱、勇敢、勤学、好问、爱护公物、克服困难、讲礼貌、守纪律等良好的品德行为和习惯，以及活泼开朗的性格。（4）培养幼儿初步的感受美和表现美的情趣和能力。

陈鹤琴指出，"活教育"的目的是"做人，做中国人，做现代中国人"。关于"现代中国人"，他提出了五个条件：第一，"要有健全的身体"。第二，"要有创造的

---

[①] 虞永平，王春燕. 学前教育学 [M]. 北京：高等教育出版社，2012：90.

能力"。第三,"要有服务的精神"。第四,"要有合作的态度"。第五,"要有世界的眼光"。①

教育目的是一个国家和民族对所培养人才的质量和规格的总体要求,是教育活动的出发点和归宿,具有导向功能、定向功能、评价功能和激励功能。幼儿园教育目标同样如此,它指引着幼儿园教育的过程和方向,使教育行为成为有意义和有秩序的活动。

### 二、幼儿园教师要因地制宜地贯彻落实教育目标

对于幼儿园教师来说,有了明确的目标,自己的日常工作就有了方向,就可以有的放矢地进行教育,就可以把握住工作中的轻重缓急,可以大大地提高工作效率。教师首先要对来自国家层面的目标有准确的把握,然后需要根据自己的工作实际,把《幼儿园教育指导纲要(试行)》和《3—6 岁儿童学习与发展指南》中的目标具体化、明确化,联系自己的日常工作,选择和拟定具体的目标。此外,教师还可以认真学习其他课程体系(如瑞吉欧教育体系和高瞻课程)中有影响力的目标体系,把握先进的教育理念,进一步加深对目标的认识与理解。

作为将幼儿园教育目标真正落实为促进幼儿发展的行动的实践者,幼儿教师应重视目标的导向性。教师应组织实施各种适宜的教育教学活动,创设丰富的教育环境,促进幼儿社会能力、学习能力的发展,良好品格的形成。

#### 教师反馈

◎ 教育从根本上说就是培养人,就是要让人获得全面和谐的发展。幼儿园教师不能片面追求幼儿某个方面的发展,应促进幼儿的全面发展。

## 23. 适宜的儿童观和教育观

幼儿园教师必须树立适宜的儿童观和教育观。教师的儿童观和教育观直

---

① 陈鹤琴. 陈鹤琴全集(第五卷)[M]. 陈秀云,陈一飞,编. 南京:江苏教育出版社,2008:059-062.

接影响着教师的教育行为。教师要认识到儿童是独特的个体，儿童是平等的，儿童需要在适宜的环境中成长，儿童是主动的学习者，儿童是整体的。教师要注意促进儿童社会性的发展。教师在儿童发展中应起到独特的作用。

### 自我评估

1. 幼儿园教师需要树立适宜的儿童观和教育观。（　　）
2. 儿童是独特的个体，有自己的秉性天赋，他们都有自己的兴趣爱好和能力。（　　）

### 参考要点

1. 幼儿园教师需要树立适宜的儿童观和教育观。（√）
2. 儿童是独特的个体，有自己的秉性天赋，他们都有自己的兴趣爱好和能力。（√）

### 分析与思考

#### 一、教师的儿童观和教育观直接影响着教师的教育行为

所谓儿童观，就是人们看待与对待儿童的具有根本性和持久性的观点和主张。其中会涉及儿童的特性、权利以及如何促进儿童发展等问题。

随着时代的发展，人们对于儿童的观念在不断进步，认识程度也在不断加深。过去，儿童被视为家庭和家族的隶属品、父母的私有财产，儿童没有自己独立自主的人格，只是依附于长辈。在中世纪的欧洲，儿童被视为父母的隶属品，并被认为生来俱恶，因此鞭笞、体罚儿童被视为合理合法。文艺复兴后，人文主义兴起，人们开始从儿童自然本性的角度来看待儿童，但儿童仍被看成是雏形的成人。1989年通过的《儿童权利公约》，为儿童的权利和福利订立了一套全面的国际法律准则。《儿童权利公约》要求保护儿童免遭忽视、虐待和剥削，肯定儿童拥有基本人权，包括生命、发展和充分参与社会、文化、教育生活以及他们个人成长与福利所必需的其他活动的权利，强调缔约国政府和社会必须保护儿童的权利。20世纪以来，随着对儿童研究的深入，人们才开始真正了解儿童所具有的特点、儿童发展的潜能等，早期教育开始受到重视。有了什么样的认识，就会有什么样的行为。许多有识之士

在对儿童的认识上有着自己独到和深刻的见解。例如，丰子恺说："世间的大人们，你们是由儿童变成的，你们的'童心'不曾完全泯灭。你们应该时时召回自己的童心，亲自去看看儿童的世界，不要误解他们，虐待他们，摧残他们的美丽与幸福，而硬拉他们到这枯燥苦闷的大人的世界里来！"[1] 泰戈尔说："每一个孩童的降生说明：神还没有对人类灰心丧气。"[2] 苏霍姆林斯基认为，我们教育的人，不管他是个多么"没有希望"和"不可救药"的"钉子"学生，他的心灵里也总有点滴的优点[3]。

教师的儿童观和教育直接影响着教师的教育行为，直接影响着儿童的健康全面发展。

### 二、如何把握适宜的儿童观和教育观

1. 儿童是独特的个体，有自己的秉性天赋，他们都有自己的兴趣爱好和能力。"每个孩子都是独特的，是一个独特的个体类型，有独特成长的时间顺序，同样地，也拥有独特的个性、脾性、学习风格、经验背景以及家庭背景。所有的孩子拥有自己的长处、需求和兴趣。"[4] 教师要尊重儿童的个体差异，在教育中寻找他们的亮点。儿童是有个性的，在活动中要为儿童个性的成长提供充足的空间。

2. 儿童是平等的，要让儿童享有公平的权利。教师要给予儿童均等的机会、空间和可能。在教育中注重让幼儿体验公平轮流，培养儿童的集体责任感。

3. 儿童需要在适宜的环境中成长。环境包括物质环境和精神环境两个方面。儿童的学习和成长总是在与环境和材料的互动中形成的，所以教师要营造良好的氛围，提供适宜的材料，还要重视发挥社区环境的作用。

4. 儿童是积极主动的学习者。儿童是主动发展的个体，有好玩、好动、好奇的天性，他们喜欢各种各样的户外活动。教师要最大限度地发掘和支持他们的主动性。

5. 儿童的发展是整体的。儿童的发展离不开生活，他们的发展整体性，使其与各个领域的发展密切相关。专家指出：生理、社会性、情感以及认知等幼儿发展的各个领域紧密相关，某一领域的发展影响着其他领域的发展，同时也受其他领域发展的影响，某一领域的发展能够限制或促进其他领域的发展。例如，当幼儿学会爬

---

[1] 丰子恺. 丰子恺全集（艺术理论艺术杂著·12）[M]. 北京：海豚出版社，2016. 231.
[2] [印] 罗宾德拉纳特·泰戈尔. 泰戈尔诗集 [M]. 王立，译. 北京：北京出版社，2004：109.
[3] [苏] 苏霍姆林斯基. 苏霍姆林斯基选集（第5卷）[M]. 北京：教育科学出版社，2001：308-309.
[4] 姜勇. 国外学前教育学基本文献讲读 [M]. 北京：北京大学出版社，2013：233.

或者走，他们探索世界的能力得到扩展，他们的行动力反过来影响认知的发展[①]。

6. 要注重幼儿社会性的发展，帮助幼儿养成良好习惯，让幼儿保持积极向上的情感。幼儿阶段是幼儿社会性快速发展的时期，良好的氛围和来自成人的积极回应能让幼儿的亲社会能力得到发展。同时，这一时期也是幼儿良好品行和行为习惯养成的关键期。陈鹤琴说："孩子是喜欢听表扬的。"所以，教师要加强正面教育，从正向与积极的角度来肯定幼儿的努力。

7. 教师、家长在儿童的成长中具有独特作用。教师要帮助儿童在安定的环境中成长，拥有良好的人际关系，发展社会性。教师和家长能够帮助孩子产生新的"最近发展区"。

需要指出的是，教师需要在认真思考、反复观察与审慎选择后形成自己的儿童观和教育观，即便是完全赞同某个观点，也要尽量用自己的语言把观点表达出来。当然，教育者也可以基于自己的认识提出自己认可的儿童观和教育观。同时，我们也要意识到，随时学习的深入和自身经历的丰富，教师会不断修正和完善自己的儿童观和教育观。

### 教师反馈

◎ 教师要有科学的儿童观和教育观。比如，教师要特别关注幼儿的情绪情感，要让他们在笑容和快乐中成长。我就特别喜欢孩子的笑。如果他笑了，就表示他放松了；如果他放松了，就表示他更加自信；如果他自信，他就敢于探索；如果他积极探索，他将在快乐中成长。

---

① 姜勇. 国外学前教育学基本文献讲读 [M]. 北京：北京大学出版社，2013：233.

# 教育实践篇

# 24. 幼儿园的一日生活

幼儿园中一日生活皆课程。幼儿园一日生活中的每一个环节都蕴含着重要的教育价值。教师要科学合理地安排和组织一日生活，不断丰富幼儿的生活，让幼儿在充实的生活和活动中健康愉快地成长。

### 自我评估

1. 幼儿园一日生活中的教育活动，通常可分为_____活动、游戏活动和教学活动三种类型。

2. 《幼儿园教育指导纲要（试行）》提出，要科学、合理地安排和组织一日生活，尽量减少不必要的集体行动和过渡环节，减少和消除幼儿的消极等待。（　　）

### 参考要点

1. 幼儿园一日生活中的教育活动，通常可分为　生活　活动、游戏活动和教学活动三种类型。

2. 《幼儿园教育指导纲要（试行）》提出，要科学、合理地安排和组织一日生活，尽量减少不必要的集体行动和过渡环节，减少和消除幼儿的消极等待。（ ✓ ）

### 分析与思考

#### 一、关注幼儿园的一日生活

目前，人们已经越来越确认，幼儿园中一日生活皆课程。幼儿园的课程是融于生活之中的，在一日生活中的每一个时刻都会是幼儿学习和发展的时刻。

专家们建议，有一个固定的活动时间表对于幼儿来说是十分有益和便利的。"每天有固定的时间安排能使教师和幼儿免于成天要考虑下一个环节如何安排或如何度过，从而能把创造力完全用于当前的活动中。一旦各个环节安排好，幼儿适应以后，他们会感觉舒畅，且更有灵活性。如当儿童从事活动的状态极佳时，偶尔也可延长时间，或某天因为安排了郊游，也可改变原来的一日活动安排。一日活动安排的设计要完成三个主要的目标：（1）包含"订计划——做——回忆"这几个环节，它旨在帮助幼儿在这一过程中进行探究和设计，并根据自己的计划完成各项"工作"，以及在学习过程中做出自己的决定。（2）提供多种相互作用的方式——小组和集体、教师与幼儿、幼儿与幼儿、教师与教师。（3）给幼儿提供自主活动的时间和在教师指导下进行活动的时间——户内、户外、参观活动，以及在不同的活动区进行活动，等等。如能较好地执行一日活动的计划，它就能给教师和幼儿提供一个多功能的结构，在这一结构中，教师与幼儿都能较好地发挥主动性和创造性。"[1]

事实证明，清晰的一日活动安排表有助于幼儿形成良好的行为习惯。

## 二、幼儿园一日生活中的教育活动

幼儿园一日生活中的每个环节都存在着重要的教育价值。幼儿园一日活动指的是幼儿在园的所有活动，是幼儿教育的重要载体。幼儿园一日生活中的教育活动是完成课程目标、促进幼儿身心全面发展的基本途径。

幼儿园一日生活中的教育活动通常可分为生活活动、游戏活动和教学活动三种类型。生活活动是与幼儿日常生活直接联系，满足幼儿入/离园、进餐、睡眠、如厕和盥洗等基本生活需要的活动。游戏与幼儿有着天然的联系[2]，幼儿对游戏有着天然的喜好，幼儿园的游戏活动是"自然性游戏"和"教育性游戏"的结合[3]。教学活动是一种有目的、有计划的，由教师对幼儿施加影响的活动。三者对于幼儿园课程目标的达成既发挥各自独特的作用，同时又相互融合，彼此支撑。

## 三、科学合理地安排和组织一日生活

根据《幼儿园教育指导纲要（试行）》的精神，幼儿园要科学、合理地安排和组织一日生活。各类活动对幼儿的发展都发挥着不可替代的作用，应加强有机联系。（1）时间安排应有相对的稳定性与灵活性，既有利于形成秩序，又能满足幼儿的合理需要，照顾到个体差异。（2）教师直接指导的活动和间接指导的活动相结合，保证幼儿每天有适当的自主选择和自由活动的时间。教师直接指导的集体活动要能保

---

[1] [美]玛丽·霍曼，伯纳德·班纳特，戴维·P. 韦卡特. 活动中的幼儿——幼儿认知发展课程（幼儿园教师手册）[M]. 郝和平，周欣，译. 北京：人民教育出版社，1995：37.
[2] 王春燕. 幼儿园课程概论 [M]. 2版. 北京：高等教育出版社，2014：106-108.
[3] 王春燕. 幼儿园课程概论 [M]. 2版. 北京：高等教育出版社，2014：109.

证幼儿的积极参与，避免时间的隐性浪费。（3）尽量减少不必要的集体行动和过渡环节，减少和消除消极等待现象。（4）建立良好的常规，避免不必要的管理行为，逐步引导幼儿学习自我管理。

### 教师反馈

◎ 有效的教育是让幼儿在重复和巩固中不断学习。幼儿园的一日活动安排同样也是在满足幼儿基本生活需要的基础上，让幼儿重复学习每一个环节的生活内容，从而培养良好的生活习惯。

# 25. 幼儿园班级环境的创设

幼儿园班级环境的创设能够带给人舒适、温馨的美好感受，让人一下子就喜欢上它。除了美和亲切的感受，班级环境还应被赋予教育的意义。幼儿的发展离不开适宜的环境，环境包括物质环境和精神环境两个方面。幼儿园教师要具备环境创设的能力，要采用多种自己认为合适的策略来优化班级环境。

### 自我评估

1.《幼儿园教育指导纲要（试行）》中指出，环境是重要的教育资源，应通过环境的创设和利用，有效地促进幼儿的发展。（　　）

2. 在幼儿园班级环境创设的过程中不需要考虑幼儿的想法。（　　）

### 参考要点

1.《幼儿园教育指导纲要（试行）》中指出，环境是重要的教育资源，应通过环境的创设和利用，有效地促进幼儿的发展。（ √ ）

2. 在幼儿园班级环境创设的过程中不需要考虑幼儿的想法。（ × ）

### 分析与思考

随着幼儿教育改革的不断深入，人们日渐认识到环境的重要性。环境创设是幼儿园教师的主要职责之一。在幼儿园班级中，如果教师能营造出适宜的环境，就能高效、潜移默化地支持幼儿的发展。我们认为，环境是课程内涵和理念的外在表现，教师持有什么样的教育理念，在环境中就会有什么样的具体显现。同时，环境的创设又有助于教师进一步理解先进的教育理念，并形成自己的儿童观和教育观。

## 一、幼儿的发展离不开适宜的环境，环境包括物质环境和精神环境两个方面

人的行为和表现非常容易受到环境的影响，而幼儿则更加容易受到环境的暗示和影响。因此，我们必须充分发挥环境的作用，使幼儿园环境创设有利于幼儿的身心发展。

《幼儿园教育指导纲要（试行）》中指出，环境是重要的教育资源，应通过环境的创设和利用，有效地促进幼儿的发展。(1)幼儿园的空间、设施、活动材料和常规要求等应有利于引发、支持幼儿的游戏和各种探索活动，有利于引发、支持幼儿与周围环境之间积极的相互作用。(2)幼儿同伴群体及幼儿园教师集体是宝贵的教育资源，应充分发挥这一资源的作用。(3)教师的态度和管理方式应有助于形成安全、温馨的心理环境，言行举止应成为幼儿学习的良好榜样。(4)家庭是幼儿园重要的合作伙伴。应本着尊重、平等、合作的原则，争取家长的理解、支持和主动参与，并积极支持、帮助家长提高教育能力。(5)充分利用自然环境和社区的教育资源，扩展幼儿生活和学习的空间。幼儿园同时应为社区的早期教育提供服务。[1]

由此可见，幼儿园的环境包括物质环境和精神环境两个方面，仅关注物质环境或仅关注精神环境都是不全面的，物质环境和精神环境是相互呼应的。

## 二、幼儿园教师要具备环境创设的能力

幼儿园教师要把环境视为重要的内容、重要的教育力量和教育途径，教师要具备环境创设的意识和能力。环境创设过程中要考虑到安全因素，要能促进幼儿的发展，不能片面追求好看和精致；要更多体现儿童立场，让幼儿参与到环境创设的过程中来。教师有必要时常总结目前班级环境创设中那些好的做法和经验，并在充分思考后迈出改进的步伐，在学习他人经验的基础上，听取各方意见，发挥自身优势，因地制宜，以"小步走"的方式来优化班级环境。

---

[1] 中华人民共和国教育部基础教育司.《幼儿园教育指导纲要（试行）》解读［M］. 南京：江苏凤凰教育出版社，2017：43-44.

### 三、班级环境优化的六个策略[①]

1. 营造良好的班级氛围。什么样的空间能给人以安全、舒适、温馨的感觉？当我们步入班级活动室时，我们希望室内宽敞明亮，空气清新，光照充足，色彩和谐；有大量小空间的活动区域，各区域间过道通畅，区域内活动材料丰富，随处可见幼儿的作品；幼儿和教师都彬彬有礼，态度温和，面带微笑，做事专注，互相关心，友好相处。所有这些都属于班级氛围，其中人际关系是核心。教师要努力营造良好的班级氛围，不断优化班级中的人际关系。专家们认为，关系是早期教育的核心，有了高质量的关系，幼儿会更容易走向成功和幸福，因为这样的氛围会让他们感到安全，增加积极的行为，今后在社会性、良好习惯、数学和阅读等方面获得好的成绩。同时，人们也注意到，小年龄的幼儿尤其渴望获得教师和家长的积极回应，这种回应能够促进幼儿良好情绪和情感的发展。此外，教师要在长期观察的基础上，敏锐地把握住教育契机，以恰当的方式支持幼儿通过亲身经历和体验获得经验并逐步学会承担责任，让他们健康成长。适宜的氛围既能促进幼儿的发展，又不至于伤害幼儿，而由此带来的良好的早期经历会为幼儿以后的发展奠定良好的基础。

要真正地让环境吸引幼儿、让幼儿感到亲切。专家认为，为了创设美观、吸引人且和谐的环境，我们不但要单独考虑各个设计元素，而且要将它们整合在一起考虑。正如奥尔兹所说："为了设计美观，楼房或房间里的所有元素（包括地板、墙壁、天花板、垂直和水平的柱子、物品、形式和建筑细节），都应该被看作是整体相连的部分，而被雕刻、粉刷、悬挂及塑造，就像艺术家雕刻、粉刷以及塑造木头、黏土、帆布、纤维物和色彩一样。"在美观的环境里，每个元素都被用来创造美丽与和谐；环境要整洁且精心设计，并注重细节（Bartlett，1993）。此外，幼儿园里要有愉悦感官的事物，它们包括"令人愉悦的芳香、动听的声音、有趣的色彩、植物和动物（如小鱼和宠物）、变化的光线和阴影以及丰富的触觉经验"（Olds，2001）[②]。

2. 提供适宜的活动空间和材料。实践证明，幼儿更喜欢在小空间内和小团队中，这会让他们更安心、专注。因此，教师有必要以区域化的方式来规划班级活动室空间，如设置积木区、美工区、扮演区、认知区、科学区、生活区和图书区等。

---

[①] 毛曙阳. 优化幼儿园班级环境的若干策略［J］. 幼儿教育，2016（31）：38-41.
[②] ［美］朱莉·布拉德. 0—8岁儿童学习环境创设［M］. 陈燕妃，彭楚芸，译. 南京：南京师范大学出版社，2014：109.

在进行这样的空间设计和安排后,班级活动室就会发生一些变化。提供丰富适宜的活动材料、激发幼儿的参与兴趣也十分重要。在各个活动区中,要有丰富的材料,要有摆放物品的矮柜,活动要具有层次性和挑战性,教师要对幼儿进行观察记录和引导,适时地增添物品和设施等。

3. 增强班级的规划感。增强班级的规划感,既可以让幼儿一日活动更加安定有序,也有助于培养幼儿初步的规划意识和能力。在我们的实践研究中,教师们在这方面有了新的进展。

例如,设置面向幼儿的作息时间表。作息时间表就像一张引导表,它让班级成员知道每个时间段大家应该做什么事情,这件事情要做多久,小朋友们和老师应该在什么地方。同时,这是一张面向幼儿的时间表,因此,可以做得很大,放在班级最显眼的位置,并配上幼儿自己的绘画作品或照片来加以说明和解释。又如,制订班级公约和班级成员职责表。班级公约就是幼儿和教师共同讨论形成的全班都需要遵守的约定。有了这样的约定,幼儿就知道在班级中大家都要遵守什么,教师的期望是什么,小朋友们之间应该如何相处,等等。再如,制作日历表和签到表。教师可以和幼儿一起制作一张清晰的日历表。这张日历表可以提醒班级全体成员现在处在一年中的哪个月份,今天是哪一天,是星期几,还可以由值日生标注今天的天气如何,等等。日历表有助于强化幼儿的时间观念,在独立且有意义的环境中,幼儿可以慢慢地理解日历表上日期的含义。实践表明,日历表在稳定幼儿情绪和提高活动效率方面发挥了积极的作用。签到表不仅能让幼儿体会到自己是班级团队中的一分子,而且有利于培养他们的责任感和坚持性。

4. 提高教师和幼儿的记录意识。记录在班级环境中有着独特的意义和价值。在班级中,教师需要有记录意识和记录习惯。教师记录幼儿的活动信息,有助于提升幼儿的活动效果。比如,教师常常会组织晨谈,和幼儿一起聊聊班级计划以及班中发生的事情,但是一些教师往往因缺少记录的意识而没有把这些信息有效地记录下来和利用起来。其实,系统记录这些信息正好可以帮助幼儿了解班级所经历的各种变化,并促进幼儿学习能力的提高。

5. 搭建幼儿展示自我成长的平台。在班级中,教师需要为幼儿搭建各类支持他们发展的展示平台。可以在以往设置的各类主题海报和幼儿绘画作品展示墙的基础上增加一些新的展示平台,如,"成长墙"。幼儿每天都在进步和发展,在日常生活中,他们良好的性格、品行在悄然形成,因此,教师需要用一种直观的形式来反映幼儿的发展情况,表达成人对幼儿的欣赏和要求。在这面"成长墙"上,教师可以为每个幼儿提供一样大小的展示空间,让大家能从绘画、照片和文字等资料中看到孩子们一点一滴的进步。这些成长的印迹,有的是家长提供的,有的是教师记录的,有的是孩子们自己记录的。又如,作品展示台。教师在矮柜上给每个幼儿提供一定的空间作为作品展示台,让幼儿展示平时在游戏中完成的各类拼搭作品,在作品旁边可以配上孩子们自己制作和装饰的姓名卡。再如,个人展示空间。每个幼儿都是爱画画的,他们画了很多作品,但是他们不大可能到专门的场所中去办自己的绘画展。教师可以尝试着给每个幼儿安排一次个人绘画作品展,有意识地在走廊上开辟出新的张贴空间,幼儿可以把自己挑选出来的绘画作品(包括在家里画的)张贴在一个长方形的较大的区域中。

6. 为家长提供与教师沟通信息的机会。当前,教师们越来越发现自己不能高高在上地指导家长,或单一地安排家长参与幼儿园的活动,而是要进一步加强与家长的沟通和交流,形成一种新的互惠的关系。家长们有着丰富的与孩子交往的经验,有着帮助孩子健康成长的热切心情,而教师们受过专业的训练,拥有专业知识,也积累了大量教育幼儿的经验。因此,双方应该相互交流沟通,开展高水平的合作。在我们的实践研究中,教师们采用各种方式为家长提供与教师沟通信息的机会。例如,建立家长漂流书制度。家长漂流书有助于教师了解家长们的想法,也有助于提升家长们的各种能力,如优化家庭关系的能力、控制自我情绪的能力、了解孩子的能力、配合幼儿园进行教育的能力、引导和管理孩子的能力、与别的家长相互合作的能力以及提高自身素养等。

幼儿园班级环境创设是一项复杂的系统工程,教师要充分认识到环境的教育意义。从某种角度来说,教育就是一种环境的创造。幼儿园教师要积极创设安全、温馨、丰富而有挑战的班级环境,从而促进幼儿获得健康、和谐、全面的发展。

### 教师反馈

◎ 幼儿园的环境会影响幼儿的行为表现,体现出教育者的教育思想。教师要以幼儿为本,创设孩子们的儿童乐园。教师要从教育目标出发,培养出全面发展的儿童。

◎ 为幼儿创设一个宽松、和谐、多元文化融合的环境,让幼儿都能自我发展、自我表现,让幼儿的个性与潜能得以充分发挥。

# 26. 在幼儿园中培养幼儿的良好习惯

幼儿期是行为习惯养成的关键时期。幼儿良好行为习惯的培养是一项长期而艰巨的任务，需要我们进行长期的、系统的、协调一致的教育。幼儿园教师要发挥示范作用，通过多种途径帮助幼儿养成良好习惯。同时，家园应密切配合，形成合力，共同促进幼儿形成良好的行为习惯。

### 自我评估

1. 一般来说，幼儿良好习惯主要包括：良好的_____习惯、良好的行为习惯和良好的学习习惯等。

2. 幼儿期是行为习惯养成的关键时期。（　　）

### 参考要点

1. 一般来说，幼儿良好习惯主要包括：良好的__生活__习惯、良好的行为习惯和良好的学习习惯等。

2. 幼儿期是行为习惯养成的关键时期。（ ✓ ）

### 分析与思考

**一、幼儿期是幼儿行为习惯养成的关键期**

长期以来，人们一直十分重视行为习惯的养成，特别是认为幼儿期是一个人行为习惯养成的关键期。古人说"少成若天性，习惯如自然"，意思就是，小时候形成的良好行为习惯就像与生俱来的一样，一举一动十分自然。哲学家培根说："习惯真是一种顽强而巨大的力量，它可以主宰人生。"俄罗斯教育家乌申斯基说过：人的好习惯就像是在银行里存了一大笔钱，你可以随时提取它的利息，享用一生。一个人的坏习惯就好像欠了别人一笔高利贷，老在还款，老还不清，最后逼得人走入歧途。美国心理学家威廉·詹姆斯说过："种下一个行动，收获一种行为；种下一种行为，收获一种习惯；种下一种习惯，收获一种性格；种下一种性格，收获一种命运。"

一般来说，幼儿的良好习惯主要包括良好的生活习惯、良好的行为习惯和良好的学习习惯等内容。良好的生活习惯包括：按时起居，讲究卫生，合理饮食和积极锻炼等内容。良好的行为习惯包括：积极文明的生活态度，举止得当，能礼貌待人，尊重他人，能友好与人相处，有良好的行为品质，有公共意识，做事有条理，等等。良好的学习习惯包括：乐意探索，有好奇心，能自我控制，喜欢提问，喜欢阅读，敢于实践，有自己的学习方法，善于发现问题和解决问题，等等。相对于知识，人们日渐重视儿童自身的品质和习惯的重要价值。霍顿认为："在我眼中，真正成功的教育并不是让孩子学到了多少知识，考出了多高的分数，上了多好的学校，找到多高薪水的工作，而更在于我们是否帮助孩子养成了良好的品格特质，如诚信、善良、毅力、自控力、好奇心、责任心、勇气以及自信心等，这些都是影响孩子一生幸福的品格特质。"[①] 可以说，习惯的形成过程就是健康人格不断发展和完善的过程，这对幼儿的成长发展具有奠基性的意义和价值。"关键期"理论认为人类的某种行为和技能、知识的掌握，在某个特定的时期发展最快，最容易受环境影响。而幼儿期的孩子还没开始形成固有的行为习惯，非常容易受外界环境的影响，喜欢模仿周围人的行为。因此如果在这个时期施以正确的教育，可以收到事半功倍的效果。

在心理学中有一个"动力定型"概念，意思是，若一系列的刺激总是按照一定的时间、一定的顺序，先后出现，当重复多次以后，那么这种顺序和时间就在大脑皮质上"固定"下来，有了规律。每到一定时间，大脑就"知道"下面该干什么，提前做了准备。这种大脑皮质活动的特性就叫"动力定型"。而动力定型的建立就是我们通常讲的"习惯形成"。一旦有了良好的动力定型，脑细胞就能以最经济的消耗收到最大的工作效果。所以形成好习惯可以让幼儿养成常规，节省时间，提高效率。[②]

《幼儿园工作规程》提出："幼儿园的品德教育应当以情感教育和培养良好行为习惯为主，注重潜移默化的影响，并贯穿于幼儿生活以及各项活动之中。"《幼儿园教师专业标准（试行）》也提出：教师要"注重保教结合，培育幼儿良好的意志品质，帮助幼儿养成良好的行为习惯"。因此，我们有必要不断增强教师的目标意识，时刻注意帮助幼儿养成良好的行为习惯。

---

① [澳]霍顿. 自控力成就孩子一生：儿童行为问题管理手册 [M]. 陈海生，译. 北京：机械工业出版社，2015：Ⅲ.
② 顾荣芳. 学前儿童卫生学 [M]. 南京：江苏凤凰教育出版社，2009：152-153.

## 二、幼儿园教师要通过多种途径帮助幼儿养成良好习惯

1. 讨论交流和举例模仿的方式。通过交流和讨论，幼儿会更加认可习惯的重要性，而且会通过实际的例子，知道哪些是好习惯，哪些是不好的习惯。

2. 教师的直接示范。人们常说，言传不如身教。因此，教师自身就要在良好细微习惯上成为孩子们的表率。尽管这是对教师提出了很高的要求，但是这样去做，不仅有利于幼儿的发展，对于教师自身也是非常有益的。例如，教师彼此之间能友好地问候与打招呼，教师能和蔼地对待家长和周围的人，这些行为都会成为幼儿学习和模仿的榜样。

3. 教师帮助幼儿在一段时间内集中关注某一习惯。在一段时间内，教师可以和孩子共同关注培养一个习惯。可以采用循序渐进、由浅入深、宁少勿多、宁易勿难的方式来确定目标。大家可以先找一个比较容易做到的、幼儿自己感兴趣的习惯去培养，这样幼儿就更容易获得成功的体验。俗话说："万事开头难。""好的开端是成功的一半。"因此，只要在开头做好了，并且能够坚持下去，那么好的习惯就容易养成。

4. 教师要积极鼓励幼儿在日常生活中的每一个进步。幼儿喜欢成功，乐意听到鼓励的话。著名教育家陈鹤琴认为"积极的鼓励比消极的刺激好得多"。因此，教师也要时刻关注幼儿在习惯养成上的积极变化，及时予以肯定，帮助幼儿形成良好的思维方式和行为习惯。教师要充分利用幼儿园环境的作用，将养成习惯的教育融合在幼儿的一日生活和游戏中，让他们在日常生活和学习中受到潜移默化的影响。

5. 家园密切配合，形成合力。教师要让家长也充分意识到习惯养成的重要性，并且要让家长了解教师在培养幼儿良好习惯上做了哪些事情，同时鼓励家长在家庭中也积极培养幼儿的良好行为习惯，从而形成合力。行为习惯是在生活中养成的，家庭生活是幼儿生活中的重要组成部分，因此，幼儿也需要在家庭生活中养成良好的行为习惯。父母们要营造良好的家庭氛围，言行举止要成为儿童学习模仿的榜样。

### 教师反馈

◎ 一个人从小养成良好的习惯非常重要。幼儿期就是人生的基础，基础牢靠，将来才能站得直、走得稳。一个良好的习惯非一日能成，需循序渐进。因此，学前教育阶段须重视对幼儿良好习惯的培养，基础打好了，才有竞争力。

◎ 教师要从幼儿生理发育特点出发，培养幼儿自己吃饭、自己穿脱衣服、不乱

丢垃圾、用完的东西放回原处、按时睡觉、按时起床等习惯。有了良好的生活习惯，就为形成良好的行为习惯和学习习惯打下了基础。习惯的养成是家庭和幼儿园共同的任务，作为幼儿园教师，我们要充分了解培养幼儿良好习惯的重要性，也要发挥好榜样示范作用，还要与家长进行良好的沟通，重视幼儿同伴的相互影响等，尽一切努力，让幼儿养成积极、良好的行为习惯。

# 27. 教师的倾听和观察

幼儿园教师要重视并善于倾听和观察儿童。观察是教师收集幼儿发展资料的重要手段，也是教师了解幼儿最基本的方法。教师要通过多种途径来提高自身的观察能力。教师要不断增强主动观察的意识，尽可能客观地进行观察和记录。教师通常采用的观察法是：叙事观察、图表式观察和取样观察。

### 自我评估

1. 取样观察包括三类，即_____取样法、_____取样法和目标儿童观察。
2. 幼儿园教师需要重视对儿童的观察，观察是教师了解幼儿最重要最基本的方法之一。　　　　　　　　　　　　　　　　　　　　　　　　　（　　）

### 参考要点

1. 取样观察包括三类，即__时间__取样法、__事件__取样法和目标儿童观察。
2. 幼儿园教师需要重视对儿童的观察，观察是教师了解幼儿最重要最基本的方法之一。　　　　　　　　　　　　　　　　　　　　　　　　　（ √ ）

### 分析与思考

一、幼儿园教师要重视并善于倾听儿童

1. 教师要以尊重的态度来倾听儿童并理解儿童的想法。教师应当更加主动地倾听儿童，充分表现出对儿童的尊重和理解。什么是倾听？倾听就是一种认真、专注和充满良好期待的聆听，意味着一种来自教师的关心，意味着教师正在以宽容和接纳的态度来回应幼儿的想法。教育专家将"关心"描述为人类的一种存在形式，认为关心既是人对其他生命所表现的同情态度，也是人在做任何事情时严肃的考虑；关心是最深刻的渴望，关心是一瞬间的怜悯，关心是人世间所有的担心、忧患和苦痛；我们每时每刻都生活在关心之中，它是生命最真实的存在[①]。教师要以真诚的态度来倾听儿童，养成倾听的习惯，主动地靠近儿童，更加具体地了解儿童的各种想法，精心观察和细心揣摩儿童的各种行为，深刻理解儿童极其丰富和生动的内心世界。这样一来，儿童就敢于进一步表现和表达，就能够产生安全感和信任感，就能在表现和表达的过程中增添信心，养成良好的行为习惯。

在倾听过程中，教师可以通过多种方式积极地回应儿童，通过正面引导的方式与儿童进行交流与合作。首先，教师要善于和儿童进行平等的交谈和交流。苏格拉底非常擅长通过问答的方式与他人讨论各种问题，人们把这一方法称为"谈话法"。苏格拉底在与别人谈话前先表现出自己的无知，然后再向对方请教，通过一步步的对话和讨论，使谈话不断深入。他认为真理存在于人的心中，只是被人遗忘了，而通过谈话的方法就可以将被遗忘的真理再现出来。在日常活动中，教师首先要耐心倾听儿童，以步步深入的方式与儿童进行交流，鼓励儿童大胆说出自己的想法。其次，教师要通过正面引导的方式来回应和支持儿童。教师要与儿童建立并保持密切、友好的人际关系，充分肯定儿童的良好行为，支持儿童信心满满地进行各种探索、发现和创造。

在长时间观察、了解儿童的基础上，教师可根据实际情况，通过多种方式来支持和协助儿童获得新的发展。教师的回应和支持应是多层次的，应是恰到好处的，应是最低限度的。在教育过程中，教师对儿童的支持往往体现在一日活动的各个环节之中，既可以体现在日常生活和游戏活动之中，也可以体现在个别交流和集体活动之中。当儿童向教师寻求帮助时，教师要耐心倾听，可提供多个解决问题的方案让儿童选择，鼓励儿童靠自己的力量来解决问题。当儿童有不适当的行为时，教师需发挥好提醒和监督的职责，让儿童感受到规则的制约作用，学会自我调整，逐渐养成良好的行为习惯。这样一来，教师恰当的回应不仅可以支持儿童的主动探索，而且能让儿童感受到来自教师的关心和接纳。

---

① [美]诺丁斯. 学会关心：教育的另一种模式（第2版）[M]. 于天龙，译. 北京：教育科学出版社，2014：33.

## 二、观察在幼儿园中具有重要的意义和价值

观察是教师通过识别幼儿的具体行为来评价幼儿成长和发展水平的一种评价手段。有专家指出,观察就是"感知的过程"(Vollmer,2006)。通过主动的观察,人们可以达到预期目标,教师可以更好地理解幼儿,了解幼儿的需求和兴趣点,能够及时掌握幼儿的变化并实施相应的措施;通过观察,教师和教育团队可以判断幼儿的学习和发展过程是否得到了有力的支持;观察可以帮助幼儿、父母和教师相互之间深入地探讨幼儿的学习和发展过程(Mayr,2005)。观察之后的记录则能够能让人们"回忆"起幼儿园生活的过往,促使教师、幼儿和家长进行自我反思并交流想法,引导人们以幼儿为中心制订教育计划和推进教育工作,人们也能够借助直观感知的方式更好地了解教育工作的质量。[①]

孔子对观察进行过具体、生动的描述,在他看来,观察是动态的、整体的和全方位的。他认为,有效的观察需要"视其所以,观其所由,察其所安,人焉廋哉?人焉廋哉?"其大致的意思就是:"要了解一个人,那么就要看一看这个人做了哪些事情,了解这个人做事的目的是什么,知道这个人安心于做什么事情,那么,这个人的内心怎么能掩盖得了呢?这个人的内心怎么能隐藏得了呢?"在孔子这里,观察的范围和手段都是广泛的,既包括短期的,也包括长期的,既包括用眼睛看,也包括用耳朵听以及用心去感受。

观察是幼儿园教师的专业能力之一,是教师获取信息、了解幼儿的一种最基本的手段。观察在幼儿园中具有重要的意义和价值。观察作为一种有目的和有计划的知觉活动,能够让教师在较短时间内收集到大量的有价值的信息,也能帮助教师与幼儿建立起良好的关系,从而有针对性地帮助与支持幼儿。格朗兰德和詹姆斯认为,通过观察儿童,"教师可以了解儿童的所有方面:(1)儿童在所有领域(社会性、情感、身体动作和认知等)的发展能力;(2)儿童的个性品质;(3)儿童应对困难情境的态度和解决问题的方法;(4)儿童解释行为的能力;(5)儿童的深层次兴趣和爱好;(6)儿童正在建构的信息和知识;(7)儿童对于自身文化背景的表达。"[②] 布拉德认为:"观察是帮助教师发现儿童兴趣、发展、个性和需求的重要途径。通过观

---

① [德]费纳科斯. 德国学前儿童档案袋工具[M]. 陆颖如,译. 上海:华东师范大学出版社,2022:18-19.

② [美]盖伊·格朗兰德,[美]玛琳·詹姆斯. 聚焦式观察:儿童观察、评价与课程设计[M]. 梁慧娟,译. 北京:教育科学出版社,2017:7-8.

察获得的信息,将帮助教师与儿童建立关系、选择相关的材料和活动,以及评估班级空间的使用。近距离的观察,还可以帮助教师确定自己在游戏中的临时角色。"①

教师通常可以采用的观察方法是叙事观察法、图表式观察法和取样观察法。(1)叙事观察法即观察者速记事情发生时的一切情况。(2)图表式观察法包括发展检核表法、比例图法和流程图法。(3)取样观察法包括时间取样法、事件取样法和目标儿童观察法。在时间取样观察法中,观察者在一个指定的时间段内记录下自己感兴趣的幼儿行为的发生次数;在事件取样观察法中,观察者事先确定好要观察的特定幼儿行为和事件,在观察中等待特定行为的发生,然后及时记录与此相关的事情,例如发生了什么、谁干了什么、事件发生及持续的时间等;目标儿童观察法就是把焦点集中于一名儿童身上进行观察。②

虞永平教授认为,当前要特别注意提高教师的观察能力。他提出:"为什么观察儿童那么重要?我们认为,所谓了解儿童,从本质上说不是了解书本里的儿童,而是了解自己面对的活生生的儿童。这是一切教育的真正起点。幼儿教师在工作中了解儿童,主要依靠的不是记忆,而是现实的感知。因此幼儿教师需要补的重要的课程之一就是观察。"③ 因此,幼儿园教师需要不断提高自己的观察意识和观察能力,通过观察不断增进自己对儿童的了解和理解。

### 三、如何提高教师的观察能力

1. 要尽可能客观地进行观察和记录。在观察中,应该避免使用的词汇和短语是:"这个孩子爱……""这个孩子喜欢……""这个孩子喜爱……""他在……上花很长时间""似乎……""看上去显得……""我认为……""我觉得……""我想……""他做……非常好""他不善于……""他对……是有困难的";应该使用的词汇和短语是:"他经常选择……""我看到他……""我听到他说……""他花了5分钟做……""他说……""他几乎每天……""他每月有一两次……""他每次……""他持续性地……""我们观察到一种……的模式"④。有了客观的观察和记录,教师才能获取真实的、有价值的信息。爱泼斯坦认为,要做到客观地记录逸事——即真

---

① [美]朱莉·布拉德. 0—8岁儿童学习环境创设[M]. 陈燕妃,彭楚芸,译. 南京:南京师范大学出版社,2014:17.
② 毛曙阳. 幼儿园教师文案写作指导[M]. 2版. 上海:华东师范大学出版社,2024:049-054.
③ 虞永平. 从教师知识透视幼儿园课程文化[J]. 教育导刊(下半月),2008(10):6-8.
④ [美]盖伊·格朗兰德,[美]玛琳·詹姆斯. 聚焦式观察:儿童观察、评价与课程设计[M]. 梁慧娟,译. 北京:教育科学出版社,2017:46.

实而中立地记录——你必须做到以下三点。（1）全天观察。当你在一日常规的所有环节中支持儿童，并与他们进行互动时，你要对儿童进行观察并倾听他们的声音。注意主动参与式学习的要素，记录儿童选择了什么材料，他们如何操作材料，在与成人互动时他们说了什么和做了什么。（2）教师要试着进行简短而完整的记录或是略记一些关键词，以供其日后书写更细致的观察记录。（3）不做评论。逸事记录的目的是记录发生了什么，而不是猜想儿童的意图或是陈述教师觉得儿童的行为是"对"还是"错"。[1] 较为规范地进行观察和记录，可以提高观察的科学性和有效性。专家指出，观察的记录材料应该能够为教师的教育指导和决策提供必需的数据。一般来说，观察资料至少要满足七个方面的条件：（1）系统、有逻辑；（2）详细；（3）真实；（4）准确；（5）非主观判断、无偏见；（6）得到使用许可；（7）保密。在观察前制订好观察的表格也能有效地提高观察的效率。在表格中通常要有以下信息：（1）观察的日期；（2）观察者的姓名；（3）观察中用来指代儿童的名字；（4）儿童的准确年龄和性别；（5）观察的起止时间；（6）对场景、背景的简单描述；（7）关于实际观察的记录和描述；（8）评价；（9）建议。[2]

### 🎤 教师反馈

◎ 作为一名幼儿老师，我认为观察会帮助教师发现儿童的兴趣、发展水平、个性等。观察不是千篇一律的，而是客观的、讲究方式方法和技巧的。通过观察获得的信息，将帮助教师与儿童建立关系，帮助教师调整相关的材料和活动，以及评估班级空间的使用效率等。近距离的观察，还可以帮助教师确定自己在儿童游戏中的临时角色。

## 28. 支持和引导有特殊需要的儿童

教师要关注有特殊需要的儿童。包括特殊需要儿童在内的每个孩子都有

---

[1] ［美］安·S. 爱泼斯坦：学前教育中的主动学习精要［M］. 霍力岩，郭珺，译. 北京：教育科学出版社. 2012：148.

[2] 毛曙阳. 幼儿园教师文案写作指导［M］. 2版. 上海：华东师范大学出版社，2024：047-048.

自己的闪光点。教师要通过多种方式来支持有特殊需要的儿童。教师要有更多的爱心、耐心和细心，要认识到每个孩子都有自己的发展优势。教师要在环境方面进行特别的设置和安排，给予特殊儿童以更多的支持。

### 自我评估

1. 教师应关注和支持有特殊需要的幼儿，帮助幼儿建立自信心。（   ）
2. 包括特殊需要儿童在内的每个孩子都有自己的闪光点和发展优势。（   ）

### 参考要点

1. 教师应关注和支持有特殊需要的幼儿，帮助幼儿建立自信心。（ ✓ ）
2. 包括特殊需要儿童在内的每个孩子都有自己的闪光点和发展优势。（ ✓ ）

### 分析与思考

#### 一、关注有特殊需要的儿童

在幼儿园中，由于幼儿的发展存在差异，幼儿具有不同的优势，所以总是有一些孩子需要得到特殊的支持。此外，一些孩子由于先天的原因，也需要在教育上得到特殊的支持。幼儿园教师应该关心有特殊需要的儿童，给他们以同等的权益，同时也给予他们特殊的支持与帮助。

1994年6月10日，在西班牙萨拉曼卡召开的《世界特殊需要教育大会》上通过的一项宣言中提出了"全纳教育"（inclusive education）这一新的教育理念。全纳教育作为一种教育思潮，旨在容纳所有学生，反对歧视排斥，促进积极参与，满足不同需求，是一种没有排斥、没有歧视、没有分类的教育。教育工作者应该怀着"全纳"的心态，全心支持和引导有特殊需要的儿童，让特殊需要儿童较顺利地融入整个社会。

#### 二、如何支持有特殊需要的儿童

1. 教师要更有爱心，更加耐心和细心。教师要深刻认识到，发自内心的爱对于特殊儿童来说是多么的重要。有了充分的接纳和理解，特殊需要儿童才更容易以开放与积极的姿态来投入到生活与学习之中。在与特殊需要儿童相处的过程中，教师要更加耐心和细致,要善于积极地等待,善于积极地创造教育的契机。

2. 要认识到每个孩子都有自己的发展优势与闪光点。包括特殊需要儿童在内的每个孩子都有自己的发展优势。美国心理学家霍华德·加德纳认为,智力的内涵是多元的,每种智力都是一个单独的功能系统,这些系统是相互作用的,人类的智能可以分为八个范畴。教师要相信每个人都有自己的优势智能,相信通过补偿作用,每个特殊需要儿童都有自己的"闪光点"。作为幼儿生活中的"重要他人",幼儿园教师应当发现这些特殊儿童身上的"闪光点"并进行挖掘和支持。

3. 要在环境上提供特别的设置和安排,给予特殊儿童以更多的支持。专家提出,教师可以根据特殊儿童不同的情况予以不同的支持。对于学习困难的儿童,可以在以下方面提供支持:(1)尽可能排除或降低环境中的噪声和混乱;(2)在显眼的地方粘贴图片,并按字母顺序粘贴一日活动流程和时间表;(3)提供线索或选择以暗示下一步的活动;(4)在房间里设置安静区;(5)示范如何使用教室里的工具和材料;(6)尽量少进行活动转换。对于情绪控制方面有困难的儿童,可以用以下方式予以支持:(1)用不易察觉的方式暗示儿童,给予鼓励的微笑和话语;(2)创建一套互相都能够理解的信号,以便在暗示儿童应该停止某一行为时或在儿童寻求帮助时使用;(3)为一些安静活动提供感官材料、玩水用具和舒缓的音乐。[①] 总之,教师要创设具有一定挑战性的环境和条件,让特殊需要儿童发展能力并树立起信心。

幼儿园教师要尊重和关怀特殊需要儿童,要以发展的眼光去看待他们,相信他们能够不断地自我提升。幼儿园教师还应积极寻求家长、社区的支持,及时与家庭、社区进行有效沟通,团结一切可团结的力量,共同关心、支持特殊需要儿童的健康和谐发展。

### 教师反馈

◎ 对于特殊需要儿童,教师要有更多的爱和理解、更多的接纳和等待。每一个特殊需要儿童都拥有和普通孩子一样的自尊和权利,他们也都有特别的发展优势和潜力。教师要成为孩子们的陪伴者,要支持他们顺利成长,实现自己的愿望,拥有幸福的生活。

---

① [美] 安·S. 爱泼斯坦著. 有准备的教师——为幼儿学习选择最佳策略 [M]. 李敏谊,张晨晖,郑艳,李雅静,译. 北京:教育科学出版社,2012:26-27.

# 29. 幼儿园的保教计划与教育活动设计

幼儿园教育教学活动有广义和狭义之分。幼儿园的教育教学是教师以多种形式有目的、有计划地激发幼儿主动活动的教育过程。教师要具备制订教育教学活动方案的能力，要能较为规范地写好教育教学活动设计。教师要认识到学前教育设计实际上是一个不断循环的动态过程。在活动设计中教师要考虑幼儿的主体地位，不断丰富活动的形式，始终以儿童发展为本，积极有效地支持幼儿获得健康全面的发展。

### 自我评估

1. 幼儿园教育教学活动方案基本要素包括活动名称、设计意图、_____、_____、活动重点和难点、活动形式和方法、活动过程、活动延伸、活动反思等。
2. 教育教学活动设计能够折射出教师的基本理念。（    ）

### 参考要点

1. 幼儿园教育教学活动方案基本要素包括活动名称、设计意图、__活动目标__、__活动准备__、活动重点和难点、活动形式和方法、活动过程、活动延伸、活动反思等。
2. 教育教学活动设计能够折射出教师的基本理念。（ ✓ ）

### 分析与思考

保教计划就是教师为了确保和提升幼儿园保育教育的质量而制订的教育计划，通常指幼儿园的一日保教计划。教师要依据儿童发展的基本规律，根据相关的教育法规和要求，结合自身实际情况，来制订适宜、合理的一日保教计划，并及时进行反思和总结。在制订保教计划的过程中，教师要把正确的教育理念转化为实际的教育行为，应以游戏为基本活动，充分尊重和理解幼儿，以多种方式支持幼儿成为积极的、有能力的、会创造的主动学习者。一日活动中的各项教育活动安排应有效体现教育的导向性、整体的规划性和活动的整合性。在一日活动中，教师应在有效倾听和观察的基础上，充分利用环境、氛围、资源和材料，为幼儿创造出多样化的学习和发展机会，通过积极友好的师幼互动和交流回应来支持每个幼儿的学习和成长。

幼儿园教育教学活动有广义和狭义之分，广义是指幼儿园的各类教育活动，包括生活活动、游戏活动和教学活动等。狭义是指教学活动，尤其是指目的性和计划性较强的一类教学活动。

### 一、教师要具备制订保教计划与教育教学活动方案的能力

1. 保教计划及教育教学活动方案的设计能力是教师应该具备的基本能力之一。幼儿园中，教育教学活动的类型是多样的，教师和幼儿在各类活动中的主导程度也是有差异的，活动有大有小，活动方案也有复杂与简约之分。教师在各类活动方案的设计中都需要发挥积极性。教师要充分思考如何将教育目标融入具体的教育教学活动中去，如何把握好活动的进程，如何为不同状态的幼儿提供不同的支持。因此，不断提升教育教学活动方案的设计与策划能力已经成为教师的一项专业挑战，同时也是教师应当具备的一项基本专业能力。

2. 教育教学活动方案的设计体现出教师的基本理念。在教师和幼儿相处的一言一行中，在教师设计教育教学活动方案的过程中，我们都可以较为清晰地看到教师所持有的基本教育理念。也就是说，"教育教学活动设计能够折射出教育者的基本理念，反映出人们对幼儿发展的期待。透过设计，我们可以发现教师心目中什么样的发展目标最为紧要，什么样的方法最适合幼儿。教师可以通过改进自己的活动设计，进一步完善自己的教育观念，从各个细微的小处做起，把尊重幼儿和促进幼儿发展的要求落到实处"[①]。

3. 教师要努力通过好的活动设计激发幼儿的学习兴趣，使幼儿在教师的支持下获得新的发展。教师通过仔细考量，选择合适的教育教学内容，以多种方式激发幼儿的参与性，组织幼儿围绕某个话题展开深入的讨论，这将有利于扩展幼儿的经验，帮助幼儿获得新的发展。

### 二、如何写好教育教学活动设计方案

1. 把握活动设计的目标。教学目标是教学活动的出发点和归属点，目标反映出

---

① 毛曙阳. 幼儿园教师文案写作指导[M]. 2 版. 上海：华东师范大学出版社，2024：123.

教师对本次活动的根本认识。（1）切实可行的发展目标应基于儿童的已有经验。（2）目标应关注领域特征，切忌求大求全。（3）目标应关注幼儿多方面的整体发展。

2. 选择适宜的活动内容。在选择内容时，教师要考虑到以下几点：一是内容本身要有科学性和严谨性。二是活动内容要有趣味性和变化性。三是活动的要求和难度要适宜。

3. 设计好具体实施过程。要把握好以下方面：（1）活动过程应符合幼儿的心理特征和学习规律。（2）活动过程要有逻辑性和层次性。（3）教师要做好活动的准备工作。（4）活动的过程应体现出多方位的有效互动。（5）活动过程的设计要具有开放性和弹性。（6）活动设计要体现出真实性和可操作性。

4. 规范地写好教学活动设计。通常来说，一个完整规范的教学活动设计包括执教者、活动名称、教学领域、活动来源、活动时间、活动形式、适用年龄、活动目标、活动准备、活动过程、活动评价、注意事项和延伸拓展等内容。[1]

### 三、在设计幼儿园教育教学活动方案时需要注意的事项

1. 活动设计是一个循环的动态过程。虞永平和王春燕提出，要用动态思维来看待教育活动的设计。他们认为，"学前教育活动设计就是准备静态的活动计划或方案的过程。其实，活动计划或方案只是活动设计的组成部分，也就是说，对活动的构成要素的组织与安排既体现在静态的计划或方案中，还体现在活动的实际开展中。活动设计应包括事先的计划以及在活动开展过程中根据实际情况的需要对活动计划进行的调整与再设计。因此，学前教育活动设计过程实质上是不断循环的动态过程。学前教育活动设计也是个不断修正和完善的过程"[2]。

2. 在活动设计中要考虑幼儿的主体地位，不断丰富活动的形式。教师要合理设计活动方案，让幼儿在宽松、愉悦的环境里，在动手动脑的探索活动中，发展起主动创造与大胆表现的意识和能力，获得丰富、有益的生活经验。幼儿是学习的主体，因此，教师在活动设计以及活动实施的过程中要时刻关注幼儿的状态和变化，及时调整活动内容，不断丰富活动形式，始终做到以儿童发展为本，从而积极有效地支持幼儿获得健康全面的发展。

---

[1] 毛曙阳. 幼儿园教师文案写作指导［M］. 2版. 上海：华东师范大学出版社，2014：132.
[2] 虞永平，王春燕. 学前教育学［M］. 北京：高等教育出版社. 2012：217.

### 四、规范地写好保教计划和活动设计

教师要根据要求规范地写好各类与教育教学相关的保教计划和活动设计，制定相关的计划、表格。这有利于教师理清思路，进一步总结经验，不断提高保教质量。教师在平时要不断积累和总结经验，不断提高保教计划和活动设计的规范性，提高自己在这方面的写作能力。

### 教师反馈

◎ 幼儿园老师需不断学习、潜心研究、勇于实践、勤于思考、不断反思，才能不断提升自己的职业能力，设计出优秀的教育教学活动方案。在设计教育教学活动方案时，要基于幼儿的实际情况和年龄特点，将尊重幼儿、促进幼儿发展放在首位，要充分考虑不同能力的幼儿，让幼儿在一个宽松愉悦的环境里进行自主探索，从而获得丰富的经验。教师应在幼儿真实的生活中关注、把握幼儿的兴趣点，寻找课程生长点，并了解幼儿的"最近发展区"，从而展开一系列完整、有效、富有层次的活动。

◎ 在设计、撰写活动方案时，就相当于在脑海里临摹或设想活动的情景，看看内容是否适宜，环节是否顺畅，最终幼儿是否能在这个活动中获取相应经验。一个优秀的活动方案设计，就是一个不断"实践—思考—反思—再实践"的循环过程。

# 30. 开展丰富的游戏活动

教师要重视幼儿园中的游戏活动。喜欢游戏是幼儿的天性。游戏是幼儿园的基本活动，是一日活动中的重要环节与内容。在游戏中，幼儿能够获得多方面能力的发展。幼儿园中的游戏类型是丰富多样的。教师要用各种方式支持幼儿参与游戏活动。教师要尊重幼儿游戏的权利，创设适宜的环境以支持儿童的游戏，并积极关注游戏中的儿童。

### 自我评估

1. 幼儿园要以_____为基本活动。

2. 宽敞的游戏场地和适宜的游戏材料会有利于幼儿积极地投入游戏活动。

（    ）

### 参考要点

1. 幼儿园要以__游戏__为基本活动。
2. 宽敞的游戏场地和适宜的游戏材料会有利于幼儿积极投入游戏活动。（ √ ）

### 分析与思考

#### 一、要重视幼儿园中的游戏活动

1. 喜欢游戏是幼儿的天性。幼儿喜欢参与各类游戏，在游戏中他们会更加感到自在，会更加快乐，表现出更多的积极行为。因此，教师要充分利用好幼儿的这一天性，创设丰富的游戏环境，让幼儿健康快乐，获得发展。

2. 游戏是幼儿园的基本活动，是一日活动中的重要环节与内容。在幼儿园中，教师要保证幼儿有充分的游戏时间和空间，有丰富的游戏材料，让他们在游戏中发展能力，养成良好的行为习惯。对于幼儿来说，游戏的价值是显而易见的：游戏有利于发展身体机能，有利于激发幼儿的好奇心，有利于幼儿拥有良好而稳定的情绪，有利于幼儿社会交往能力的发展，有利于幼儿提高问题解决能力……

3. 幼儿园中的游戏类型是丰富多样的。从宽泛的意义上来看，凡是幼儿喜欢的、富有游戏精神的活动都可以是游戏活动。这其中包括幼儿自主和自发的游戏，也包括各种有趣的区域游戏；幼儿既喜欢室内的游戏活动，也喜欢室外的游戏活动；幼儿既喜欢参与教师组织的集体游戏活动，也会参与由小伙伴发起的游戏活动。而低龄孩子也很乐意在独自游戏中自得其乐。幼儿总会在各类活动中发现其中的乐趣。

#### 二、教师要用各种方式支持幼儿参与游戏活动

1. 尊重幼儿游戏的权利。教师要尊重幼儿的意愿，让幼儿拥有游戏的权利，相信儿童的力量，让幼儿真正成为游戏的主人。

2. 创设适宜的环境以支持儿童游戏。有了宽敞的游戏场地和空间，有了适宜的活动环境，有了大量的游戏材料，幼儿就更容易投入到丰富多彩的游戏中去。因此，教师要从儿童的兴趣和需要出发，不断丰富游戏区的材料，以多种方式支持幼儿在

游戏中学习,在游戏中成长。

3. 积极关注游戏中的儿童。教师对于游戏中的儿童要给予积极关注。教师通过观察可以更加深入地了解儿童的意愿和想法,可以了解儿童的发展水平,可以了解到儿童与他人交往的情况,可以发现儿童是如何面对问题和解决问题的。教师的倾听和观察,将有助于教师为幼儿提供更加有力的支持和帮助。虞永平和王春燕指出,通过教师的协助,可以让幼儿的游戏获得更加深入的发展。"儿童由于受身心发展水平的限制,对人、事、物的理解和认识都有一定的局限性,在游戏中难免会产生各种各样的问题,使游戏陷入中断的危险,或者始终在低水平徘徊。此时,教师适时、适度的指导,能够帮助儿童延续游戏,提高游戏水平,使儿童从游戏中获得更多的乐趣、成功感和效能感,进而使游戏的教育价值得到更充分的释放。"[1]

### 教师反馈

◎ 爱玩是幼儿的天性,幼儿园里,游戏是无处不在的。幼儿通过游戏可以积极主动地与同伴、环境、材料形成交互作用,使得自身各种能力快速提升。游戏让人产生快乐的情绪。教师在儿童进行游戏时也要做一个有心人,要善于观察和发现。比如,教师发现幼儿很喜欢玩水,就可以在玩水游戏材料方面给予及时的支持。

# 31. 幼儿园的集体活动

幼儿园的集体活动是幼儿园一日生活中非常重要的环节。通过集体活动,幼儿可以获得多方面的发展。教师要不断优化集体活动,不断丰富集体活动的形式,选择合适的活动内容,提高活动的有效性,不断提升幼儿参与活动的积极性。

### 自我评估

1. 不同类型的集体活动具有不同的教育价值和作用,教师要不断丰富集体活动

---

[1] 虞永平,王春燕. 学前教育学[M]. 北京:高等教育出版社,2012:251.

的形式。　　　　　　　　　　　　　　　　　　　　　　　　　（　　）

2. 教师可以通过一种积极影响幼儿学习态度的方式与幼儿进行相互作用并支持幼儿。　　　　　　　　　　　　　　　　　　　　　　　　　（　　）

## 参考要点

1. 不同类型的集体活动具有不同的教育价值和作用，教师要不断丰富集体活动的形式。　　　　　　　　　　　　　　　　　　　　　　　　　（ ✓ ）

2. 教师可以通过一种积极影响幼儿学习态度的方式与幼儿进行相互作用并支持幼儿。　　　　　　　　　　　　　　　　　　　　　　　　　（ ✓ ）

## 分析与思考

### 一、集体活动是幼儿园一日生活中的重要环节，具有独特的价值

集体活动是幼儿园一日生活中的重要环节，具有独特的价值。专家提出，集体活动是全班幼儿同时围绕一个教育内容共同参与的活动，它包括专门的教学活动和日常生活活动。集体活动包括共同倾听、相互合作、协调行为等要素，以此让幼儿得到必要的经验。在集体活动中，教师的主导性通常较强，教师既是活动的组织者、发起者、指导者，也是幼儿活动的参与者、合作者。

通过集体活动，幼儿可以获得多方面的发展，他们可以尝试在集体面前大胆讲述，可以尝试相互倾听，可以彼此交流经验，增强团队凝聚力。而教师可以通过集体活动落实适宜且重要的学习内容，组织幼儿围绕共同的话题进行讨论，在活动中观察、了解幼儿，发挥好支持者和引导者的作用。不同类型的集体活动具有不同的教育价值和作用。

### 二、教师要不断优化集体活动

1. 要不断丰富集体活动的形式。集体活动的形式是丰富的，既有教师发起的集体活动，也有幼儿发起的集体活动；既有时间较长的集体活动，也有时间较短的集体活动；既有教学类的集体活动，也有生活类的集体活动。教师要不断地深化研究，让每一类集体活动都发挥积极的效益。

2. 要不断提高集体活动的有效性。教师应及时更新教育观念，不断提升对教与

学的有效性的认识,从而提高集体活动的有效性。什么是有效的教与学呢?《英国基础教育阶段(3—5岁)课程指南》中作了如下分析。有效的教包括:(1)建立与家长的合作工作关系,因为家长是子女的基本教育者。(2)通过预先计划好的具有一定挑战性的活动和经验,促进幼儿的学习。(3)实践工作者示范各种正向的行为。(4)使用丰富的语言和正确的语法。(5)运用交谈和精心设计的问题。(6)直接教幼儿某些技能和知识。(7)幼儿互相教。(8)以一种积极影响幼儿学习态度的方式与幼儿进行相互作用并支持幼儿。(9)精心设计户内外环境,为学和教提供一个积极的情境。(10)对幼儿进行巧妙、精心设计的观察。(11)评估幼儿的发展进步。(12)与家长一起工作,家长是评估和计划过程中的重要合作者。(13)确认幼儿学习的下一步骤,计划如何帮助幼儿进步。(14)运用评估信息,评估活动的质量及实践工作者的培训需要。有效的学包括:(1)幼儿发起能够促进学习和使他们能够相互学习的活动。(2)幼儿运用动作和所有的感官来学习。(3)幼儿有深入钻研自己的想法和兴趣的时间。(4)幼儿具有安全感,这有助于他们成为有信心的学习者。(5)幼儿以不同的方式、不同的速度学习。(6)幼儿在学习中建立事物之间的联系。(7)创造性和想象性游戏有助于幼儿语言的发展和运用。[①]

3. 要选择适宜的集体活动内容,不断提高幼儿参与集体活动的积极性,提高幼儿的合作水平。教师要充分考虑幼儿的兴趣和意愿,考虑幼儿的已有经验和发展目标,从而选择适宜的集体活动内容。教师要在活动中不断调动幼儿的积极性,为幼儿提供参与活动的平台,基于幼儿的经验和需求,不断提高教育目标达成度。在集体活动过程中,教师也要有意识地组织幼儿开展相互之间的交流与合作,不断提高他们相互沟通、协调的能力。

### 教师反馈

◎ 集体活动有助于激发幼儿主动参与活动的积极性,有助于幼儿提高人际交往和情绪管理等能力。教师要选择适宜的活动内容,丰富活动形式,让幼儿在兴趣中学习,在活动中成长。

---

[①] 虞永平. 生活化的幼儿园课程[M]. 北京:高等教育出版社,2010:124.

# 32. 幼儿园的区域活动

把活动室划分为不同的区域有助于幼儿的学习与发展。教师要做好教室空间的设计和维护工作，营造出一个安全、舒适而又富有吸引力的环境。活动室中的区域应有不同的类型，每个区域要有其独特的功能。通过引导幼儿进行区域活动，教师可以更好地发挥支持者、合作者和引导者的作用。

## 自我评估

1. 一般来说，幼儿园的区域可以划分为_____、美工区、扮演区、认知区、科学区、生活区和阅读区七个区域。

2. 在幼儿园里所使用的单位积木中，基本块的尺寸一般是 $14\times 7\times$ _____（单位：厘米）。

## 参考要点

1. 一般来说，幼儿园的区域可以划分为 __建构区（或积木区）__、美工区、扮演区、认知区、科学区、生活区和阅读区七个区域。

2. 在幼儿园里所使用的单位积木中，基本块的尺寸一般是 $14\times 7\times$ __3.5__（单位：厘米）。

## 分析与思考

### 一、把活动室划分为不同的区域有助于幼儿的学习与发展

教师要充分发挥自己的能力，做好教室空间的设计和维护工作，把物理空间营造成一个安全、舒适而又富有吸引力的环境。事实上，许多教师乐意把物理空间分割成不同的活动区，以满足幼儿不同领域的兴趣和愿望。道治、柯克和海洛曼等专家认为，将物理空间分割成各个学习区，对想要探索、做东西、实验和想要进行自己感兴趣的事的学前幼儿来说，是非常理想的，以各种不同的学习材料区分出不同

的学习区，能给幼儿提供清楚的选择范围。有时候，不论是独自一人还是和同伴一起，幼儿都会想要安静地工作，此时，图书区、美劳区或益智区都是他可以选择的安静区域。而戏剧扮演、积木、木工、大肌肉活动等区域，则给幼儿提供了动态活动的选择机会。学习区将教室分割成几个小空间，一次容纳少数几名小朋友，符合学前幼儿比较喜欢处于小型团体中的需求。只和几个小朋友在一起，他们会觉得比较自在，也比在大集体里更能和其他小朋友玩得积极、融洽。同样道理，在比较小且设计良好的空间里，由于幼儿能够专心地工作，因此他们的游戏也会变得更复杂、精细。①

区域活动可以有效打破传统的过于凸显集体教学的空间布置格局，重视幼儿的自主自发活动，重视幼儿与环境、材料的相互作用，重视教师与幼儿的互动，从而更有利于满足不同发展水平的幼儿的需要，是幼儿重要的学习方式之一。区域活动充分考虑到幼儿的兴趣和需要，能为幼儿活动提供丰富的环境和材料，有助于幼儿发展独特的知识技能、社会技能和行为习惯，从而帮助他们拥有良好的品行。

材料和空间是区域的重要组成部分，幼儿喜欢待在相对私密的空间，所以教师要善于因地制宜地设置隔断，使空间动静分离，让幼儿在游戏过程中有充足的安全感。另外，提供的材料要尽量丰富、多变、可操作，并且根据幼儿的能力层次逐渐改变，这样的话，幼儿在探索过程中能够发现材料的多种玩法，区域游戏才不会乏味，才会历久弥新。

## 二、活动室需要有不同类型的区域

通过区域划分，教师可以把物理空间划分为各个相对独立的功能区，各区域内丰富多样的、适宜的材料让幼儿能自主活动、自由表现及交流。一般来说，区域可以划分为建构区（或积木区）、美工区、扮演区、认知区、科学区、生活区和阅读区等，每个区域有其独特的功能，如：美工区既可以为幼儿提供操作、探索、研究的机会和条件，又能让幼儿在动手创造中感受美、表现美等。一个高质量的区域，应有清晰的目标，应独具吸引力和美感，应提供符合儿童发展水平的、有趣的且能互动的丰富材料，这样的区域，能鼓励儿童在其中独立活动②。通过引导幼儿进行区

---

① ［美］黛安·翠斯特·道治，劳拉·柯克，凯特·海洛曼. 幼儿园创造性课程（上）[M]. 吕素美，译. 南京：南京师范大学出版社，2006：74.
② ［美］朱莉·布拉德. 0—8岁儿童学习环境创设 [M]. 陈燕妃，彭楚芸，译. 南京：南京师范大学出版社，2014：87.

域活动，教师可以更好地发挥幼儿学习活动的支持者、合作者、引导者的作用，给予幼儿充足的自己分析和解决问题的机会，还可以在观察、了解幼儿的基础上，适时根据幼儿的需要提供适度的帮助。

特别需要指出的是，在建构区，教师要为幼儿提供充足的积木和配件，让幼儿对这个区的活动产生兴趣。例如，教师要为幼儿提供单位积木。硬木制成的单位积木很耐用，没有粗糙的边缘，幼儿操作起来很容易，内含 25 种不同的尺寸和形状。单位积木基本块的尺寸大约是 14×7×3.5（单位：厘米），整组的积木，长、宽都是按这个尺寸比例做出来的[①]。

### 教师反馈

◎ 区域游戏是幼儿最喜爱的游戏活动之一。幼儿的世界是缤纷绚丽的，幼儿的想法是天马行空的，每个幼儿都可以在区域中寻找到自己特别喜欢的地方。对教师而言，区域活动是日常生活教育的契机和教育教学活动的延伸，有着不可替代的作用。

◎ 通过区域活动，孩子们可以去实践自己的想法，区域是孩子们体验生活的一个乐园。在五花八门的区域活动中，他们可以是小医生，告诉同伴打针时不要怕，同时给自己加油打气；他们可以是小农夫，在田地中与大自然对话；他们可以是建筑师，从作品中感受造型美；他们还可以是科学家，会大胆假设，积极实验……区域活动更为教师积累观察与分析幼儿的经验、提升专业能力提供了机会与平台。

## 33. 幼儿的户外学习

亲近大自然并且喜欢到户外活动是幼儿的天性。各种各样的户外活动本身就是一种重要的学习，这些户外学习能够让幼儿获得多方面的发展。在幼儿一日活动中，户外活动有着重要的价值。教师需要更加深入与充分地认识与理解幼儿的户外学习，要通过多种方式更加有效地鼓励和支持幼儿参加丰富生动的户外学习活动。

---

① ［美］黛安·翠斯特·道治，劳拉·柯克，凯特·海洛曼. 幼儿园创造性课程（下）［M］. 吕素美，译. 南京：南京师范大学出版社，2006：13.

### 🖉 自我评估

1. 喜欢户外活动是儿童的天性。　　　　　　　　　　　　　　　　（　　）

2. 《3—6 岁儿童学习与发展指南》指出，幼儿每天的户外活动时间一般不少于两小时，其中体育活动时间不少于 1 小时，季节交替时要坚持。　　　（　　）

### 参考要点

1. 喜欢户外活动是儿童的天性。　　　　　　　　　　　　　　　　（ ✓ ）

2. 《3—6 岁儿童学习与发展指南》指出，幼儿每天的户外活动时间一般不少于两小时，其中体育活动时间不少于 1 小时，季节交替时要坚持。　　　（ ✓ ）

### 分析与思考

当前，人们越来越重视幼儿的户外学习。户外是幼儿重要的学习场域，幼儿特别喜欢户外游戏，在户外背景下，幼儿的视野会更加宽阔，幼儿的学习也会更加生动有趣。因此，教师有必要从新的视角来更加深入地认识与理解幼儿的户外学习。[①]

#### 一、更加全面地认识"户外"这一概念

户外指的是什么？户外的范围有多大？当我们把目光聚焦到"户外"这个词语上时，我们就会意识到"户外"这一概念在人们的生活中具有重要的地位和价值。从宽泛的意义上说，户外的范围很广，既包括各种室外的空间和场地，如游戏场地、森林、草原、河流和大海等，也包括那些介于室内和室外的过渡空间，如走廊和阳台等。在天气好的时候，人们总愿意在户外进行各种活动，人们可以在柔和的阳光下散步，可以在场地上踢球，也可以坐在草地上轻松地交谈。清晨时分，人们可以打开窗户，呼吸来自户外的新鲜空气，当柔和的阳光洒进室内时，人们可以感受到温暖和舒适。即便处在室内，人们也会用不同的方式和户外形成密切的联系，比如春季人们会把多种植物从室内搬到户外，人们会在室内张贴大自然风景画，会在各种电子设备上浏览与户外活动相关的图片或资料。户外对每一个人来说都具有强烈的吸引力，对于活泼好动的幼儿来说更是充满了无穷的魅力。在当今社会，在人们

---

① 毛曙阳. 关于幼儿户外学习的思考［J］. 东方娃娃·保育与教育，2024，(01)：14 - 15.

面临各种新挑战和新机遇的背景下，幼儿的户外学习愈发必要和重要。户外是幼儿学习与发展的宝贵空间和重要的资源来源地。为了孩子们的健康发展，在生活中，许多大人会采用多种方式鼓励和支持幼儿充分接触和感受自然世界。孩子们可以在草地上奔跑，可以参加各种户外种植活动，可以在地上寻找各种有趣的昆虫，可以在小路上散步，还可以在户外场地上玩沙、玩水和收集各种自然物。户外蕴含着丰富的机会和可能，对于幼儿的学习和发展具有不可替代的价值。

### 二、喜欢户外活动是幼儿的天性

亲近自然是幼儿的天性。户外活动和体育活动深受幼儿喜爱，是促进幼儿身心健康和谐发展的重要手段之一。户外活动不仅可以让幼儿获得全身心的放松，体验到亲近自然和游戏的快乐，还可以促进幼儿身体、动作、认知、社会性、情绪情感等的发展。教育家苏霍姆林斯基曾说："人曾是而且永远是大自然之子。"[①] 在我们的身边，只要小心留意就会发现，大自然的馈赠可以说无处不在。因此，教师要有一双善于发现的眼睛，从尊重幼儿的兴趣和促进幼儿的发展入手，让幼儿在真实的自然环境中去发现、去探索大自然的奥秘。在户外，幼儿会收获许多在教室里难以传授的丰富知识，会更加贴近自然和热爱生活，有利于形成更加积极乐观的性格。《3—6岁儿童学习与发展指南》指出："幼儿每天的户外活动时间一般不少于两小时，其中体育活动时间不少于1小时，季节交替时要坚持。""开展丰富多样、适合幼儿年龄特点的各种身体活动，如走、跑、跳、攀、爬等，鼓励幼儿坚持下来，不怕累。"教师要"经常和幼儿一起在户外运动和游戏，鼓励幼儿和同伴一起开展体育活动"。幼教专家们普遍认为，经常参加户外活动对于幼儿的全面发展有着明显的益处。他们提出，到户外去玩对幼儿的健康和快乐是很有好处的。幼儿呼吸到新鲜空气、感觉到阳光的温暖、看到蝴蝶缓缓停在花上时，会感受到无比的宁静和愉悦。只要看看幼儿有多爱在户外奔跑、跳跃、爬上爬下和游戏，就可以得到证明。幼儿每天在户外所花的时间，就跟他们在室内学习所花的时间一样重要。对老师来说，户外活动给老师提供许多让课程更丰富、更能帮助幼儿发展与学习的方式[②]。

---

① [苏]苏霍姆林斯基. 把整个心灵献给孩子[M]. 唐其慈，毕淑芝，赵玮，译. 天津：天津人民出版社，1981：12-13.

② [美]班宁·沙利雯. 透视幼儿的户外学习[M]. 毛曙阳，译. 北京：中国轻工业出版社，2023：17.

### 三、户外学习能够让幼儿获得多方面的发展

1. 户外学习能够让幼儿更加深刻地理解周围的世界。幼儿的户外学习是非常自然和生动的。幼儿的户外学习具有丰富性、复杂性、逻辑性、深刻性和密切关联性。在户外背景下,幼儿可以充分体会到事物的丰富、奇妙,幼儿会见到不同的植物和动物,一年四季中,户外的色彩随着气温等因素发生着绚丽的变化,户外的各种生物之间相互依赖,相互影响。幼儿在户外学习的过程中会充分感受到事物的复杂性,幼儿会发现蠕动的毛毛虫居然能变成飞翔的蝴蝶,幼儿会在雨后的菜园中看到许多小蜗牛,会在春季闻到各种花香,会在夏季见到夜空中的繁星,会在秋季感受到树叶的缤纷色彩,会在冬季到冰雪中玩耍。户外学习和生活经历能够开阔幼儿的视野,让他们更加深刻地认识到自然世界中的各种事物之间的密切关联。户外环境有着得天独厚的优势,户外环境所具有的丰富性、复杂性、开放性和趣味性能够让幼儿更加深刻地理解自身和周围的世界,能够最大限度地支持他们的主动发展。在自然世界中,每一个事物都不是独自存在和发展的,总会与其他事物形成各式各样的密切关联。著名的自然学家缪尔(Muir)就曾经发出过这样的感慨:当我们试图把某个事物单独挑选出来时,我们就会发现它与宇宙中的其他事物是息息相关的①。在户外环境下,孩子们能够以亲身经历的方式深刻领悟和感受到万事万物之间有着密切和复杂的关联,会更加清晰地意识到自己不经意的某一个行为有可能会产生深远的影响。在户外,孩子们可以较为轻松地发现大量的确凿证据,这些证据会生动具体地表明某一事物与其他事物是密切相关的,孩子们也会逐步意识到自己也是整个世界中不可或缺的一个组成部分。孩子们通过自己的探索来充分感受世界的复杂和多样,他们会慢慢地摸索出一整套和大自然相处的办法和策略,会在内心深处逐渐构建起关于这个世界是如何运作的新的心理模型。总之,户外环境是丰富的、复杂的、开放的和充满趣味的,能够以独特的方式来帮助幼儿更加深刻地认识、理解自己和周围的世界。在户外,大自然成为孩子们最好的老师。

2. 户外环境能让幼儿感到放松,能支持幼儿更加主动地进行探索。在户外,幼儿能够以轻松、自然的方式与丰富多样的自然世界进行交流和互动,从而获得整体和全面的发展。自然世界中的资源是生动有趣的,也是复杂多变的。当幼儿来到户

---

① [美]黛安·翠斯特·道治,劳拉·柯克,凯特·海洛曼. 幼儿园创造性课程(下)[M]. 吕素美,译. 南京:南京师范大学出版社,2006:279.

外这一更加宽松自在的环境之中时，他们就会更加无拘无束，会感受到身体的放松和心灵的松弛，能够更快地寻找到自己的兴趣点，他们的行为会更加生动、丰富和自然，他们也乐意在活动中进行更多的尝试和探索。

3. 户外学习支持幼儿释放潜能并形成良好的学习品质。大量的事例表明，在户外环境下，幼儿的天性和潜能可以得到充分释放，幼儿可以在更加宽阔的平台上展现自己的才能，会更加充分地发展自身的想象力和创造力。在户外环境下，幼儿会专注于自己感兴趣的事物，会在持续的探索过程中萌发并形成各种良好的学习品质，他们会发展好奇心和主动性，会大胆地想象和创造，会提高承担风险的能力，会积累问题解决的策略，会更加具有责任感，同时也会更加灵活自如地应对周围的各种变化。

在户外这一开放、宽松的环境下，幼儿会更加大胆地去进行思考和实践，会充分发展自身的表现、表达和表征等能力。户外的自然环境是无比丰富的，这里有广阔的空间，有风雨雷电，有四季的更替，有丰富的动植物，有各种各样的自然物品，这些都有助于孩子们的探索和游戏，有助于他们萌发出丰富的想象力和创造力。在户外，幼儿会快乐地奔跑，会注意到动植物的变化，会大胆地说出自己的想法，会想出好办法与同伴友好交往，会不断积累和拓展自己的学习经验。每个孩子都渴望得到他人的尊重和认可，都觉得自己一定会在某个方面展现出特别的才能，而这样的想法也会在孩子们大量参与户外探索活动之后得到进一步确认。当孩子们能够自己想出好办法来解决新问题时，他们就会逐步认识到自己是有价值的，自己有着独特的能力。通过这一方式，他们就能够对自己的独特性进行反复确认，就能够相信自己确实是有能力和有价值的，就能够更好地发展健康的自我意识，就能够产生自豪感和自信心。此外，户外学习有助于发展和提高幼儿的审美意识和审美能力，大量的户外学习经验能够让幼儿充分发现和感受到生活中的各种美好，能够有力促进幼儿身、心、灵的健康和谐发展。事实证明，有了大量的户外学习，幼儿就可以获得更多的自我表现、自我表达和自我表征的空间和机会，就拥有更多的展现自身才能和本领的平台，就更加有可能按照自己的发展节奏获得全面和谐的发展。

### 四、教师可以通过多种方式有效支持幼儿的户外学习

1. 在户外学习中，教师应充分地相信幼儿和倾听幼儿。在户外学习中，那些信任幼儿和细心、敏锐的教师可以通过观察和倾听等多种方式来更加深刻地理解幼儿，从而更加全面地了解幼儿当下的需要和行为背后的原因。每个幼儿都是主动好学的，是独特的，是充满活力的。教师要坚定相信幼儿，相信每个幼儿都是有能力的，都

有着自己的长处和优势，孩子们可以用自己的方式来思考和解决自己所面临的问题，在用心、用脑和动手操作的过程中，他们会大胆地进行探索，会不断拓展出新的经验，会想出各种好办法来应对诸多困难并解决问题。在这一过程中，教师要珍惜与幼儿沟通交流和共同成长的良好机会，要认真倾听幼儿，真诚对待幼儿，以多种方式鼓励幼儿大胆表现和表达，并以写实的方式进行记录和反思。

2. 在户外学习中，友善的教师应恰到好处地鼓励和支持幼儿。在与幼儿相处的过程中，教师要和幼儿建立友好的关系，要通过最佳的方式发挥自己的独特作用，要成为一个友善的指导者和支持者。如果教师能够与孩子们建立起高质量的友好关系，那么教师就更有可能与幼儿进行高质量的互动和交流，幼儿也会以更加积极乐观的态度来回应教师的建议和支持。在学与教的过程中，幼儿始终处于主体地位，他们是学习的主人，而专业的教师需要有充分的思考和准备。在陪伴幼儿进行户外学习的过程中，教师要充分发挥户外的独特优势，要和幼儿保持"同频"，要积极地协助幼儿，而不是随意地打扰幼儿，要在持续观察和充分了解的基础上，在恰当的时候给幼儿提出一些建议、提供一些帮助，这些来自教师的支持应当是最低限度和最为必要的，这将有助于幼儿充分感受到自己的能力和独立性，让他们意识到自己是学习和行动的主人，从而学会更好地应对各种变化并调整自己的行为。

3. 教师可以创设有挑战性的活动环境，来激励幼儿积极参与各种户外学习活动。在幼儿园里，教师可以发现并提供更多的自然和活动资源，使幼儿每天都可以在幼儿园里接触到各种各样的生物。教师可以为幼儿提供各种适宜的工具，鼓励他们自己去探索和发现。教师可以让幼儿在草地上玩耍、游戏，充分感受草地的味道，感受大自然的气息。教师还可以鼓励幼儿在户外进行写生，画下自己见到的一幅幅生动的自然美景。在自然角中，教师可以让幼儿自己去浇水，去观察植物的生长状况。教师还可以和幼儿共建不同类型的种植园地，让幼儿自己去播种，自己培育新的生命，感受大自然带来的神奇魅力。教师还可以积极开发和拓展幼儿园的户外空间资源，让户外活动的类型和功能多样化、多元化，吸引幼儿持续地关注和参与。幼儿园可以有多种利用大自然的途径，包括开辟户外活动场地、饲养区、种植园地、班级自然角等。以种植为例，教师可以引导幼儿进行播种、浇水、观察记录、捉虫、除草、收获等活动，在这个过程中探索植物的生长变化过程，感知生命体的多样化、差异性与相互之间的关联，同时提升幼儿的身体机能，增进幼儿团队合作、解决冲突、生活自理和执行计划等方面的能力。

此外，在幼儿户外学习的过程中，教师要全面、认真地做好幼儿的安全保护工作。在活动过程中，教师要时刻关注幼儿，根据幼儿的需要做好相应的安全指导与教育。应充分考虑幼儿的身心发展特征与个体差异，注意运动中的安全与卫生。在开展体育活动时，要特别强调活动的安全性，在活动前，幼儿要有充足的时间开展准备活动，在活动后也要有较长时间的放松活动，谨防幼儿在户外运动中受伤。幼儿园也要认真做好户外场地和大型器材的安全检查工作，还要做好相关事件的紧急处理和应急药品方面的准备。

总之，户外学习在支持幼儿健康全面发展方面具有独特的价值和作用。教师应当更加重视幼儿户外学习的价值，要充分利用好周边的自然资源，不断优化户外活动环境，并发挥好自身的示范和引领作用，以多种方式支持幼儿在户外背景下更加全面和生动地发展和成长。

### 教师反馈

◎ 陈鹤琴先生指出，大自然、大社会是知识的主要源泉。教师应善于发现和有效选择、利用当地特有的自然环境资源，调整教育教学内容和策略，扩展幼儿的生活和学习空间。教师可充分利用饭后散步等时间，带幼儿在幼儿园的小树林里散步、游戏，让幼儿与花草树木交流，与蝴蝶、蜜蜂一起游戏，让幼儿投入大自然的怀抱，与大自然亲密接触，从而丰富幼儿的审美经验，提高他们的审美能力。

◎ 我们要鼓励幼儿自己去大自然中不断积累经验，不断提升自己。老师们可以和幼儿在大自然中愉快地玩耍，感受田野的宽阔，了解植物的生长，欣赏美丽的风光，呼吸新鲜的空气。在户外，幼儿可以释放天性，尽情感受大自然的美妙。幼儿就像一只只不愿归巢的小鸟，而吸引他们流连忘返的正是自由、开放、充满野趣的户外活动。在这里，围着大树一圈又一圈地奔跑是那么酣畅淋漓，小组之间的体育竞赛是那么的激动人心，在阳光下屏息静观蚂蚁搬家又是那么的小心翼翼。在一个个或动或静的户外活动中，孩子们放飞的是心灵，收获的是成长。

## 34. 幼儿园教育的适宜性

幼儿园要不断增强课程的适宜性。教师应把握幼儿园课程的基本方向，把握课程建构的基本原则，不断提升自身素养，密切关注生活与课程的联系，关注儿童生活的整体性，同时，要将家园共育作为增强课程适宜性的一条重要途径。

### 自我评估

1. 幼儿园教师要因地制宜、实事求是地思考问题，不断增强幼儿园课程的适宜性。（  ）

2.《幼儿园教育指导纲要（试行）》指出，要贴近幼儿的生活来选择幼儿感兴趣的事物和问题。在幼儿日常教育活动开展的过程中，教师要具备敏锐的课程意识，保护幼儿的好奇心，激发幼儿的探究兴趣，促进幼儿全面和谐发展。（  ）

### 参考要点

1. 幼儿园教师要因地制宜、实事求是地思考问题，不断增强幼儿园课程的适宜性。（ √ ）

2.《幼儿园教育指导纲要（试行）》指出，要贴近幼儿的生活来选择幼儿感兴趣的事物和问题。在幼儿日常教育活动开展的过程中，教师要具备敏锐的课程意识，保护幼儿的好奇心，激发幼儿的探究兴趣，促进幼儿全面和谐发展。（ √ ）

### 分析与思考

#### 一、儿童的生活是一个整体，教师要关注儿童生活的整体性

完整的生活才能孕育出完整的生命，才会有完整的教育。

杜威指出，儿童的生活是一个整体、一个总体。儿童敏捷、欣然地从一个主题到另一个主题，正如从一个场所到另一个场所一样，但是他没意识到转变和中断，既没有意识到什么割裂，更没有意识到什么区分。儿童所关心的事物，由于他的生活所带来的个人的和社会的兴趣的统一性，是结合在一起的。凡是在他的心目中最突出的东西就暂时对他构成整个的宇宙。那个宇宙是变化的和流动的，它的内容以惊人的速度在消失和重新组合。但是，归根结底，它是儿童自己的世界。它具有儿童自己的生活的统一性和完整性。[①] 杜威的这一思想至今还是我们应该遵循的重要原

---

① ［美］约翰·杜威. 学校与社会·明日之学校［M］. 赵祥麟，任钟印，吴志宏，译. 北京：人民教育出版社，2005：112.

则。只有真正关注儿童生活的整体性和完整性，幼儿生命才能得到真正的伸展。

## 二、教师要不断提升幼儿园课程的适宜性

幼儿园课程的适宜性问题是大家关注的一个问题。事实上，教师与其去追求和模仿"最好的"课程，倒不如去探索建构最适合本园、本班幼儿的课程。

1. 把握幼儿园课程的基本方向。幼儿园课程是整个基础教育课程的重要组成部分，我们应该在整个基础教育的背景下，遵循幼儿园课程的特点和规律，形成有自身特色的课程体系。国家督学成尚荣指出，幼儿园课程最重要的性质定位就是根基性。朱家雄等学者提出，不能忽视教育为国家服务、为民族服务的根基性特点。孙立明则提出，在关注幼儿园课程的适宜性的过程中也要关注课程的社会适宜性[①]。

2. 把握课程建构的基本原则。一般来说，幼儿园课程在构建内容时需要把握四个原则，即目的性原则、适宜性原则、生活化原则、兴趣性原则。这样教师才会在落实教育目标和梳理教育内容时有较为明确的方向和考量。

3. 不断提升教师的专业素养。教师要成为幼儿学习活动的支持者、合作者、引导者，就必须在许多关键问题上有自己的认识与理解，要形成适宜的儿童观和教育观，要不断丰富与增长自身的专业知识和能力。在一些问题上，教师要有自己的专业理解，要在支持幼儿成长方面起到重要而独特的作用。

4. 教师要不断提升幼儿园课程的适宜性。只有因地制宜、实事求是地思考问题，才能让幼儿园课程具有活力和生机。幼儿园教师要充分考虑自己所处地区的特点、所在幼儿园的特点，分析自身的优势和局限，形成适宜的儿童观和教育观，充分做好家园合作，利用系统思维，对课程进行最有效率的调整，按照自己的节奏去行动，不断提升幼儿园课程的适宜性，这样才会真正促进幼儿发展，提高自身的专业水平，同时促进幼儿园的整体进步与发展。

5. 要关注生活与课程的联系。著名教育家杜威提出了"教育即生活"的理论，在他看来，最好的教育就是"从生活中学习"。教育就是给儿童提供保证生长或充分生活的条件。幼儿的教育是离不开生活的，幼儿园课程从某种程度上说就是一种生活教育，就是一种养成教育。在教育目标的确定、教育内容的选择、教育途经的选择上，我们都需要充分关注幼儿的生活。

6. 通过家园共育不断增强幼儿园课程的适宜性。做好家园共育是幼儿园工作中

---

① 孙立明. 幼儿园课程的适宜性 [J]. 华夏教师，2013（12）.

的主要内容之一。《幼儿园教育指导纲要（试行）》指出："家庭是幼儿园重要的合作伙伴。应本着尊重、平等、合作的原则，争取家长的理解、支持和主动参与，并积极支持、帮助家长提高教育能力。"只有做好了家园合作，幼儿园与家长形成了教育合力，才能真正把工作落在实处，才能有效增强幼儿园课程的适宜性。

### 教师反馈

◎ 适宜的才是最好的。幼儿园的课程需要不断增强适宜性。教师要不断审视自己的优势，发挥自己的长处，在不断扩大自身优势的过程中积累信心。教师也要在一日活动中寻找教育的契机，要善于观察和发现；要采用有效的策略帮助幼儿养成良好的行为习惯；要促进幼儿与同伴之间和谐共进；要帮助幼儿疏解消极的情绪情感，获得积极的情感体验……只有这样，才能不断增强幼儿园课程的适宜性，不断提升幼儿园课程的活力。

# 35. 开展好礼貌教育

我国自古以来就享有"礼仪之邦"的美称。优良的礼仪规范是中华民族宝贵的精神财富。幼儿阶段是一个人良好行为习惯的最佳养成期，礼仪教育、品格教育会影响一个人的一生。教师和家长在礼貌教育方面要成为幼儿学习和模仿的榜样。教师要和家长密切配合，采用各种方法有效地开展好幼儿的礼貌教育。

### 自我评估

1. 幼儿园应重视幼儿的礼貌教育，教师应成为幼儿学习、模仿的榜样。（  ）
2. 幼儿时期养成良好的礼仪习惯将影响一个人的一生。（  ）

### 参考要点

1. 幼儿园应重视幼儿的礼貌教育，教师应成为幼儿学习、模仿的榜样。（ √ ）
2. 幼儿时期养成良好的礼仪习惯将影响一个人的一生。（ √ ）

## 分析与思考

### 一、重视幼儿的礼貌教育

幼儿阶段是一个人良好行为习惯的最佳养成期，礼仪教育、品格教育会影响一个人的一生。礼貌教育是社会性的重要方面，在幼儿时期养成良好的礼仪习惯将影响一个人的一生。一般来说，礼貌是指人们在与他人交往和交际的过程中所应当具有的品行和礼仪，是社会文明的一种表现。开展好礼貌教育，一方面有利于培养幼儿的人际交往能力，另一方面也有利于培养幼儿的社会适应能力，帮助幼儿适应社会环境，并与他人形成良好的人际关系。

在谈到幼儿的发展目标时，《3—6岁儿童学习与发展指南》中明确提出，4—5岁的幼儿要做到"会用礼貌的方式向长辈表达自己的要求和想法"[1]，而5—6岁幼儿要做到"能有礼貌地与人交往"[2]。《幼儿园教育指导纲要（试行）》中也有不少关于礼貌方面的要求。我们要认真研读这些政策文件，深刻领会其精神，充分重视幼儿的礼貌教育。

### 二、教师和家长要成为儿童的示范和榜样

在礼貌教育方面，幼儿需要有学习和模仿的榜样。洛克曾指出，"所谓礼貌，儿童们往往弄不清楚，而聪明的女仆和女导师又往往有许许多多的好意去告诫他们，我觉得学习的方法与其依从规则，不如根据榜样。"[3]

《3—6岁儿童学习与发展指南》中提出："成人注意语言文明，为幼儿做出表率。如：与他人交谈时，认真倾听，使用礼貌用语。在公共场合不大声说话，不说脏话、粗话。幼儿表达意见时，成人可蹲下来，眼睛平视幼儿，耐心听他把话说完。"[4]

### 三、开展好礼貌教育的方法与策略

1. 帮助幼儿学会使用礼貌用语，知道基本的礼仪。引导幼儿交流讨论，让幼儿

---

[1] 李季湄，冯晓霞.《3—6岁儿童学习与发展指南》解读［M］. 北京：人民教育出版社，2013：310.
[2] 李季湄，冯晓霞.《3—6岁儿童学习与发展指南》解读［M］. 北京：人民教育出版社，2013：310.
[3] ［英］约翰·洛克. 教育漫话［M］. 傅任敢，译. 北京：教育科学出版社，2014：37.
[4] 李季湄，冯晓霞.《3—6岁儿童学习与发展指南》解读［M］. 北京：人民教育出版社，2013：302.

总结生活中的礼貌用语,如"你好、请、谢谢"等。让幼儿通过观察等方式知道应该如何与别人打招呼,知道对不同的人应该用不同的、适宜的称谓。

2. 让幼儿学会关心,让礼貌发自内心,通过教师和家长亲身示范,使幼儿愿意成为有礼貌和受欢迎的人。关心是人类的一种重要的品质,也是幼儿发展的目标之一。著名教育家内尔·诺丁斯就主张教育应该培养有能力、关心人、爱人也值得别人爱的人①。她指出:"被关心几乎是普通的人类愿望。当然并非每一个人都愿意被拥抱或者过分注意。但是肯定每一个人都希望被他人接受,每一个人都在以各种方式表达这一内在的需要或者愿望。"② 人是有天性的,人类社会中存在着一些根深蒂固的人性的特征,而关心正是人性中的一点。德国哲学家马丁·海德格尔(Martin Heidegger,1962)将"关心"描述为人类的一种存在形式。他在很广泛的意义上运用这一概念。他认为,关心既是人对其他生命所表现的同情态度,也是人在做任何事情时严肃的考虑。关心是最深刻的渴望,关心是一瞬间的怜悯,关心是人世间所有的担心、忧患和苦痛。我们每时每刻都生活在关心之中,它是生命最真实的存在③。因此,我们需要从哲学层面上来深刻理解"关心"这一概念。正是基于关心,人们的行为才会表现出礼貌,人们才能感受到彼此尊重和相互之间有礼貌所带来的益处和价值。在这个过程中,教师和家长要自身先认同"关心很重要"和"礼貌很重要"这一价值判断,并在生活中亲身示范,然后才有可能与幼儿开展这方面的交流和讨论。通过深入而持续的交流和讨论,幼儿会日渐明白,学会关心、懂得礼貌就能够让自己成为一个受他人欢迎的社会人。

3. 营造良好的氛围,让幼儿感受到温暖和亲切,体会到有礼貌的益处。在接纳和有归属感的环境中,幼儿会更多地表现出积极的亲社会行为,会乐意为他人提供帮助。教师和家长也要更加深刻地认识和理解"生活即教育""在生活中处处都是教育的时机",注意把礼貌教育渗透进幼儿园一日生活的各个环节和家庭生活的各个方面。

---

① [美] 内尔·诺丁斯. 学会关心:教育的另一种模式 [M]. 3版. 于天龙,译. 北京:教育科学出版社,2014:序(ix).
② [美] 内尔·诺丁斯. 学会关心:教育的另一种模式 [M]. 3版. 于天龙,译. 北京:教育科学出版社,2014:35.
③ [美] 内尔·诺丁斯. 学会关心:教育的另一种模式 [M]. 3版. 于天龙,译. 北京:教育科学出版社,2014:33.

### 教师反馈

◎ 礼貌教育有利于幼儿社会性的发展,在幼儿时期养成良好的礼仪习惯将影响一个人的一生。无论是老师还是家长,都希望孩子文明有礼,然而礼貌不只是简单、机械的点头问好,更重要的是时时处处都能主动使用礼貌用语,有礼貌的行为和礼貌的体态,并且知道为什么要有礼貌,为什么要关心别人。教师要通过家园合作,和家长一起,为幼儿营造一个温馨、有爱的氛围,用自己的行动作为榜样,鼓励幼儿清晨向老师问早问好,游戏中和同伴友好相处,轻拿轻放玩具,不在公共场合喧哗,不向爸爸妈妈随意乱发脾气,会关心父母,乐意做家务,举止文明,做一个受欢迎的小朋友。让我们一起把爱存于心底,让礼貌渗透进一日生活的点点滴滴。

## 36. 支持幼儿成为主动的学习者

儿童是天生的主动学习者。每个孩子都对外部世界充满了好奇,他们乐意去探究自己感兴趣的事情,他们喜欢受表扬,他们非常要好,他们信任老师,他们相信自己的力量。教师要用多种方式支持幼儿成为主动学习者。教师要真正地尊重幼儿,倾听他们的观点和想法,捕捉他们的兴趣点,和幼儿共同创设适宜的环境,让幼儿在亲身经历中学习,成为积极主动的学习者。

### 自我评估

1. 教师应尊重幼儿,寻找到幼儿的兴趣点,和幼儿共同创设适宜的环境,支持幼儿成为主动的学习者。                                    (     )

2. 儿童对外部世界充满了好奇,是天生的主动学习者。              (     )

### 参考要点

1. 教师应尊重幼儿,寻找到幼儿的兴趣点,和幼儿共同创设适宜的环境,支持幼儿成为主动的学习者。                                    ( ✓ )

2. 儿童对外部世界充满了好奇,是天生的主动学习者。              ( ✓ )

## 分析与思考

### 一、幼儿天生就是主动的学习者

儿童是天生的主动学习者。每个孩子都对外部世界充满了好奇，他们乐意去探究自己感兴趣的事情，他们喜欢受表扬，他们非常要好，他们信任老师，他们相信自己的力量。因此，教师有必要以各种方式继续发展幼儿的这种主动性，给他们以坚定的支持，让他们积累成功的体验，在经历中磨炼意志，在交往中体验关心，在遵守规则的过程中体验秩序，在探索学习方法的过程中发展思维力，不断发展与保持自信，成为更加积极主动的学习者。

### 二、教师要用多种方式支持幼儿成为主动学习者

1. 尊重幼儿的人格和权利，积极地鼓励幼儿。教师要尊重幼儿，真正地理解幼儿，要知道每个人都有自己的独特优势；要呵护幼儿的自尊心，积极、正面地引导幼儿，给他们提供平等的机会，尊重幼儿的发展规律。

2. 倾听幼儿，寻找到幼儿的兴趣点。儿童还不习惯作为计划者、决定者和领导者的角色，因为他们是儿童，所以由成人替他们做决定是很自然的而且经常是很必要的，尤其是在关于健康和安全的基本问题方面①。在这种情况下，教师更要倾听幼儿的观点和想法，关注幼儿的言行举止，捕捉到他们的兴趣点。教师可以从幼儿的兴趣出发，设计、实施适合幼儿的课程及活动。

3. 师幼互动，共创适宜的学习环境。教师要创设出有准备的环境，为幼儿提供多元的选择，和幼儿一起不断丰富幼儿园的环境，营造良好的学习氛围，把握学习契机，积极回应幼儿，让幼儿拥有展现自己的空间和机会。有专家提出，教师要积极地参与到幼儿的活动中去，不断回应幼儿发起的活动。他们认为，有时候成人介入儿童的小组中开展工作，有时候只是在旁边观察，所以成人有许多角色。其中最重要的就是倾听、观察和理解儿童在学习情境中所使用的策略。对于我们来说，教师的一个角色就是"时机的分配者"。一个重要的原则是，让儿童感觉到教师不是一个评判者，而是可以根据儿童的一个手势、一个词语就理解其需求并且提供相应回应的人。根据维果斯基理论，如果儿童已经从点 a 到达点 b，并且非常接近点 c，但

---

① ［美］爱泼斯坦. 学前教育中的主动学习精要［M］. 霍力岩，等译. 北京：教育科学出版社，2011：171.

在某些特别的关键时刻，他需要借助某种帮助才能够到达点 c。我们清晰地感觉到，作为教师必须参与到儿童的探索进程中去，一方面，教师要思考如何去组织和推进活动的发展，另一方面，教师必须成为儿童活动的合作伙伴。我们对儿童的期待应该是灵活多样的，我们应该能够像儿童那样经常去享受惊叹和喜悦。我们要能够接住儿童抛给我们的球，然后再用一种合适的方式抛还给儿童，使儿童和我们的游戏继续下去，深入发展，也许我们要做的其他事情也是如此[①]。

教育家苏霍姆林斯基提出，让幼儿拥有更多的可以自由支配的时间，也会让他们的个性获得更好的发展。他认为，拥有可以自由支配的时间，是个性发展的一个重要条件。孩子的素质和天资只有当他每天都有时间从事自行选择的喜爱的劳动时才能得到发挥。因此，我们认为给学生提供空余时间就是创造宝贵财富。这里也包括这样一点，即把……增加空余时间也视为改进课堂教学过程的目的之一。我们给自己的教育工作定了这样一条常规：学生应当拥有同花费在学校课堂上一样多的空闲时间。这在学龄晚期尤为重要[②]。因此，我们在环境创设的过程中，要尽可能多地让幼儿有一些闲暇时光可以自由支配，这样做，有利于幼儿个性的发展，有利于把幼儿培养成主动的有个性的学习者。

4. 让幼儿在亲身经历中学习。为幼儿提供直接体验的机会，鼓励幼儿积累实践经验，让他们在亲身经历之后谈自己的体会，让他们在做中学，在做中求进步。

5. 发展幼儿的思维，提高幼儿的规划和设计意识，与幼儿共同总结出良好学习方法。在活动之前，可以让幼儿提出自己的设想；在活动中，有意识地让幼儿留下探索的痕迹；在活动之后，让幼儿自己去总结。这样一来，便能让幼儿不断摸索、总结出自己的学习方法，不断促进他们发展逻辑思维。

6. 让幼儿在小团体中学习。在小团体中，幼儿的学习效果会更好，幼儿彼此之间会相互启发，相互激励。幼儿不仅可以提高学习效率，还可以发展社会交往能力，发展合作互惠能力。

### 教师反馈

◎ 儿童就是天生的主动学习者。他们有很多自己的想法，也有很强的创造

---

① [美] 卡洛琳·爱德华兹，莱拉·甘第尼，乔治·福尔曼. 儿童的一百种语言：转型时期的瑞吉欧·艾米利亚经验 [M]. 3版. 尹坚勤，王坚红，沈尹婧，译. 南京：南京师范大学出版社，2014：155.

② [苏] B. A. 苏霍姆林斯基. 帕夫雷什中学 [M]. 赵玮，等译. 北京：教育科学出版社，1983：14.

力，教师应该蹲下身来主动倾听他们的想法，尊重他们的创造。因此，在平日的游戏活动中，教师应创造更为轻松、自由的氛围，提供以低结构材料为主的资源，鼓励幼儿大胆设计、自由探索，并用自己喜欢的方式（绘画、剪贴等）将自己的设计与探索过程记录下来，与大家分享，让幼儿用自己的方式彰显自己主动学习者的风采。

# 37. 成为有准备的幼儿教师

教师应持续更新观念，提高素养，让自己成为一名有准备的教师。准备工作在幼儿园教育中有着重要的价值。从某种角度上说，准备工作比过程更加重要。"准备"意味着唤醒和等待。要努力成为一名有准备的幼儿教师。在组织实施各类教育教学活动之前，教师要做好准备工作。

### 自我评估

1. 教育教学准备既包括物质准备，也包括_____准备。
2. 对幼儿教师而言，教育教学前的准备是非常重要的。　　　（　　）

### 参考要点

1. 教育教学准备既包括物质准备，也包括__经验__准备。
2. 对幼儿教师而言，教育教学前的准备是非常重要的。　　　（　√　）

### 分析与思考

在学前教育高质量发展的背景下，人们越来越重视教师在支持儿童健康全面发展过程中所起的独特作用。教师应如何更新观念、提高素养，让自己更好地成为一名有准备的教师呢？[①]

---

[①] 毛曙阳. 成为有准备的教师 [J]. 早期教育，2023（11）：20-23.

## 一、教师应在爱岗敬业方面有充分的准备

1. 热爱专业，具有坚定的教育理想和信念。教师要充分理解学前教育所具有的重要价值，认识到教师在儿童健康发展中的重要作用，要热爱自己所选择的事业和专业，爱岗敬业，具有坚定的教育信念。《幼儿园教师专业标准（试行）》明确指出，幼儿园教师应当"热爱学前教育事业，具有职业理想，践行社会主义核心价值体系，履行教师职业道德规范，依法执教。关爱幼儿，尊重幼儿人格，富有爱心、责任心、耐心和细心；为人师表，教书育人，自尊自律，做幼儿健康成长的启蒙者和引路人"，幼儿园要"注重教师职业理想与职业道德教育，增强教师育人的责任感和使命感"①。《幼儿园保育教育质量评估指南》也明确提出，幼儿园的教职工应当有坚定的政治信仰，能够按照"四有"好教师的标准履行幼儿园教师职业道德规范，爱岗敬业，关爱幼儿，严格自律。因此，教师应当充分认识到自己所肩负的重要职责，增强使命感和责任感，提高法规意识，不断坚定教育的理想和信念。

2. 立德树人，促进儿童健康全面发展。教师要深入学习，要坚持教育为社会主义现代化建设服务、为人民服务，要把立德树人作为教育的根本任务。《评估指南》强调，要"全面贯彻党的教育方针，落实立德树人根本任务，坚持保育教育结合，将培育和践行社会主义核心价值观融入保育教育全过程，注重从小做起、从点滴做起，为培养德智体美劳全面发展的社会主义建设者和接班人奠基"。学前教育工作者要清醒地认识到，教育的根本在于立德树人，要不断提高自身的专业素养和专业能力，提高保教本领，支持儿童形成良好的行为习惯，促进儿童获得健康全面的发展。

## 二、教师应在树立和践行科学保教观方面有充分的准备

1. 逻辑先行，全面规划儿童的发展。教师应当不断提高自身系统思维和逻辑思考的水平，在整体规划和系统构建方面要有充分的准备，支持儿童获得可持续的发展。这里需要强调两点，第一，教师要有逻辑先行的意识，要系统全面地规划日常工作。在分析和解决问题时，教师应更多地思考问题产生的背景、问题的由来、解决问题的要点、行动的步骤和自身的收获，要能够围绕真问题提出切实有效的办法和策略。第二，教师应结合实际情况，围绕儿童的培养目标等关键问题进行深入思

---

① 中华人民共和国教育部. 幼儿园教师专业标准（试行）[EB/OL]. (2012-09-13)[2023-04-24] http://www.moe.gov.cn/srcsite/A10/s6991/201209/t20120913_145603.html.

考。通常，我们会从德智体美劳全面发展的角度来思考幼儿培养目标，也可以从能力发展和习惯养成等角度来思考幼儿培养目标。《幼儿园工作规程》提出，幼儿园的任务是"贯彻国家的教育方针，按照保育与教育相结合的原则，遵循幼儿身心发展特点和规律，实施德、智、体、美等方面全面发展的教育，促进幼儿身心和谐发展"。在实际工作中，教师应根据国家的整体要求，从儿童的年龄特点出发，结合实际情况，对幼儿培养目标进行深入思考，这将有助于更好地落实目标，促进儿童健康全面发展。

2. 相信儿童，支持儿童充分展现自身的才能。儿童是积极主动和有能力的学习者。教师应通过多种方式支持儿童充分发挥、全面展现自己的才能。儿童有着巨大的发展潜力，在 3—6 岁阶段，他们的发展和变化尤为明显，会不断释放潜能，展现出新的能力，给人们带来惊喜。在这一过程中，教师积极的陪伴和支持将有利于儿童更加充分地展现和发展自身潜能。

儿童的潜在能力体现在多个方面，这里我们重点关注以下三个潜能。

第一，儿童具有适应环境和创新学习的潜能。博尔诺夫指出："人原则上始终是需要教育的，因为人在整个一生中始终在向更新的阶段发展，而在这些阶段中又始终在产生新的学习任务。"[①] 可见，人类的显著特点是具有创造性，不断地自我更新和发展自身能力是人类的一种基本生存方式。儿童有着强烈的学习欲望和发展自身能力的渴望，对世界充满了好奇，乐意进行各种尝试和探究，儿童自身的未成熟性和依赖性让他们具有高度的可塑性。相对于其他高等动物，人类的学习更复杂，更具有可迁移性。杜威指出，"人类学习一种动作，能够发展许多方法，应用到其他情境，从而开辟继续前进的可能性。更重要的是，人类养成学习的习惯，他学会怎样学习。"[②] 在杜威看来，儿童不是以毫无能力和毫无准备的方式来到学校中的，在接受教育之前，他们已经拥有了大量的本能，拥有了许多不教自会的能力。杜威认为儿童有四个基本的本能，即交流的本能、探究的本能、建造的本能和表现的本能。这些本能是"自然的资源，是未投入的资本，儿童的积极成长仰赖于对它们的运用"[③]。因此，教师要充分信任儿童，支持他们运用和发展自身的本能，支持他们充分地展示和表现。《3—6 岁儿童学习与发展指南》提出："幼儿的学习是以直接经验

---

① [德] 博尔诺夫. 教育人类学 [M]. 李其龙，等译. 上海：华东师范大学出版社，1999：38.
② [美] 杜威. 民主主义与教育 [M]. 王承绪，译. 北京：人民教育出版社，2001：53.
③ [美] 杜威. 学校与社会·明日之学校 [M]. 赵祥麟，任钟印，吴志宏，译. 北京：人民教育出版社，2005：47.

为基础,在游戏和日常生活中进行的。要珍视游戏和生活的独特价值,创设丰富的教育环境,合理安排一日生活,最大限度地支持和满足幼儿通过直接感知、实际操作和亲身体验获取经验的需要。"《评估指南》则强调教师要"充分尊重和保护幼儿的好奇心和探究兴趣,相信每一个幼儿都是积极主动、有能力的学习者"。确实,儿童是独特的和有能力的,有着强大的生存能力和适应能力,与生俱来的依赖性能让他们最大限度地获得来自成人的帮助和支持。实践证明,在与成人的交往过程中,儿童会表现出较高水平的觉察能力和应变能力,会通过精心模仿和积极回应等方式来积累经验,能够以最佳的节奏和方式来适应生活,融入社会。

第二,儿童具有发展兴趣和解决问题的潜能。每个人都有着自身的兴趣和倾向,都会面临各式各样的难题和挑战,儿童也不例外。在成长过程中,在好奇心和想象力的驱动之下,儿童会不断发展自身的兴趣,会以多种方式展现自身的兴趣和意愿,也会想办法去解决自己所面临的各种问题。丰富的幼儿园生活能够为儿童发展问题解决能力提供大量的机会和条件,教师要把握好时机,支持儿童积极地进行探索和尝试,让他们在生活和游戏中积累解决问题的策略,使儿童更充分地相信自身的价值和能力。

第三,儿童具有自我表现和自我表达的潜能。儿童喜欢表现和表达,期望获得充足的展示机会和更多的表现平台。在学习过程中,儿童会以持续建构和寻求平衡等方式来吸收新的知识,会通过自我表现和自我表达等方式巩固和深化自己的认识与理解,会在动手动脑的过程中拓展自身经验。当儿童期待成为烹饪高手时,他们就会在娃娃家的"炒菜"游戏中反复练习;当儿童感受到春天的美好时,他们就会借助画笔进行描绘和记录。儿童还会通过泥塑、身体动作和语言等多种方式展现自己对外部世界的认识和理解。通过大量的才能展现,通过丰富多样的表现和表达,儿童就能增强自信心,不断提升自己的能力和水平。在这一过程中,和儿童朝夕相处的教师发挥着显著的作用。如果教师能够充分信任儿童,能够把大量的解决问题的机会留给儿童,那么儿童就会感受到被信任,就能在活动与游戏过程中积累丰富的经验。因此,教师需要进一步探寻儿童的发展规律,充分地相信和理解儿童,要善于用积极的眼光来发现和肯定儿童的努力、进步和变化。

### 三、教师应在创设环境和共建和谐生活方面有充分的准备

1. 规划环境,为幼儿提供充足的空间、时间和材料。人们的行为很容易受到环境的影响,儿童更是容易受到环境的暗示。环境是重要的教育资源,教师应通过环

境的创设和利用,有效地促进幼儿的发展。在瑞吉欧教育体系中,环境被称为"第三位老师",发挥着重要的支持作用。环境对儿童有着深刻的影响作用,教师需要在创设更加适宜的教育环境方面有更多的思考和举措。第一,以儿童为本,让儿童成为环境的建设者和拥有者。儿童可以根据自己的想法和需要,主动地进行设计和建设,通过多种方式让自己所处的环境越变越好,越变越生动。第二,凸显环境的安全、整洁和合理布局。专家指出,"一个用于认知发展课程的教室需要一个宽敞的场所——一个供具有主动性的幼儿进行活动和置放大量的材料和设备的场所。"教师需要在空间设置、时间安排和物品提供等方面有充分的思考和规划,增强环境的规划感和秩序感,这将有利于一日活动的开展,有利于提高儿童的规划、整理和展示能力。第三,凸显环境的温馨舒适和亲切自然。环境中应具有浓郁的生活气息,能让儿童感受到被关爱和被信任,让儿童有归属感,能充分感受到班集体的温暖和活力。适宜、生动的教育环境可以最大程度地吸引儿童,让儿童在有趣的活动中积累经验并获得成长。

2. 欣赏儿童,合力共建共享和谐愉快的幼儿园生活。生活在儿童发展的过程中具有重要作用。儿童对世界充满好奇,他们热爱生活,会自觉地充实自己的生活,会用各种方法把自己的生活变得更加丰富和有趣。在杜威看来,教育是生活的过程,而不是将来生活的预备。马拉古奇指出,"我们把幼儿园看作一个完整的生命有机体,是一个成人与幼儿可以彼此建立关系和分享生活的地方"[①]。大量实践证明,一所好的幼儿园必然会重视生活的价值,必然会鼓励儿童在充满自然生机和人文关怀的生活环境之中充分地发展充实自我的能力。胡华提出,要构建具有回归自然、回归传统、回归生活、回归儿童鲜明特性的"生活化课程",她认为,"生活是人通过内化外部各种因素的影响而存在、发展并实现价值的能动的过程。……儿童的课程应该从生活中来,在生活中进行,并帮助儿童将经验应用到生活之中去。生活是教育的起点,亦是教育的归宿。教育应以人的生活为立足点,以人与世界关系的改善为指向,构建、整合向生活世界回归的教育体系"[②]。因此,教师需要以欣赏和肯定的态度对待儿童,要与儿童形成发展共同体,与儿童共建共享和谐愉快的幼儿园生活。

---

① [美]卡洛琳·爱德华兹,莱拉·甘弟尼,乔治·福尔曼. 儿童的一百种语言:转型时期的瑞吉欧·艾米利亚经验 [M]. 3版. 尹坚勤,王坚红,沈尹婧,译. 南京:南京师范大学出版社,2014:152.
② 胡华. 幼儿教师的教育哲学观:通向幸福的教育之道 [M]. 上海:复旦大学出版社,2022:66-67.

### 四、教师应在回应和支持儿童方面有充分的准备

1. 倾听儿童，以尊重的态度来理解儿童的想法。教师应当更加主动地倾听儿童，充分地表现出对儿童的尊重和理解。教师要以真诚的态度来倾听儿童，养成倾听的习惯，主动地靠近儿童，更加具体地了解儿童的各种想法，要精心观察和细心揣摩儿童的各种行为，深刻理解儿童极其丰富和生动的内心世界。这样儿童就敢于进一步表现和表达，就能够产生安全感和信任感，就能在表现和表达的过程中增添信心，养成良好的行为习惯。

2. 回应儿童，以正面引导的方式与儿童进行交流。教师应当积极地回应儿童，以多种方式与儿童进行积极交流。首先，教师要善于和儿童进行平等的交谈。在日常活动中，教师要耐心倾听儿童，以步步深入的方式与儿童进行交流，鼓励儿童大胆说出自己的想法。其次，教师要通过正面引导的方式来回应和支持儿童。教师要与儿童建立并保持密切友好的人际关系，充分肯定儿童的良好行为，支持儿童信心满满地进行各种探索、发现和创造。第三，在长时间观察、了解的基础上，教师可根据实际情况，通过多种方式来支持和协助儿童获得新的发展。教师的回应和支持应是多层次的，是恰到好处的，是最低限度的。

### 五、教师应在一日生活的各个环节中都做好充分的准备

1. "准备"意味着一种唤醒和等待。

从某种角度上说，准备比过程更加重要。在幼儿园教育中，教师尤其需要具有"准备意识"。可以说，整个儿童期都是人生的一种准备。有了好的准备，才可能有好的过程和结果；毫无准备，往往会造成仓促的过程，导致混乱的结果。幼儿园教师有了良好的准备意识，做了充分的准备工作，就可以更好地唤醒幼儿和等待幼儿，就能够较为顺利地把幼儿带入良好的发展状态中。因此，教师有必要不断增强准备意识。

2. 成为一名有准备的幼儿园教师。正如要把环境改造成"有准备的环境"一样，幼儿园教师也应成为一名"有准备的教师"。做一名有准备的教师有着深刻的含义。

第一，意味着教师的行动更加有目的。有了目的，行动就会更有方向感，教育教学的效果也自然会更好。专家指出，"有准备的"即行动有目的，在头脑里有一个目标并有实现这个目标的计划。有准备的行为需要经过仔细的思考，并且还要考虑到行为的潜在影响。由此，一个有准备的教师要清晰地界定儿童的学习目标，要选

择能帮助儿童达到目标的建设性教学策略,还要不断评估儿童学习与发展情况,并且根据评估结果来调整教学策略。不管是教师第一次尝试性地运用这个策略,还是教师基于经验积累习惯性地使用这一策略,也不管行为是计划之中的,还是在教学情境中儿童生发的,只要教师能解释自己为什么要这样做,那教师就是在实施有准备的教学[1]。有准备的教师会让自己的教育教学行为指向具体的目标,会更加有效地整合和组织教育教学的内容。

第二,意味着教师更加有设计意识。有准备的教师要认真地进行设计与思考,要全面地规划活动的流程,规划班级的环境;要考量活动方案,要分析活动的效益,权衡方案的优点和弊端,思考这一方案究竟能促进幼儿在哪些方面获得发展。

第三,意味着教师更加具有自身的风格特点。很多名、特、优教师的经验之一就是做好教学前的准备。有准备的教师会在设计中融入自己的思考,会考虑如何更好地了解儿童和支持儿童,会不断形成自己的教育风格与特点。

3. 在开展各类教育教学活动之前,教师要做好活动前的准备。活动准备是教学活动实施前教师和幼儿应做的事情。在教师的准备中,既有物质的准备,也有经验的准备。幼儿园的教育教学是为幼儿的健康成长服务的,教师要努力为每个幼儿的发展提供积极的支持和帮助,必须让幼儿在学习和生活中不断获得体验和感悟,不断在原有经验的基础上形成新经验。如果新的教学内容没有建立在幼儿原有经验的基础上,就会给幼儿的学习和理解造成困难和障碍,就会影响学习的效果[2]。作为教师,应了解幼儿的兴趣、需要和经验,充分搜集教育活动资源,挖掘适宜的教育内容,针对核心话题,丰富自身的知识储备。在活动开展之前,教师可通过调查、访谈、讨论以及家园合作等方法了解幼儿的兴趣和特点,并考虑其年龄特征,从本班幼儿的兴趣点出发,有针对性地进行引导和挖掘,层层深入开展教育教学活动。例如,某班计划开展种植活动,教师可以先与小朋友们展开关于"你想种什么"的讨论,可鼓励幼儿回到家中后与家长一起进行讨论。教师还要和幼儿一起准备工具,一起讨论活动需要注意的安全事项等。可想而知,这些准备活动是否充分,会直接影响到教育教学活动的质量。

总之,面对具有独特能力的儿童,面对不同的教育情境,为了让儿童健康全面地发展,为了真正做到"用专业守护童年",为了促进学前教育的高质量发展,教师

---

[1] [美]安·S. 爱泼斯坦. 有准备的教师——为幼儿学习选择最佳策略[M]. 李敏谊,张晨晖,郑艳,李雅静,等译. 北京:教育科学出版社,2012:007.

[2] 虞永平. 著名特级教师教学思想录[M]. 南京:江苏教育出版社. 2012:22.

需要持续更新观念，不断提升专业素养和能力，成为更加有信心和有准备的教师。

### 教师反馈

◎ 古人说：凡事预则立，不预则废。教师在教学前就应该做好充足的准备。教学前充分地理解课程，可以帮助教师更加睿智地回应幼儿的问题；充分了解儿童已有经验，可以让教师更加准确地把握教学中的重难点；同时，教师也应充分准备好各种操作材料，以激发和增强幼儿对活动的兴趣。

## 38. 教师在幼儿发展中的独特作用

幼儿教育是启蒙教育，幼儿园是儿童走进社会的第一站。人生最初的几年是幼儿道德观念和行为习惯形成的关键期。在这一时期，幼儿园教师发挥着特殊的影响作用。因此，教师要不断提升自身的专业水平和能力。

### 自我评估

1. 随着时代的进步，幼儿园教师需要不断提升自己的专业水平。（   ）
2. 儿童是活动的主体，因此教师在儿童发展中不起作用。（   ）

### 参考要点

1. 随着时代的进步，幼儿园教师需要不断提升自己的专业水平。（ √ ）
2. 儿童是活动的主体，因此教师在儿童发展中不起作用。（ × ）

### 分析与思考

一、教师在幼儿发展过程中发挥独特作用

1. 教师是孩子的照料者。幼儿由于年龄小，所以幼儿园教师的工作中有大量的照料幼儿生活的内容。通过生活上的照料和帮助，幼儿能够深刻地感受到来自成人的支持和关心，能够产生信任感。由于有了良好的人际关系，幼儿会保持积极乐观的情绪，也会乐意用自己的方式继续探索外部世界。

照料幼儿的过程可以让我们深刻地感受到来自教师的爱，这种朴素的情感支持着教师以温和、耐心来对待稚嫩的幼儿。夏丏尊先生在翻译《爱的教育》一书时，就以最朴素的语言表达出了这样一种情感，他说："我在四年前始得此书的日译本，记得曾流着泪三日夜读毕，就是后来在翻译或随便阅读时，还深深地感到刺激，不觉眼睛润湿。这不是悲哀的眼泪，乃是惭愧和感激的眼泪。除了人的资格以外，我在家中早已是二子二女的父亲，在教育界是执过十余年的教鞭的教师。平日为人为父为师的态度，读了这本书，好像丑女见了美人，自己难堪起来，不觉惭愧流泪。书中叙述亲子之爱，师生之情，朋友之谊，乡国之感，社会之同情，都已近于理想的世界，虽是幻影，使人读了觉到理想世界的情味，以为世间要如此才好。于是不觉就感激地流泪。"①

2. 教师是幼儿的陪伴者。幼儿园教师工作的一个特点是长时间地和幼儿在一起生活和学习，而幼儿又特别容易受到周围环境的影响，会不自觉地去模仿和学习他人，特别是易受亲近的人的影响。因此，幼儿园阶段的教育就更加具有潜移默化的特点。幼儿园教师会成为影响儿童发展的关键人物。这样一种陪伴会给幼儿带来鼓舞、生机和力量，正如专家所说："教学作为一种具有道德追求的事业，它关注的不是实然状态，而是为应然状态而教。教学像与孩子的母亲同行，携带大海的声音，探究爱的含义……这样的教学鼓舞大家，使大家能生机勃勃、富有成效地走到一起，当然也可能带着不满……教师传递的基本信息是：你能改变命运。无论是谁，不管在哪里，不管做过什么，教师都将给予你第二次机会、另一种轮回，会得到不同归宿。教师能设想多种可能性、开放性和选择性，指出可能性的道路，虽然对结局未知，但却召唤你改变人生的方向。"②

3. 教师是孩子的引导者。教师通过各种方式帮助幼儿养成良好的行为习惯，帮助幼儿拥有良好的道德观念和行为品质，帮助幼儿形成良好的性格。

4. 教师支持幼儿成为主动的学习者。教师会不断利用自己的专业特长，根据幼儿的年龄特点，因地制宜地开展教育，促进幼儿探索并形成良好的学习方法，发展他们的思维能力和实践能力。教师"应该持续扮演舞台和道具监督者的角色、教练、榜样、即兴艺术家。在儿童游戏时帮助他们学习。儿童只有通过教学和成人的支持

---

① [意]德·亚米契斯. 爱的教育[M]. 夏丏尊，译. 合肥：安徽教育出版社，2015：2.
② [美]德布·柯蒂斯，玛吉·卡特. 和儿童一起学习：促进反思性教学的课程框架[M]. 周欣，周晶，张亚杰，高黎亚，译. 北京：教育科学出版社，2011：289.

才能学到很多东西。维果斯基的'支架'和'最近发展区'理论,帮助我们看到成人在提升儿童学习中的重要作用。"①

### 二、不断提升教师的专业水平

教师要真正成为幼儿的支持者、引导者和合作者,就需要不断提升自己的专业水平。

通过学习维果斯基的"最近发展区"理论,我们会进一步深刻地意识到,正是由于有了教师的帮助和支持,儿童才会有新的发展契机。教师的"鹰架"作用让幼儿有了更大的发展空间。

我们看到,随着时代的进步,教师只有成为积极主动的学习者,才能不断更新自己的知识体系,不断扩展自己的视野,持续提升自己的专业水平,从而更好地支持幼儿的发展。

怎样才能成为一名受孩子、受家长和受社会欢迎的教师呢?斯霞老师就是这样一个榜样。她提出,"作为一名教师,不仅要掌握知识,更要有童心、母爱。与孩子打成一片,这叫有童心;要把学生当作自己的孩子一样看待,这就叫对学生的母爱。"教师们应当以斯霞老师作为自己的榜样。

### 教师反馈

◎ 在我的教育经历中,经常会听到这样的话:我们家的孩子就听老师的,老师的话就是"圣旨"……我想这足以说明教师在幼儿心目中的地位是独特而不可取代的。而作为教师,我们在"享受"这种"地位"的同时,不能忘记是谁赋予了我们这样的"地位",是孩子。因此,我们应珍惜孩子对我们毫无保留的信任、依赖,用真诚的爱和科学的方法支持儿童发展,陪伴儿童成长。

# 39. 班级中良好的人际关系

人际关系是指人与人在相互交往的过程中所形成的心理关系。拥有良好

---

① [美]德布·柯蒂斯,玛吉·卡特. 和儿童一起学习:促进反思性教学的课程框架[M]. 周欣,周晶,张亚杰,高黎亚,译. 北京:教育科学出版社,2011:22.

的人际关系，有利于生活幸福、心理健康和身体健康。班级良好的人际关系有利于幼儿社会性的发展。教师要努力让幼儿在安全和受尊重的环境中发展和学习。教师要和幼儿共同建构富有凝聚力和爱心的班集体。

### 自我评估

1. 班级良好的人际关系有利于幼儿社会性的发展。教师要努力让幼儿在安全和受尊重的环境中发展和学习。教师要和幼儿共同建构富有凝聚力和爱心的班集体。（　　）

2. 幼儿园教师的工作目标之一就是在班级中营造良好的人际关系，让孩子感受到自己在班级中是受欢迎的，从而产生归属感。（　　）

### 参考要点

1. 班级良好的人际关系有利于幼儿社会性的发展。教师要努力让幼儿在安全和受尊重的环境中发展和学习。教师要和幼儿共同建构富有凝聚力和爱心的班集体。（　√　）

2. 幼儿园教师的工作目标之一就是在班级中营造良好的人际关系，让孩子感受到自己在班级中是受欢迎的，从而产生归属感。（　√　）

### 分析与思考

#### 一、班级良好的人际关系有利于幼儿的社会性发展

人际关系是指人与人在相互交往的过程中所形成的心理关系。拥有良好的人际关系，有利于生活幸福、心理健康和身体健康。奥尔特曼认为良好的人际关系的建立和发展需要经历四个阶段[①]。一是定向阶段。包括对交往对象的注意、选择和初步沟通等心理活动。二是情感探索阶段。随着双方共同情感领域的发现，双方沟通的内容也越来越广泛，自我暴露的深度与广度逐渐增加。但此阶段人们的话题仍避免触及别人私密性的领域，自我暴露也不涉及自己基本的方面。三是感情交流阶段。人际关系发展到这个阶段，双方关系的性质开始出现实质性变化，此时人际关系中

---

① 杨宜音，张曙光. 社会心理学 [M]. 2版. 北京：首都经济贸易出版社，2015：194.

的安全感已经确立,谈话也开始广泛涉及自我的许多方面,就有较深的情感卷入。四是稳定交往阶段。人们心理上的相容性会进一步增加,自我暴露也更加广泛、深刻,可以允许对方进入自己高度私密性的个人领域,分享自己的生活空间和财产。建立良好的人际关系,需要遵守相互原则、交换原则、自我保护原则、平等原则、相容原则、信用原则、理解原则等。运用和掌握这些原则,是处理好人际关系的基本条件。

拥有良好的班级人际关系对幼儿社会性的发展有着积极作用。教师应努力营造良好的班级氛围,不断优化班级中的人际关系。有了高质量的人际关系,幼儿会更容易走向成功和幸福,因为这样的氛围会让他们感到安全,他们的积极行为会增加,今后在社会性、良好习惯等方面会获得更好的发展。同时,小年龄的幼儿尤其渴望获得教师和家长积极的情感回应,这种回应能够促进幼儿良好情绪和情感的发展,为幼儿以后的社会性发展奠定良好的基础[1]。

## 二、努力让幼儿在安全和受尊重的环境中发展和学习

幼儿教育专家提出,教师要努力和每一个幼儿都建立起信任关系。他们认为,教师和每个幼儿建立良好关系,以及教师欣赏每个幼儿独特的能力,都传达出教师对幼儿的尊重和关怀。有了这种稳固的关系,幼儿就会为学习做好充分的心理准备。如同马拉古奇所说,"我们和幼儿相处的方式,会影响到幼儿的学习动机以及幼儿想要学些什么。"[2] 那么幼儿在什么样的环境下学习效果最好呢?专家们的答案是:幼儿在安全和受尊重的团体环境中发展和学习的效果最好,在这个环境中,他们的物质需要得到满足,并且感到心理安全[3]。因此,我们要让幼儿生活在这样一种环境中,让幼儿经常感受到鼓舞和支持,让幼儿充分发展起亲社会行为,与他人建立起良好的人际关系,从而为幼儿的学习与发展创设优良的心理环境。

## 三、教师要和幼儿共同建构富有凝聚力和爱心的班集体

1. 尊重幼儿。充分的尊重、信任与肯定可以最大限度地激发幼儿自身的潜力,发展他们的自尊心和自信心。

---

[1] 毛曙阳. 优化幼儿园班级环境的若干策略 [J]. 幼儿教育,2016 (31).
[2] [美] 黛安·翠斯特·道治,劳拉·柯克,凯特·海洛曼. 幼儿园创造性课程(上)[M]. 吕素美,译. 南京:南京师范大学出版社,2006:114-115.
[3] 姜勇. 国外学前教育学基本文献讲读 [M]. 北京:北京大学出版社,2013:238.

2. 给予幼儿公平的参与机会。在公平参与的机制下,幼儿可以获得充足的展现自我的机会,也会试着去倾听别人和控制自己的情绪。

3. 教师和父母应成为幼儿的榜样。儿童从成人的言行中学会尊重他人,与人友好相处。

4. 促进儿童良好性格的发展。教师应有意识地培养幼儿热情开朗、勇敢自信的性格品质,使他们为与同伴交往奠定良好的性格基础[①]。教师要注意培养幼儿的服务意识并鼓励幼儿的利他行为。

5. 营造良好的班级氛围。教师要引导幼儿相互关心,充分理解他人,换位思考,并承担起自己的职责。在宽松自在又有内在要求的环境中,幼儿会友好地与同伴进行交往,从而不断优化班级中的人际关系。

### 教师反馈

◎ 教师要积极营造一种安全的、使幼儿感到被尊重的团体环境,教师要充分尊重幼儿的意愿和想法,形成良好的师幼关系。如果教师尊重幼儿,幼儿也会愿意对教师敞开心扉。此外,班级中每个孩子都有差异性,面对性格、家庭背景等均不同的幼儿,教师更要因材施教,应更关注那些相对来说处于弱势的孩子,给予他们方方面面的关怀与帮助。在幼儿园一日生活中,教师要营造良好的班级氛围,以身作则,让孩子感受到良好的人际关系无处不在,让他们每天都在亲切、友好、合作、理解的环境中快乐成长!

---

① 张明红. 学前儿童社会教育[M]. 上海:华东师范大学出版社,2008:61.

# 家园共育篇

# 40. 重视幼儿的家庭教育

家庭教育是一个复杂的系统工程。家庭教育不仅关乎每个孩子的幸福，也关乎每个家庭的幸福。家庭教育指的是家庭中的父母及其成年人对未成年孩子进行教育的过程。父母对孩子既要关爱，又要有要求，应注重培养他们良好的品行习惯。家庭氛围要和谐，父母要有一定的威信；家庭的教育态度要一致。在家庭教育中，父母要尊重孩子的主动性，让孩子自己去经历，自己去做事。

### 自我评估

1. 父母要关爱幼儿，但不能溺爱幼儿。（  ）
2. 现在家庭中强调民主，因此家长不需要有权威。（  ）

### 参考要点

1. 父母要关爱幼儿，但不能溺爱幼儿。（ √ ）
2. 现在家庭中强调民主，因此家长不需要有权威。（ × ）

### 分析与思考

**一、家庭是孩子成长的第一环境，也是终生的学校**

家庭教育不仅关乎每个孩子的幸福，也关乎每个家庭的幸福。家庭教育是整个教育的起点。"齐家"是"修身""治国""平天下"的基础与归宿。将儿童培养成为一个诚意正心、终身幸福、全面自由发展的人，是家庭教育、学校教育和社会教育的根本出发点和归宿。[1] 一般来说，家庭教育指的是家庭中的父母及其成年人对未成年孩子进行教育的过程。家庭教育的目标是让孩子进入社会接受集体教育之前保

---

[1] 缪建东. 家庭教育［M］. 北京：北京师范大学出版社，2015：3.

证孩子身心健康地发展。家庭教育的重点以品德教育为主，应关注孩子良好道德品质的形成和良好行为习惯的养成。

家庭教育要有长远的考虑。父母教育儿童的目的之一就是要让孩子获得完整的和长远的幸福，要让孩子有一个幸福的家庭生活。哲学家说，幸福不仅是结果，幸福更是过程，幸福就是人们在追求幸福的过程中所经历的一切。幸福应该是完整的、全面的和长远的。在家庭生活中，我们不仅要让孩子拥有幸福，也应该让父母们获得幸福。孩子们不仅要有一个快乐幸福的童年，也要拥有一个幸福快乐的成年。

王修文提出，幸福的家庭一定是充满爱的家庭。在这样的家庭中成长，孩子被爱浸润，自然会富有爱心，而爱心是一个人奋发的最佳原动力，因此，富有爱心的孩子将来更容易获得人生的幸福和成功。幸福家庭的父母大多拥有优良品行，他们互敬、互助、互爱，孩子受到他们优良品行的长期熏陶，自然会效仿，也容易形成优良品行，而这种在家庭中养成的优良品行有利于他们一生的幸福和成功[1]。所以，父母一定要重新审视家庭教育工作，认识到家庭教育的重要性，同时也应该告诉自己，家庭教育对父母自身而言，是一个难得的学习机会。

## 二、父母对孩子既要关爱，又要有要求，应注重培养他们良好的品行习惯[2]

在家庭教育中要做到关心爱护与严格要求相结合。父母关心爱护自己的孩子是为人父母的天性。这种爱是培养孩子良好品德和行为的感情基础，没有这种爱，就谈不上教育，就难以达到好的教育效果。但爱而不教、管而不严，自然也达不到教育的目的。因此，家长在教育孩子时，要注意把关心爱护和严格要求结合起来，做到爱而不溺、严而不苛。

在家庭中，父母要帮助幼儿形成良好的品行，养成良好的行为习惯。我们经常说："少成若天性，习惯如自然。"习惯是一个人人品的重要因素，好的习惯能够给人带来幸福。因此，在孩子幼小的时候，父母们就应该对孩子的发展有长远的规划和设计，要关注孩子的人品和性格，关注孩子基本行为习惯的养成，要从整体和长远的视角来考虑孩子的发展。这些基本的行为习惯包括：礼貌的习惯、用餐的习惯、睡眠的习惯、日常起居的习惯、收拾整理自己东西的习惯、诚实守信的习惯、自我服务的习惯以及承担一定家庭责任的习惯等。晨起的时候，孩子要养成向父母问早

---

[1] 王修文. 给孩子最好的家庭教育 [M]. 杭州：浙江教育出版社，2011：38.
[2] 毛曙阳. 论家庭教育中的父母之道 [J]. 保育和教育，2015（4）.

的习惯，出门前和回家后也要和父母打招呼。一套良好的礼仪习惯会让孩子显得彬彬有礼，也会让家庭亲子关系更加和谐顺畅。为了孩子们将来的幸福，父母们从小就要关注孩子道德感的发展，使他们有同情心，具有换位思考的意识和能力，愿意与他人分享，愿意帮助他人；让他们在很小的时候就能萌生良好的品格，并努力使他们成长为有爱心、有责任心和会感恩的人。在急功近利思潮有所蔓延的今天，父母更是要把握好这一点。也就是说，既要让孩子成才，更要让孩子成人；既要考虑到结果，更要考虑到手段；既要考虑到眼前利益，更要考虑到长远利益。在教育孩子的过程中，尤其不能急功近利，不能做表面文章；父母不仅要关注孩子智力的开发，更要关注孩子的社会性发展，要谋求孩子、父母和整个家庭的长远幸福。专家们认为，幸福不仅与物质财富相关，更与人们的内心世界相关，一个人与他人有着良好的人际关系，社会性发展水平高，其幸福感也会更高。社会性发展包括对自我概念的建立、对自己负责和对他人负责的态度、情绪管理的能力以及亲社会行为等。幸福来源于个人的幸福、家庭的幸福以及周边的利害攸关方的幸福。人们在接受别人帮助的过程中享受幸福，也可以在给予他人帮助的过程中感受幸福。

### 三、家庭氛围要和谐，父母要有一定的威信，家庭的教育态度要一致

家庭是一个共同体，家庭成员要共同构建好这个共同体，要营造出良好的家庭氛围。专家指出："让所有家庭成员都承担家庭义务！请不要怀疑，家庭其实是一个共同体，在这个共同体中每个人都要贡献自己的力量。"[1]

家庭人际关系中最为核心的是夫妻关系和谐，夫妻关系不好就会直接造成家庭的气氛紧张。家庭氛围好了，孩子就能感受到安全和舒心，就能以父母为榜样，也更乐于接受父母的建议。孩子的母亲和父亲都要尽可能地从对方的角度思考问题，尤其是父亲，应该显得更加豁达、大度。父母要善于在孩子面前表现出他们好的情绪和良好的关系。夫妻之间讲话也要注意内容和场合，避免让孩子误解或片面模仿。夫妻和父母的关系也很重要，祖辈在协助子女照料孙辈的过程中需要考虑帮助的界限，要让孩子的父母自己承担起养育和教育的职责；同时，孩子父母也应在一定程度上尊重祖辈的意见和想法。

父母与孩子之间的关系要亲密，但也要把握好一定的距离。父母在孩子面前要

---

[1] ［瑞士］Hildedard Ressel. 孩子真正需要什么［M］. 肖素弟，译. 北京：中国轻工业出版社，2002：67-68.

有适度的权威感,并且要让孩子认同父母的权威,学会尊重父母的权威。有了一定的权威感,父母的言行才能对子女产生影响,而权威感一旦被破坏,就很难再次建立起来。在家庭中,父母要让孩子形成规则意识,要让孩子掌握基本的礼仪,如餐桌礼仪、见面时打招呼的礼仪等。孩子们对长辈要有合适的称呼,要能主动向长辈问好。家庭中要营造平等的氛围,不可以过度宠爱孩子,不可以让孩子享有各种不恰当的特权。父母在言谈举止中也不要流露出对儿童过度关注,不能受制于孩子的哭闹和要挟。孩子做错了事,就应当通过"短时间地坐在惩罚凳上"等方式来让孩子记住要遵守事先的约定。

父母的家庭教育态度要一致。父亲和母亲的教育态度要一致,父母辈和祖辈的教育态度也要一致。大家可以通过家庭讨论会等形式事先进行沟通,在平时要注意树立和维护父母的权威。大人们不可以在孩子面前互相指斥对方的不是,不可以互相"拆台",不可以在孩子面前争吵。在孩子眼里,大人就是一个整体,如果大人之间互相指责,那么孩子就会从中寻找庇护自己的力量,这样一来,教育的作用就会大打折扣。

相关研究表明,在温馨和睦的家庭氛围中长大的孩子,更有爱心、耐心、责任心,人格也更加健全。因此,父母要努力营造良好的生活氛围,保持良好的夫妻关系,家庭人际关系要和谐。孩子在这种家庭氛围的熏陶下才能更好成长。

### 四、在家庭教育中,要尊重孩子的主动性,让孩子自己去经历,自己去做事

在家庭中,父母要鼓励幼儿热爱生活,积极主动地参与各项生活活动,成为主动的学习者,承担起各种职责。著名的教育家陈鹤琴先生就非常明确地提出:"凡是儿童自己能够做的,应当让他自己做。凡是儿童自己能够想的,应当让他自己想。"[1] 在家庭中,凡是幼儿能做的事、能想的事,都要让幼儿自己去做、自己去想,成人不要包办代替。孩子在三岁之后就有了一定的动手能力,什么事都想尝试着去做,比如,想尝试自己穿衣服,想在吃饭的时候摆放碗筷,想拿抹布擦桌子等,这时候家长就可以放手让孩子自己去尝试,去体验,充分利用这些让孩子参与劳动锻炼的机会。这不仅能让孩子养成热爱劳动的优良品质,也能培养孩子独立生活的能力。

---

[1] 陈鹤琴. 陈鹤琴全集(第五卷)[M]. 陈秀云,陈一飞,编. 南京:江苏教育出版社,2008:23.

### 教师反馈

◎ 提到父母，我们脑海中往往会浮现出各种画面。有些人的头脑中浮现的是年轻的爸爸妈妈牵着年幼的孩子在一起走；有些人的头脑中浮现的是年长的子女们陪着年纪很大的父母坐在一起聊天。的确，"父母"这一词汇涵盖了一个很长的时间段，父母可以是新生儿的父母、幼儿的父母、小学生的父母、中学生的父母、大学生的父母，也可以是那些已经为人父母者的父母。而每一阶段的孩子是不一样的，每一阶段的父母也是不一样的。各行各业都有自己的门道。父母也像一个职业一般，有自己的门道。

◎ 家庭是孩子成长的重要环境。父母是孩子的第一任老师，一言一行，包括情感、品格、爱好、志趣、习惯、追求等，都会对孩子产生潜移默化的影响，是孩子学习、仿效的对象。一些父母在教育孩子方面往往缺少培训，处于"无证上岗"状态。父母迫切需要在教育之路上不断提升自身的素质，关注教育的方式方法，与孩子共同进步。儿童早期是孩子心理发展、人格形成的重要时期，良好的教育环境及教养方式能够促进幼儿的发展。家长应以身作则，做孩子的榜样；应与孩子平等沟通，了解孩子的心理特点；应学会关爱，营造良好的家庭氛围。父母双方还应经常沟通，保持一致的教育态度，共同促进孩子成长。

## 41. 幼儿在家庭中应养成良好的习惯

习惯的养成是行为积累的结果，孩子从某种行为中获得了成功感，自然就会重复这种行为，从而形成他的习惯。习惯决定人的性格，对良好行为习惯的培养要从小开始，从家庭开始。良好的习惯有利于人一生的发展。父母自己也要养成良好的习惯，让自己成为幼儿学习的榜样。父母要努力帮助幼儿形成各类良好习惯。

### 自我评估

1. 良好的习惯包括_____、行为习惯和学习习惯等。
2. 父母也应养成良好的习惯，成为幼儿学习的榜样。　　　　　（　　）

### 参考要点

1. 良好的习惯包括 __生活习惯__ 、行为习惯和学习习惯等。
2. 父母也应养成良好的习惯，成为幼儿学习的榜样。　　　　　　（ ✓ ）

### 分析与思考

#### 一、良好的习惯有利于幼儿一生的发展

叶圣陶说："教育是什么？往简单方面说，只需一句话，就是要养成良好的习惯。"可以说，父母对孩子的要求和期望都将具体落实在幼儿良好的行为习惯上。父母是幼儿的第一任老师，在家庭中，父母们要营造出良好的环境和温馨的氛围，这些将更利于幼儿好习惯的养成。家庭是幼儿生活最重要的场所，家庭中的物质环境、心理环境和氛围将在潜移默化中影响孩子的发展。相对于规则来说，让孩子形成良好的习惯会更加有益。因为，规则总是容易被孩子忘记；但是一旦有了一种好的习惯，孩子们就不用借助记忆，而是凭借着一种惯性，自然到了某个情境下就有了某种行为，就如同一种条件反射一般。比如，一旦孩子养成了回家后就去洗一下手的习惯，那么在任何时候，都无需成人提醒，他们在到家后做的第一件事就是洗手。

#### 二、父母自己也要养成良好的习惯，让自己成为幼儿学习的榜样

在形成良好习惯方面，父母必须以身作则，父母自己首先要养成良好的习惯，时刻给孩子起到良好的示范作用，让自己成为幼儿学习的榜样。一般来说，父母可以在以下方面形成良好的示范。（1）有主见，做事态度坚决。如果父母自己经常犹豫不决，那么孩子也会受到影响。（2）有良好的生活作息习惯。父母自己能够早睡早起，生活规律，做事有条理，那么孩子也会在这些方面模仿父母，并感受到这样做的益处。（3）有良好的健身意识和行动。父母平时若能注意健身和锻炼，那么孩子也会像父母那样去做。（4）较好地控制自己的情绪。父母尽可能让自己的态度、情绪温和，不急躁，不随便发脾气，那么幼儿也会试着这样去控制自己的情感和情绪。（5）举止文明，有礼貌。父母有礼貌，能处处使用礼貌用语，那么幼儿就会觉得有礼貌是一件天经地义的事，就会照着去做。（6）不沉迷于电子产品和网络。随着信息和网络时代的到来，父母有必要在不沉迷于电子产品和

网络方面成为孩子们学习的榜样，父母应带领孩子一起步入丰富的现实生活，而不要花费太多的时间在网络上，真正做到驾驭物品而不是被物品所驾驭，等等。

### 三、父母要帮助幼儿形成各类良好习惯

良好习惯的建立和形成是一个长期坚持的过程。幼儿不仅要在幼儿园中逐渐养成良好的习惯，在家庭中也要建立起良好的习惯。父母在帮助孩子建立良好习惯的过程中可以和孩子一起讨论，让孩子知道，有了好习惯会让自己成为一个受欢迎的人，自己的学习效率会更高，发展道路会更加顺畅。父母应帮助幼儿形成下列习惯：（1）良好的生活习惯。例如：讲卫生、刷牙洗脸，不乱扔东西、把东西放在固定位置，自己穿脱衣物、自己整理玩具，帮助家人做家务。（2）良好的行为习惯。例如：使用礼貌用语，不说脏话、粗话，关心他人，尊敬父母与长辈，友好对待他人，说话时控制音量，不打扰他人活动。（3）良好的学习习惯。例如：建立时间观念、守时惜时，做事有规划，学习时专心、不边吃边玩，能够坚持做好一件事。

专家认为，在孩子行为习惯养成的过程之中，父母其实一直陪伴在孩子的身边。"总是有这么一个人，为他制作的小玩意感到振奋，这个人就是妈妈。当他不知道接下去该怎么做了，妈妈就会告诉他下一步，当真的失败了时，爸爸就会安慰他。当他没兴趣继续画画了，就可以到外面玩玩或者听听童话磁带。大多数孩子就是带着这种经历和想法开始上学的——首先他们属于'大人'了，又得到一个书包，感到非常有趣，有那么多五颜六色的材料，还认识那么多从现在起就能天天见到的新朋友，他们非常高兴。他们慢慢地也会遵守纪律和社会行为规范。孩子们明白，每个人都要有自己的座位，不能同时讲话，不能随便拿邻座的漂亮的橡皮。"[①]

相对来说，每一次集中关注一个习惯的养成是比较适宜的。可以等孩子的某个习惯基本养成后，再去注意培养孩子另一个好习惯。

### 教师反馈

◎ 在习惯养成方面，父母要有耐心，要慢慢地引导孩子。一旦发现孩子有良好的行为表现时，家长应立即称赞他，以示鼓励，强化孩子的这种行为。习惯的养成是行为积累的结果，孩子从某种行为中获得了成功感，自然就会重复这种行为，从而变成他的习惯。对良好行为习惯的培养要从小开始，从家庭开始，家庭是幼儿养

---

① ［瑞士］Hildedard Ressel. 孩子真正需要什么［M］. 肖素弟，译. 北京：中国轻工业出版社，2002：31.

成良好习惯的重要场所。虽然每个家庭的教养方式不尽相同，但是父母的榜样力量是不可忽视的，幼儿的好习惯会在家庭中潜移默化地渐渐养成。

## 42. 父母在儿童成长中的独特价值

父母是子女的首任教师。父母的喜怒哀乐对孩子有强烈的感染作用，父母对孩子性格的影响和心理品质的培养起着重要作用。父母要珍惜机会，发挥好父母特有的影响力。父母要担负起相关职责，不断地学习反思，不断地提升自身素养。

### 自我评估

1. 父母的一言一行对幼儿有着潜移默化的影响。（　　）
2. 父母是幼儿的第一任教师。（　　）

### 参考要点

1. 父母的一言一行对幼儿有着潜移默化的影响。（ ✓ ）
2. 父母是幼儿的第一任教师。（ ✓ ）

### 分析与思考

一、家庭教育的意义

家庭教育是一个人接受最早、持续时间最长、受其影响最深远的教育，人的一生都受到家庭教育的影响。家庭是最好的学校，父母是最好的老师，家庭环境是孩子成长的第一环境，是孩子习惯养成的摇篮。由于血缘关系和亲缘关系的天然性和密切性，父母的喜怒哀乐对儿童有强烈的感染作用。换句话说，父母的一言一行都对幼儿起着言传身教、潜移默化的影响。从三岁开始，儿童进入学龄前期，也就是人们常说的早期教育阶段，这是人的身心发展的重要时期，这段时期是人形成各种习惯、品性等的开始，人的许多基本能力都是在这个年龄阶段形成的，如语言表达、基本动作以及某些生活习惯等，性格也在逐步形成。父母在儿童成长过程中的独特价值就在于，他们以一种独有的方式给孩子以最早的和最持久的影响与教育。父母对儿童意味着权威、榜样和情感的寄托。

## 二、珍惜做父母的机会，发挥好父母特有的影响力

有了孩子，才有了"父母"的称号。做父母，尽管辛苦，但是很幸福，因为做父母能够让你获得很多的益处，比如，通过养育好孩子，你会变得更加有责任感和使命感，因为在孩子眼里你是那样的无所不能；和孩子一起成长的经历会让父母们自然地回想起自己的美好童年，你可以和孩子一起玩各种有趣的游戏；借助孩子你还可以扩大自己的朋友圈；因为要给孩子树立好榜样，你还会经常反思自己，让自己的人格和心灵更加美好……

父母要意识到自己对孩子具有特别的影响力。在孩子成长的整个过程中，父母都在影响孩子的发展，而在孩子的童年期，父母的影响力尤其大。在儿童人格形成的过程中，父母需要有意识地培养孩子的性格和秉性。例如，在孩子两岁之前，父母尤其要让孩子生活有规律，给孩子安全感，帮助孩子建立良好的秩序感；在孩子六岁之前，父母要让孩子形成良好的生活习惯，具备一定的规则意识，学会自己的事情自己做，能够认同大人的权威并与父母友好相处等。而在六岁之后，孩子们会更多地受到老师、同伴和外界的影响，父母需要让孩子在良好生活习惯的基础上形成良好的学习习惯，发展规划意识，形成一定的自学能力和自我管理能力，承担起更多的社会职责，并尝试处理好更为复杂的人际关系。因此，父母要珍惜自己特有的影响力，要向孩子传递正能量，推动孩子形成良好习惯。

## 三、担负起父母职责，不断学习反思，不断提升自身素养

履行好父母的职责相当不易，这个过程充满了挑战。在具体教养过程中，父母会遇到一个又一个的新问题，可能随着孩子的长大，会不断地和孩子"斗智斗勇"，也会不断地面临新的抉择。面对不同年龄的孩子，父母要操心的事情也在不断改变。面对学龄前的孩子，父母重点需要做的事情是：促进孩子的社会性发展，让孩子具备良好的品行和生活习惯，让他们健康活泼地成长。父母必须进行自我教育，主动学习，不断反思、总结为人父母之道。在中国传统文化中，人们强调"修身、齐家、治国、平天下"，主张通过自我修炼和家族教导的方式来传递教育理念。但是，现在由于多种原因，比如家庭结构的变化、居住环境的改变、人们对传统文化的忽视、受到急功近利

思想的影响以及人们的工作生活节奏过快等，使得这一代人往往不太能顺利地把自己对父母之道的理解传递下去，而年轻的父母也很难在教科书上找到相应的学习内容。其实，如同从事任何一个职业都需要经过严格的岗位培训一样，年轻的父母也需要接受培训，需要接受亲职教育，需要了解基本的为人父母之道，需要在家庭建设和教育孩子方面有充分的准备。

平时，父母可以通过各种途径或方式进行学习和交流，以提高家庭建设的水平，提高自身素养。父母可以和孩子一起定期开展家庭讨论，形成家庭记录本；可以有自家特有的家庭仪式。父母平时还可以为孩子写"成长日记"，用写实的方式详细记录下孩子的发展情况。此外，家长们还可以通过互助小组、小团体、小沙龙、读书会和家长志愿活动等形式相互交流，共享经验，共同进步。[1]

在一系列大型研究中，戴安娜·鲍姆林德（Diana Baumrind）等通过观察父母对家庭环境中和实验室中学龄前儿童的影响，收集了关于儿童教养方式的第一手资料。他们得出儿童教养方式的两个主要维度，第一个维度是父母向儿童提出的要求，第二个维度是父母对孩子的责任。两个维度的组合产生了四种儿童教养方式：权威型、专制型、放任自流型和漠不关心型。权威型是大多数人认同的儿童教养方式。权威型父母为了孩子顺利地发展，向他们提出合理的要求和限制，并要求他们遵守。同时，他们对孩子表现出热忱和爱心，耐心倾听孩子的观点，鼓励他们参与家庭的决策……总之，权威型儿童教养方式是合理的、民主的，承认和尊重了父母和儿童双方的权利。[2]

家庭教育，对为人父母者来说，是不可推卸的责任，也是一项重要的工作。没有任何理由可以使父母在孩子的教育和成长过程中缺席。因此，每位父母都要重视家庭教育并做好这项工作，不仅是为了孩子，更是为了自己和家庭。

### 教师反馈

◎ 父母是孩子的第一任老师，父母对孩子的成长起着至关重要的作用。但一些家长仍存在着旧的观念，认为教育是幼儿园的事，只需把孩子托付给幼儿园就行。其实，教育好孩子既是幼儿园的一项任务，更是家长们要认真面对的事情。

---

[1] 毛曙阳. 论家庭教育中的父母之道. [J]. 保育和教育，2015 (4).
[2] ［美］劳拉·E. 贝克. 儿童发展［M］. 5版. 吴颖，等译. 南京：江苏教育出版社，2003：783-787.

◎ 孩子是父母说不完的话题，孩子的成长倾注了父母太多的心血与爱，孩子也给父母带来了数不清的欢乐。孩子的成长过程，也是父母的成长过程，父母在这个学堂里也在不停地学习和进步。和母亲一样，父亲在孩子成长过程中也起着重要的作用。父亲的言行往往会影响孩子的性格和心理品质，父亲身上所具备的勇敢、坚强、包容等优秀品质都是孩子所要学习的。父母的教育结合起来才是最好的家庭教育。

# 43. 教师要做好家园合作工作

　　家庭是幼儿园重要的合作伙伴，幼儿园的工作离不开家长的支持。教师要重视并更好地开展家园合作，帮助家长提高家庭教育的质量，持续提高家园合作的水平与质量。幼儿园家访活动是幼儿园教师工作中的一项重要内容，也是家园合作的一个重要形式。通过家访，教师可以更深入地了解幼儿，了解幼儿生活的家庭环境，可以增进家长和幼儿园教师之间的相互了解与信任。家访活动具有独特的优势，教师要重视家访工作，要明确家访的目的，并通过多种方式灵活有效地开展家访活动。

## ✏ 自我评估

　　1. 幼儿的教育离不开_____和_____双方共同的合作与努力，二者缺一不可。

　　2. 著名教育家陈鹤琴先生说过：幼稚教育是一件很复杂的事情，不是家庭一方面可以单独胜任的，也不是幼稚园一方面可以单独胜任的，必定要两方面共同_____方能得到充分的功效。

## ✍ 参考要点

　　1. 幼儿的教育离不开__家庭__和__幼儿园__双方共同的合作与努力，二者缺一不可。

　　2. 著名教育家陈鹤琴先生说过：幼稚教育是一件很复杂的事情，不是家庭一方面可以单独胜任的，也不是幼稚园一方面可以单独胜任的，必定要两方面共同__合作__方能得到充分的功效。

## 分析与思考

### 一、家庭是幼儿园重要的合作伙伴

著名教育家陈鹤琴在《儿童教育是幼稚园与家庭共同的责任》一文中说过：幼稚教育是一件很复杂的事情，不是家庭一方面可以单独胜任的，也不是幼稚园一方面可以单独胜任的，必定要两方面共同合作方能得到充分的功效[①]。因此，幼儿园教师需要充分尊重家长的想法，要最大程度地促进幼儿园教育和家庭教育在理念和行动上做到协同一致。

家庭和幼儿园在教育幼儿方面要形成一致态度。福禄培尔在《人的教育》中提到："儿童是在家庭里长大的，在家庭里逐渐长大为少年儿童和学生的。因此，学校必须与家庭保持联系。学校与生活一致，家庭生活与学校生活一致，这是这一时期里……人的发展和人的教育之首要的、绝对不可缺少的要求。"[②] 家长工作是家园合作、家园共育的重要内容，教师有必要重视并做好家长工作。这意味着对幼儿的教育离不开家庭和幼儿园双方共同的合作与努力，二者缺一不可。而幼儿园教师作为具有幼儿教育素养的专业人员，更应认识到家长工作并非可有可无，也不是额外的工作内容和负担，而是不可或缺的，也是自己从事教育工作的分内职责。《幼儿园教育指导纲要（试行）》中也明确指出，"幼儿园应与家庭密切合作"，"家庭是幼儿园重要的合作伙伴。应本着尊重、平等、合作的原则，争取家长的理解、支持和主动参与，并积极支持、帮助家长提高教育能力"。可见，幼儿教育不是幼儿园教育，幼儿教育也不是幼儿园或家庭任何一方就可胜任的，可以说，做好家长工作可以联合家庭和幼儿园两方力量，增强教育的效果。

教师在做家长工作时需要注意以下几点。（1）教师要具有专业自信。与家长开展合作时教师要有一定的信心，应该将自己的专业优势发挥出来，帮助家长掌握科学的育儿方式。（2）要以儿童发展为中心。家长工作中不要一味迁就家长的意愿，

---

① 冯克诚. 中国教育名家名作精读丛书·幼儿教育思想与教育论著选读（第5辑第3卷）[M]. 北京：中国环境科学出版社，2006：76.
② [德] 福禄培尔. 人的教育 [M]. 孙祖复，译. 北京：人民教育出版社，2001：185.

不能为了"让家长开心"或"让自己省力"而短视地放弃幼儿园教师自己的专业权利和职责。（3）要尊重、信任家长，倾听家长，向家长学习。有了尊重与信任，教师和家长之间就可以建立起良好的信任关系。而家长在与幼儿相处的过程中积累了许多第一手的经验和体会，这些都值得教师认真地去学习和了解。

## 二、帮助家长提高育儿水平并有效提升家庭教育的质量

教师还要在回答家长的咨询方面发挥作用，努力利用自身的专业知识帮助家长提高家庭教育的质量。（1）教师要让家长意识到家庭教育的重要性和迫切性。在早期教育阶段，良好的家庭环境有助于幼儿在性格和习惯养成方面打下较好的基础。（2）教师要引导家长明白，家长要进行自我培训。家长必须提高自身素质，才能成为幼儿学习和模仿的榜样，才能担负起引导和教育幼儿的职责。（3）教师要支持家长了解家庭教育中的一些基本内容和要求。例如，知道父母对孩子既要关爱又要有要求，要注重培养孩子良好的品行习惯；家庭氛围要和谐，父母要有一定的威信，父母对孩子的教育态度要一致；父母要尊重孩子的主动性，让孩子自己去经历，自己去做事；等等。（4）教师可以搭建平台，组织家长开展交流活动。教师可以通过组织活动评选班级中的"优秀家长"，让家长们知道什么样的家长才是大家公认的好家长，父母应该怎样去做才能切实有效地支持幼儿成长。教师还可以组织小型的家长沙龙，让家长们在一起相互鼓励，共同讨论育儿好方法。

## 三、不断丰富家长工作的形式

幼儿园教师需要与时俱进，不断丰富家长工作的形式，不断提升家长工作的效益。一般来说，家长工作的具体形式包括以下几个方面：（1）面对面交谈。教师可以利用日常和家长见面的时刻与其进行交谈，交流关于幼儿的表现等情况。教师还可以在学期中和家长专门约定一个谈话时间，以相互沟通关于幼儿教育的信息。（2）家访。家庭访问简称为"家访"，是教师与家长沟通和进行个别家庭教育指导的一种常用的方式方法。（3）在线交流。利用信息技术，建立家园共育的QQ群、微信群等线上平台。老师们可以通过这些平台和家长进行互动交流，家长们之间也可以互通信息。（4）家长会和家长开放日。家长会是教师定期邀请家长集中到幼儿园来开的会议，在会上可以请专家进行面向家长的专题讲座，由教师介绍近期班级的情况。家长开放日活动为家长提供了解幼儿园教育的机会，也是一个家园相互沟通的平台。教师应建议父母双方都参与家长开放日活动。（5）家长助教。这是一种让

家长担当或部分担当教师职责的教育活动。家长们可以发挥各自的优势，以不同的方式参与到家长助教活动中来。例如，可以向幼儿介绍某些有趣的知识，可以和孩子们一起做面点，可以做教师的助手对幼儿的行为进行观察和记录，可以在幼儿活动中做一些简单的辅助工作，等等。（6）电话交流。通过打电话，教师可以向家长发布信息，在紧急情况下，也可以联系到家长。（7）家长学校。在家长学校定期组织的活动中，幼儿园可通过专家讲、家长讲、教师讲等多种方式集中或者分散地进行家庭教育辅导，帮助家庭科学育儿。（8）家长委员会。家长委员会是由家长代表参加的一种群众性的组织。它的任务是密切联系本园所有幼儿的家长，收集并及时反映家长的建议和意见，协助并参与幼儿园的教育工作以及丰富多样的园外亲子活动。目前，这一组织正在发挥着越来越大的作用。（9）家长沙龙和亲子活动等。幼儿园可以在周末组织部分感兴趣的家长（家长们也可以自发组织）围绕某个话题开展沙龙活动，共同探讨关于儿童教育的问题。沙龙的形式是多样的，可以是读书会、小型讲座，也可以是自由漫谈。周末的亲子活动指的是由全体或部分家庭参加的在户外的游玩活动，这些活动多半是由家委会组织的，有些活动也可以由教师组织。

总之，教师要通过多种方式做好家长工作，要让家长感受到自己的家庭是受欢迎的，教师是值得信任的合作伙伴。教师在布置环境时需要考虑到家长，让家长感受到"这里有一部分也是专门为我设计的"，例如，可以设置"家长信箱"、放置给家长阅读的书籍和成人坐的椅子等[①]。要建立伙伴关系，良好的沟通是必须的，因此，教师需要经常性地与家长进行正式或非正式的沟通，彼此交换意见，这样也可以让幼儿看到并感受到自己的家和幼儿园是紧密相连的。

### 四、因地制宜地通过家访活动持续提高家园之间的沟通与交流水平

幼儿园家访活动是幼儿园教师工作中的一项重要内容，是家园合作的一个重要形式。苏霍姆林斯基在谈及家庭与学校合作的重要性时说道："儿童只有在这样的条件下才能实现和谐的全面发展，就是两个教育者——学校和家庭，不仅要一致行动，要向儿童提出同样的要求，而且要志同道合，抱着一致的信念，始终从同样的原则出发，无论是教育的目的、过程还是手段上，都不要发生分歧。"[②] 通过家访，教师可以更深入地了解幼儿的情况，了解幼儿生活的家庭环境。家访还可以增进家长和

---

[①] [美] 安·S. 爱泼斯坦. 有准备的教师——为幼儿学习选择最佳策略 [M]. 李敏谊，张晨晖，郑艳，李雅静，译. 北京：教育科学出版社，2012：239.

[②] [苏] 苏霍姆林斯基. 给教师的建议 [M]. 杜殿坤，译. 北京：教育科学出版社，1984：530-531.

幼儿园教师之间的相互了解和信任，可以提高家园共育的水平，不断提高幼儿园的教育质量。

家访活动具有独特的优势。(1)家访活动的场地是特别的。家访的地点不是在幼儿园或其他公共区域，而是在幼儿的家中进行。相对来说，家是一个私密性较高的空间，也是家长非常熟悉的空间，较之于在幼儿园与教师沟通，在家中接待来访的教师往往会使家长在心态上更加放松，感受上更为自在。(2)家访是教师与幼儿家长直接的、面对面的互动。这样的互动方式，不同于电话、微信、QQ等现代通信方式，教师可以直接观察到家长以及家长与幼儿的互动，进而了解家长、幼儿及这个家庭。同时，教师在与家长的沟通中能直接察觉到对方的表情、姿势、动作等所传达出的附加信息，而这些零碎的自然信息或许都会成为教师在家访活动中所收集到的重要信息，成为教师反思教学、帮助家长、引导幼儿的关键点的切入口。家访也有利于家长能够集中一段时间来了解园所、班级、教学以及幼儿在园的情况等。(3)家访活动最大的受益者是幼儿。幼儿无疑是家访活动的中心，家访最终的落脚点是幼儿。有专家指出，通过家访活动，教师、家长和幼儿都有收获，而幼儿在家访中收获最大。"一直以来被教导要警惕陌生人的这些孩子，他们是在自己家里、父母在场时见到我的，等他们踏进教室时，他们已经熟悉了我的脸孔，我为幼儿及他家人照的照片也贴在布告栏上，而且每个幼儿我都见过了，我能叫出他们的名字，和他们打招呼。打从幼儿出生开始，家长就一直在教育他们的孩子。从这个意义来说，在帮助幼儿学习上，他们早就是你的伙伴了。能认可他们的作用，并且把他们当作你教育孩子的伙伴，对你会很有帮助。无数研究已发现：家长、学校、老师之间建立伙伴关系对孩子的学业表现会有帮助，当家长能加入活动时，孩子的表现都比较好，不论家长的教育程度或收入水准是高是低都一样。"[①] 可见，幼儿在有父母陪伴的情况下在家中遇见教师，并且看到（相信也能感受到）家长与教师之间友好、融洽的关系，这会帮助幼儿建立良好的安全感，增强对教师的信任感，并有助于幼儿更好地适应幼儿园生活。

专家认为，家访对于教师、家长、幼儿和家园关系都有特别的意义。家访对教师工作的意义在于：家访拉近了教师与家长、幼儿之间的距离；家访可以让教师更好地了解幼儿、幼儿的家长和幼儿的家庭环境；家访为教师设计出更符合幼儿发展

---

① [美]黛安·翠斯特·道治，劳拉·柯克，凯特·海洛曼. 幼儿园创造性课程（上）[M]. 吕素美，译. 南京：南京师范大学出版社，2006：246.

需要的活动打下基础。家访对于幼儿家长的意义在于：家访能促进家长全面了解幼儿；家访让家长进一步了解教师；家访能促使家长获得更多的教育信息。家访对幼儿的意义：家访让幼儿体会到教师的关爱；家访能使幼儿受到更科学的教育指导；入园前的家访还可以缓解新生的入园压力。家访对家园关系的意义：家访可以在幼儿园和家庭之间搭建沟通的桥梁；家访还可以实现家园合作的无缝对接。①

  教师在开展家访活动的过程中特别需要关注以下几点。（1）充分重视家访工作。教师自身首先要在思想上和态度上重视家访工作，知道家访在促进幼儿健康和谐发展方面具有重要的积极作用。教师要做好家访准备工作，可以先通过电话或网络等方式及时和家长联系，约定家访的时间。家访时教师的仪容仪表要整洁端庄，要树立良好的教师形象。教师与家长谈话时，要大方、和气、真诚、自然，表达的内容应客观、具体。（2）明确家访目的，做好家访内容设计。通过家访，教师可以了解幼儿的基本情况、家庭成员及家庭教育观念，这将有助于教师分析幼儿性格、习惯形成的原因、需要采取的措施，做到因材施教。家访的内容主要包括：了解幼儿的家庭成员构成情况，了解家长的教养方式，了解幼儿如厕、进餐、入睡等生活习惯，了解家长对于家园共育活动的意愿和所倾向的方式，向家长介绍幼儿在园的情况等。在家访过程中，可以着重对某些细节问题进行提问，如幼儿的药物过敏史、食物过敏史、疾病史，以及幼儿的日常生活习惯等。要尽量让自己和家长建立起基本的信任关系，要尊重家访家庭中的每一位成员。"带着认识每位家庭成员并与他们建立关系而不是评头论足的心态去。"②（3）灵活多样地开展家访活动。既可以在学期初开展家访，也可以在学期当中进行家访。教师既可以到幼儿家中去家访，了解幼儿的实际生活环境并和家长交流观点，也可以邀请家长在约定的时间段在幼儿园里和教师进行面对面的交流与沟通。一些幼儿园在小班幼儿入园前就开展家访，这样做可以有效地帮助幼儿亲近老师，使幼儿尽快适应幼儿园生活。

## 教师反馈

  ◎ 对家长来说，最关心的就是自己的孩子在幼儿园的表现。因此，教师可以通过各种方式让家长了解孩子在幼儿园的情况。我们可以在孩子入园、离园时，主动

---

  ① 殷飞. 幼儿园教师家长工作指导［M］. 南京：江苏凤凰教育出版社，2014：37-39.
  ② ［美］黛安·翠斯特·道治，劳拉·柯克，凯特·海洛曼. 幼儿园创造性课程（上）［M］. 吕素美，译. 南京：南京师范大学出版社，2006：236.

与家长面对面交流；可以通过发短信、照片等方式让家长了解孩子的情况；可以在班级环境中展示幼儿的作品，让家长具体了解孩子的学习和发展情况；还可以邀请家长入园开展家长义工活动，扩大教育资源，不断增进家长对幼儿园教育的认识与了解。

◎ 家长与教师是共同教育幼儿的合作伙伴，幼儿园教师要以平等、耐心、真诚的态度对待家长，使家长对我们产生信任感，从而形成融洽、美好的教育氛围。教师要用多种形式支持家长之间增进了解，可以引导家长委员会发挥好作用，通过开展读书沙龙和假日亲子活动等多种形式促进家园之间的沟通，不断帮助家长提高家庭生活的质量。坚持不懈，静待花开。我们一定会收获家园共育和家园互惠所带来的成果与喜悦。

◎ 家访对于小班的家长工作是很有帮助的，开学前的家访能帮助老师了解幼儿的性格、家庭教养方式等，帮助幼儿较好地适应幼儿园生活。从幼儿一出生开始，家长就一直在教育他们的孩子，所以家长对孩子的影响是非常大的。我们只有了解了幼儿所在家庭的教养方式，才能用适合幼儿的方式来教育幼儿。对家长来说，接待老师家访也是有很大用处的，他们会了解幼儿园的管理制度和办法，可以与老师交流家庭教育中的困惑，可以了解幼儿在幼儿园的情况，从而更好地配合幼儿园的教育工作。

自身素养篇

# 44. 幼儿园教师的专业标准

《幼儿园教师专业标准（试行）》是国家对合格幼儿园教师专业素质的基本要求，是幼儿园教师开展保教活动的基本规范，是引领幼儿园教师专业发展的基本准则，是幼儿园教师培养、准入、培训、考核等工作的重要依据。《幼儿园教师专业标准（试行）》的颁布对幼儿园教师的专业化发展提出了明确的要求。学前教育是一个专业，幼儿园教师是一个专业而有尊严的职业。教师们要通过自己的学习和工作，不断提高自身素养，不断提高自身的专业性。

## 自我评估

1. 《幼儿园教师专业标准（试行）》的基本理念是：_____、_____、能力为重、终身学习。

2. 《幼儿园教师专业标准（试行）》的基本内容分为_____、专业知识和专业能力。

## 参考要点

1. 《幼儿园教师专业标准（试行）》的基本理念是：__师德为先__、__幼儿为本__、能力为重、终身学习。

2. 《幼儿园教师专业标准（试行）》的基本内容分为__专业理念与师德__、专业知识和专业能力。

## 分析与思考

### 一、幼儿园教师的专业化特征

什么样的幼儿园教师称得上是"专业"的呢？庞丽娟教授提出了幼儿园教师专业化的六大特征：第一，对儿童和儿童发展的承诺。就是要对儿童全面、积极、健康的成长负责。第二，全面、正确地了解儿童。这是一个幼儿园教师对儿童进行有效教育的前提。第三，有效地选择、组织教育内容。教师能否选择和组织"适宜"的教育内容，是衡量教师教育实践能力的首要标准。第四，创设、发展、支持环境的能力。第五，领导和组织能力。第六，不断地专业化学习。[1] 而美国的全美幼教协会也在教师的专业性方面提出了自己的观点，全美幼教协会在1993年发表的《早期教育专业化发展的概念体系》中指出，幼儿园教师的专业化应体现在：对儿童发展有着深刻的理解和体悟，将心理学、教育学知识运用于实践；善于观察和评价儿童的行为表现，以此作为课程计划的依据和设计个性化课程的依据；善于为儿童营造和保持安全、健康的氛围；计划并实施适宜儿童发展的课程，全面促进儿童的社会性、情感、智力和身体方面的发展；与儿童建立积极的互动关系，成为儿童发展的支持力量；与幼儿家庭建立积极的、有效的关系；支持儿童个体的发展和学习，使儿童在家庭、文化、社会背景下得到充分的理解；对教师专业主义予以认同。美国幼教专家凯茨将专业化的幼儿园教师形象地比喻为：能接住孩子丢来的球，并且把它推回去，让孩子想继续跟他玩游戏，并在玩的过程中不断创造出新的游戏来[2]。

## 二、《幼儿园教师专业标准（试行）》对幼儿园教师的专业化发展提出了明确的要求

《幼儿园教师专业标准（试行）》中明确规定：幼儿园教师是履行幼儿园教育教学工作职责的专业人员，需要经过严格的培养与培训，具有良好的职业道德，掌握系统的专业知识和专业技能。《幼儿园教师专业标准（试行）》中提出的基本理念包括以下四点：师德为先、幼儿为本、能力为重、终身学习。在"基本内容"部分提出了三个维度：专业理念与师德、专业知识、专业能力。"实施建议"部分，分别从教育行政部门、院校、幼儿园和教师自身四个角度，就如何落实《专业标准》提出了建议和要求。

## 三、学前教育是一个专业，幼儿园教师是一个专业而有尊严的职业

虞永平教授明确提出，学前教育是一个专业，幼儿园教师是一个拥有专业素养的职业。为儿童创造良好的生活和活动环境，引导儿童在与丰富多彩的环境相互作用的过程中充实生命，获得成长，这是幼儿园教师的重要使命。保障幼儿园教师完

---

[1] 中华人民共和国教育部基础教育司.《幼儿园教育指导纲要（试行）》解读[M]. 南京：江苏凤凰教育出版社，2017：252-261.
[2] 虞永平，王春燕. 学前教育学[M]. 北京：高等教育出版社. 2012：75.

成这一使命的关键就是教师的专业性。幼儿园教师是专业人员，需要经过专业的学习和训练，以获得专业的态度、知识和能力。幼儿园教师不仅要有多学科的系统知识，还要有知识转化的能力。幼儿园教师不是书本知识的搬运工，他们必须在清晰把握儿童发展的基础上，将知识进行浅显易懂的转化，让儿童在现实的情境和多样化的活动中感受知识，让儿童在探索、交往、体验和表达的过程中，在发现问题和解决问题的过程中，获得经验，得到发展。幼儿园教师还应该具有观察并分析幼儿发展情况的能力、计划和设计多种活动的能力、挖掘和利用资源的能力、创设环境的能力、组织活动的能力以及评价的能力等，这些专业能力都是幼儿园教师的"看家本领"。幼儿园教师要获得这些专业能力，需要经过系统的学习和训练。从这个意义上说，幼儿园教师是专业人员，具有不可替代性。[1]

幼儿园教师是一个受人尊重的职业，是一个有尊严的职业。社会对幼儿园教师专业化的要求越来越高，这已经成为不争的事实。在岗的教师，以及幼教工作者（包括理论工作者和实践工作者），都需要不断强化学习意识，对业内的一些关键问题和重点问题进行深入研讨，形成一定的共识，努力探寻儿童发展和儿童教育中的内在规律，充分发挥首创精神，灵活多样地开展教育实践，让幼儿享有快乐、充实的童年生活，促进幼儿健康和谐地发展。

### 🎤 教师反馈

◎ 教师陪伴着幼儿，他们的一言一行都在影响幼儿的发展。时代在发展，科技在发展，幼儿园教师也要具备更强的学习能力和更多的知识储备。授人以鱼，不如授人以渔。教师的学习能力、学习品质和思维方式也会在与幼儿的互动中影响幼儿。可以说，教师有了新的发展和进步，首先受益的将是教师每天所面对的每一位幼儿。

# 45. 提升教师的沟通能力

幼儿园教师的沟通能力和水平直接影响家园合作的质量，关系到幼儿的

---

[1] 虞永平. 幼儿园教师是专业而有尊严的职业 [J]. 幼儿教育，2018（13）.

健康成长。教师在与家长进行沟通时，要真心诚意，"从心开始"。教师要和蔼可亲，善于倾听，要与幼儿和家长进行有效沟通。教师与教师之间也要相互交流，相互学习，提高彼此的沟通能力。

### 📝 自我评估

1. 幼儿园教师既需要与幼儿和家长进行良好的沟通，也需要与同事和其他人员进行良好的沟通。（    ）

2. 幼儿园教师要具备倾听的能力，要让幼儿感到被信任、被支持，教师要鼓励幼儿表达自己的想法，从而获得幼儿的信任，成为受幼儿欢迎的老师。（    ）

### 参考要点

1. 幼儿园教师既需要与幼儿和家长进行良好的沟通，也需要与同事和其他人员进行良好的沟通。（ ✓ ）

2. 幼儿园教师要具备倾听的能力，要让幼儿感到被信任、被支持，教师要鼓励幼儿表达自己的想法，从而获得幼儿的信任，成为受幼儿欢迎的老师。（ ✓ ）

### 💡 分析与思考

#### 一、幼儿园教师需要具备良好的沟通能力

教师的沟通水平直接影响家园合作的质量，关系到幼儿能否健康快乐地成长。教师与家长的有效沟通是家园合作成功开展的重要前提。幼儿园教师在日常工作中需要和各类人群打交道，因此，良好的沟通和交流能力已日渐成为他们必备的素质。当教师与家长有了良好的沟通时，班级工作的开展才会更加顺利，家园共育的目标才更加容易达到。

#### 二、教师在与家长进行沟通时，要真心诚意，"从心开始"

在教师与家长的沟通过程中，教师要做到高度重视，"从心开始"，真心实意。教师应向家长分享教育经验和资源，让家长更加了解幼儿园的教育理念，可以帮助家长提高家庭教育的质量和水平，促进幼儿园和家庭共同发展。在与家长沟通的过程中，一些教师也会陷入误区。晏红指出，与家长沟通是幼儿教师必不可少的一项

工作,然而在日常工作中还是容易出现沟通不到位的现象,主要表现在三个方面:忽视沟通,即有的教师只顾认真带班,没有意识到与家长沟通的重要性;过度自卑,即有的教师认为自己的学历水平不高,缺乏与家长沟通的自信,因而不敢与家长沟通;过度自信,即有的教师认为自己有丰富的教育教学经验,因而不注意尊重和吸取家长的意见与建议[1]。因此,真心实意地本着促进幼儿发展的目的和家长进行沟通,幼儿园教师才能与家长形成良好的人际关系。而且,只有让幼儿园教育和家庭教育达成一致,教育的育人的效果才能真正地呈现出来。著名教育家苏霍姆林斯基曾这样说道,"教育的效果取决于学校、家庭的教育影响的一致性,如果没有这种一致性,学校的教学和教育过程就会像纸做的房子一样倒塌下来"[2]。

教师与家长沟通时,要让家长感受到老师确实是为了孩子着想。教师要实事求是,以情动人,将真实的情况反映给家长,让家长感受到老师对孩子的爱以及观察的细致。谈话结束时,可给予家长、幼儿鼓励,以及一些具有可行性的建议,并提出一些希望,增加家长对幼儿的信心。

### 三、教师要和蔼可亲,善于倾听,能与幼儿进行有效沟通

教师平时要具备倾听幼儿的能力,不仅要成为幼儿的照料者和指导者,也要让幼儿感到被信任、被支持;教师应尊重幼儿的权益,应鼓励他们表达自己的想法,说出自己的观点,这样才能在与幼儿沟通的过程中获得幼儿的信任,成为受幼儿欢迎的老师。而教师要真正地走入儿童的内心,必须怀着虔诚和慎重的态度,才可以慢慢地融入儿童的生活,才有可能了解真实的情况。著名教育家佐藤学就指出,"与教室里的学生和教师同呼吸,这是我观察的出发点。在想观察什么之前,先把自己作为教室中与大家共同生活的一员。我站在教室前面的窗口边,而同时我意识到自己正身处教室中。与其说我想在教室中发现什么,还不如说我想把教室中所发生的一切全部都收纳于心中。录像也是如此。我的目光如摄像机、照相机那样,不断反复地调整着焦点和广角,以期把所看到的一切作为一幅幅图像如实地记录下来。教学是充满活力的,如果我没能与教室中的一个个学生和教师产生共鸣的话,那么,真实而生动的观察是不可能的。"[3]

---

[1] 晏红. 幼儿教师与家长沟通之道 [M]. 北京:中国轻工业出版社,2016:2-3.
[2] [苏]苏霍姆林斯基. 给教师的建议 [M]. 杜殿坤,译. 北京:教育科学出版社,1984:531.
[3] [日]佐藤学. 静悄悄的革命:课堂改变,学校就会改变 [M]. 李季湄,译. 长春:长春出版社,2003:1.

### 四、教师与教师之间要相互交流，相互学习，提高彼此的沟通能力

幼儿园教师之间也要相互学习，相互交流，共同进步。幼儿园的教师们处在同一个学习共同体之中，他们之间有着相同的境遇，他们都是一群热爱孩子和教育的人，有着共同的任务，每个人都有自己的长处和优势，都有自己独特的教学风格。因此，幼儿园管理者要最大程度地使这个团队发挥独特的优势，应为每一个教师提供专业发展的平台，不断提升他们的沟通能力。而这样一个彼此顺畅沟通、共同前进的园所文化氛围，也会有利于为儿童发展营造出良好的成长空间，有利于幼儿园和家庭之间保持良好的沟通和对话状态。

### 🎤 教师反馈

◎ 教师在与家长沟通时，最好能用具体的事例来交流关于幼儿成长方面的问题，让家长感受到教师对孩子的爱和关心。教师在与幼儿沟通时，可以蹲下身子来，平视幼儿的眼睛，真诚地和他们平等沟通。教师在与同事沟通时，也要努力有条理地、清晰地表达，要善于换位思考，不断提高表达能力，不断改善人际关系。

# 46. 教育教学经验的总结

教师的教育教学经验具有鲜明的个体性特征和实践意义，及时总结教育教学经验对于教师来说具有独特的价值。俗话说，"好记性不如烂笔头"。因此，我们要以书面记录的方式来呈现和深化教育教学经验。

### ✏️ 自我评估

1. 幼儿园的管理者应当为教师总结自己的教育教学经验提供支持和保障。

（　　）

2. 教师应密切关注幼儿的生活，还应勤动脑、勤动手，及时总结自己的教育教学经验。

（　　）

## 参考要点

1. 幼儿园的管理者应当为教师总结自己的教育教学经验提供支持和保障。
（√）

2. 教师应密切关注幼儿的生活，还应勤动脑、勤动手，及时总结自己的教育教学经验。
（√）

## 分析与思考

### 一、教师应当及时总结自己的教育教学经验

教师的教育教学经验，是指教师个体在教育教学实践中积累的经验，获得的切实体会以及总结出的具体方法和规律等。教育教学经验具有鲜明的个体性特征和实践意义，对于教师教学具有独特的价值。古人说，"虽有嘉肴，弗食，不知其旨也。虽有至道，弗学，不知其善也。是故学然后知不足，教然后知困。知不足然后能自反，知困然后能自强也。故曰：教学相长也。"的确，每一位教师都在教育教学实践中积累了大量案例，有着自己独特的关于各类活动的想法和观点，在教的过程中，教师也在不断地学习和积累，教师的教育观念处于动态调整的状态，那么，及时地记录这些宝贵的教育教学经验并做简要的分析就十分必要。总结教育教学经验能使教师增强对自己教育教学实践的判断、思考和分析的能力，能帮助教师形成自己的教育教学理论体系，提升专业素养，能促进教师的自我成长。

### 二、教师总结教育教学经验的形式丰富多样

教师在总结教育教学经验方面拥有得天独厚的优势。他们每天身处教育的现场，处于教育教学的一线，和儿童朝夕相处，每天都在思考和实践，每时每刻都面临着育人的任务，因此，在收获与总结经验方面他们比理论工作者更具独特的优势。一些生动的案例和细节，一些富含契机和具有深刻内涵的教育教学时刻，一些深刻的体会和感受，都需要教师们及时进行记录和总结。一般来说，教师可以通过阅读资料、随时记录、课堂观察、自我反思、"头脑风暴"、搜集并借鉴他人经验、观摩其他教师的教育活动、参加交流研讨等方式来总结教育教学经验。

相对于理论工作者，作为实践工作者的一线教师，在大量阅读专业理论书籍方

面并不具有优势，但是一线的教师却有大量的机会和条件积累第一手的日常工作经验。教师可以随时记录幼儿的行为和活动，可以随时展开观察和记录。教师能够以实践者的身份亲历课程实施的每一个环节，了解不同幼儿的家庭背景，创造性地创设班级环境，详细记录下自己的教育教学过程并进行反思，还可以根据自身的兴趣开展课题研究。因此，教师要养成良好的记录习惯，随时记录各类有价值的信息资料，并定期进行整理，要充分利用自身的优势，让自己成为有个性有活力的实践研究者。

幼儿园的管理者应该在制度层面上为教师的文案写作提供支持和保障。可以为教师提供各类记录本，为教师提供录音、录像设备等，还可以在教师的工作时间中辟出专门的记录、整理和写作的时间段。此外，可定期组织教师开展文案写作的经验交流活动，以多种方式来鼓励和奖励教师。[1]

### 三、教师的总结要以书面语的形式呈现

俗话说，"好记性不如烂笔头"。因此，我们不能仅仅靠头脑来记忆经验，也不能以日常闲聊的方式来口述自己的经验，而要以书面记录的方式来呈现和深化教育教学经验。记忆的内容若无法以实物的形式呈现，那么就会增加人们识别和研读的难度。借助具体的文字或图片记录，就能让回忆变得容易，教师一旦看见了原始的、实物形式的文字材料，当时那些生动的场景便仿佛放电影般轻松地浮现在眼前。翻看以往的教学记录时，可能教师自身也会对当时的记录感到惊讶，会惊诧于当时记录之详细，也会有许多意想不到的新发现和新收获。而一些非常细微的数字，如具体的日期、时间和人数则在教学记录中清晰且完整地呈现出来。[2] 这些记录可以当时进行，也可以事后尽快通过回忆完成。这样的记录就可以帮助教师反省自己的儿童观和教育观，并为今后的教育实践提供切实的帮助。长期积累下来的资料能帮助教师从纵向时间维度来看待和理解教育现象，让教师真切感受到教育的过程，从而进一步帮助自己加深对儿童的理解，对一些教育理念也会形成更为深刻的认识。因此，教师应养成随时记录、经常总结的好习惯。"不积跬步，无以至千里。"通过平时的点滴积累，教师就可以不断丰富自身的教育教学经验，促进自身专业成长。

随着信息技术的快速发展，过去比较困难的事情，目前已经变得相对容易。例

---

[1] 毛曙阳. 幼儿园教师文案写作指导[M]. 2版. 上海：华东师范大学出版社，2024：007.
[2] 毛曙阳. 幼儿园教师文案写作指导[M]. 2版. 上海：华东师范大学出版社，2024：071.

如，借助信息技术手段，人们已经可以快速地记录各种信息，可以把大量的来自期刊、图书的信息转化为电子格式储存在电脑之中，电脑储存器的容量也越来越大，将语音转换为文字信息也越来越容易实现。这些都有利于我们以较低的成本和较短的时间来进行记录，进而慢慢地形成大数据，这些条件也能帮助教师不断深化对教育教学经验的总结，寻找出教育教学的规律，最后不断提高幼儿园保育教育质量。

### 四、教师要借助学习团队，共同提升总结教育教学经验的能力

教师在总结教育教学经验时应注意不要"独自发力"和"孤陋寡闻"，除了自己内省、总结实践经验外，更要抓住外出学习与在不同平台学习或展示的机会，多与有经验的同行进行交流，集聚多方力量充实自己。同时，还要善于通过自身的解读与理解寻找到零星经验之间的联系，形成自己的经验体系。平时，教师之间可以互相观摩教育活动，通过交流研讨和对话等多种方式共同研究教育教学问题，梳理教育理念，寻找教育的基本规律。

综上，每一位教师都应该及时总结自己的教育教学经验，这也是提升教师专业化水平最直接和最有效的途径。总结自己的教育教学经验，凝聚自己的教学智慧，形成自己的教育教学风格，教师才可以更好地担负起引导儿童健康和谐成长的职责。

### 🎤 教师反馈

◎ 每天有空的时候，教师可以翻看自己平时的教育教学总结，多反思，多总结。珍惜每次外出交流、参观学习的机会，学习别人的工作经验和方式，在学习和观摩中不断反思和调整，提升自身的工作能力。

# 47. 写好读书笔记

教师要充分重视读书和写读书笔记的重要性和必要性，可以说，这是教师专业成长的一条必由之路。幼儿园教师要勤于读书，也要勤于做笔记。幼儿园教师的笔记要凸显幼儿园的特色。在大量读书和做笔记之后，教师要养成边读边思考的好习惯。

### 📝 自我评估

1. 幼儿教师应多读书，但因工作特点，只需要多看，不需要动手去写。（　　）
2. 幼儿园教师可以把书中重要的、见解独到的段落摘录下来并加以点评和分析。（　　）

### 📝 参考要点

1. 幼儿教师应多读书，但因工作特点，只需要多看，不需要动手去写。（ × ）
2. 幼儿园教师可以把书中重要的、见解独到的段落摘录下来并加以点评和分析。（ √ ）

### 💡 分析与思考

**一、要充分意识到读书与写读书笔记的重要性**

教师要充分重视读书和写读书笔记的重要性和必要性，可以说，这是教师专业成长的一条必由之路。苏霍姆林斯基曾说过："教师获得教育素养的主要途径就是读书，读书，再读书。"屈原云："路曼曼其修远兮，吾将上下而求索。"教师因读书少而形成的"短板"在一定程度上制约着教师的专业发展。阅读优秀的书籍就如同与有思想的高人对话，能够有效地拓宽阅读者的视野。教师可以阅读本专业领域中的经典名著，这有利于教师学习前人的宝贵经验，也可以阅读本市、本区、本园幼教同行写的有价值的文章，如蜜蜂采蜜般博采众长，提升自我。

**二、要勤于读书**

教师要通过多种途径收集各类有价值的信息，多读好书，勤记笔记，了解、学习他人的有益经验，以增加自己的知识储备量。这些途径包括：阅读好的书籍，阅读优秀的专业期刊，利用网络收集信息、记录他人的精彩讲话等。阅读优秀的书籍就如同与有思想的人对话，能有效地拓展教师的工作思路。幼儿园教师可以多读一些业内专家认可的、一致推荐的好书，可以选择一些概念和理念清晰的专业书籍进行阅读，从而不断提炼自己的专业理念，提高自己的专业水平。

**三、要勤于做笔记**

我们可以把阅读看作是一种输入；要让阅读的知识产生力量，就需要对它们进行加工，而做读书笔记就是一种有效的加工和再思考。笔记的形式是多样的。教师可以用画线的方式在书中标注出给自己留下深刻印象的语句，并在旁边写上自己的观点和点评；可以在单独的本子上摘抄；可以把书中见解独到的段落摘录下来，并加以点评分析；也可以在电脑上进行摘抄。我们可以把读书笔记分为摘抄和评论两部分，摘抄可帮助教师更好、更深地理解书中的精华部分，而评论则有助于教师形成自己的独特思考方式。摘抄是客观的，评论是主观的，两者相辅相成，可以加深教师对书籍内容的理解和感悟。持续不断地进行摘抄和评论，将有助于提高教师的写作能力。

通过写读书笔记，教师会对书籍中的一些内容形成深刻的印象，这将有利于教师创造性地加以应用和借鉴。如果教师有了大量的阅读和笔记做积淀，那么他们的视野会更加开阔，也能为自己的写作提供有价值的参考信息，增强文章的说服力。[①]

### 四、读书笔记要凸显幼儿园的特色

幼儿园教师应多阅读专家推荐的书籍，其内容可以包括：有关家庭教育的书籍、幼儿绘本、专业期刊，以及幼儿心理学、幼儿教育学方面的系列书籍。在阅读之后，要联系实际工作，在工作中落实书中的一些观念和理念，即用好的理念指导实践。大家可以在幼儿园和同事一起读书，以提高读书的兴趣，增强阅读的积极性。

### 五、要养成边读边思考的好习惯

孔子曰："学而不思则罔，思而不学则殆。"孔子的话旨在告诫我们，只有把学习和思考结合起来，才能学到切实有用的知识。在孔子看来，光读书不思考，光思考不读书，都是不合适与不全面的。华罗庚教授把读书的过程归纳为"由厚到薄"和"由薄到厚"两个阶段。他说，一本书，当未读之前，你感到就是那么厚；在读的过程中，如果你对各章各节又做深入的探讨，在每页上加添注解，补充参考材料，那就会觉得更好了。但是，当我们对书的内容，真正有了透彻的了解，抓住了全书的要点，掌握了全书的精神实质后，就会感到书变薄了。越是懂得透彻，就越有薄的感觉。这是每个科学家都要经历的过程。这样，并不是学的知识变少了，而是把知识消化了。[②]

当今社会，幼儿园教师应树立终身学习的教育观。多读书，多写笔记，教师就

---

① 毛曙阳. 幼儿园教师文案写作指导 [M]. 2版. 上海：华东师范大学出版社，2024：008.
② 梁金豹. 百位名人读书心法 [M]. 郑州：中州古籍出版社，2012：149.

能了解到最新的、最有影响的知识信息，可以有效补偿自己理论知识的不足，迅速地调节知识结构，更新自己的知识观念，搭建起有自身风格的知识体系结构，从而进一步夯实专业理论基础，不断提升专业能力和水平，并逐渐形成有自身特色的、高效实用的教育教学风格。

### 教师反馈

◎ 教师在专业发展的过程中，认真阅读与专业成长有关的书籍是必不可少的一件事。专业书籍需要经常阅读，温故而知新，每次读书完毕，教师都可以提笔记录书中的智慧，记录自己的感受，完成小篇幅的阅读笔记并细细品味。可以将实际工作与感悟相结合，在阅读、记录的过程中帮助自己将理论内化于心。

## 48. 新手教师的专业成长

新手教师的专业成长是教育界关注的热点，新手幼儿园教师拥有知识面广、精力充沛、爱学习和可塑性强等优势，他们给幼儿教育事业注入了新鲜血液。但新手教师也有着明显的局限。入职初期是新手教师专业成长的关键期。随着《幼儿园教师专业标准（试行）》的颁布，社会对幼儿园教师的专业水平提出了更高的要求，因此，新手教师要通过各种方式来深化对教育理念的认识，提升自身的感悟能力，提高专业水平。

### 自我评估

1. 幼儿园新手教师的优势是：有充沛的精力，思维活跃，容易接受新事物和新观念。（    ）

2. 美国著名幼教专家凯茨认为，专业的幼儿园教师会运用可靠的专业知识及见解进行判断，其目的着眼于儿童长期的发展利益。（    ）

### 参考要点

1. 幼儿园新手教师的优势是：有充沛的精力，思维活跃，容易接受新事物和新

观念。 　　　　　　　　　　　　　　　　　　　　　　　　　　　　（√）

2. 美国著名幼教专家凯茨认为，专业的幼儿园教师会运用可靠的专业知识及见解进行判断，其目的着眼于儿童长期的发展利益。　　　　　　　　　　　（√）

## 分析与思考

### 一、幼儿园新手教师有自身的优势

新手教师的专业成长是教育界关注的热点，新手幼儿园教师拥有知识面广、精力充沛、爱学习和可塑性强等优势，他们给幼儿教育事业注入了新鲜血液。新手教师有着自身独特的优势，例如：年轻，更容易与幼儿良好沟通，乐意和孩子们在一起，更能听得懂儿童的话语；思维活跃，容易接受新事物；精力充沛，有钻研精神，能和孩子一起跳舞、唱歌、玩游戏，孩子更容易对其产生亲近感；动手能力强，在信息技术运用方面有优势；有一定的创新意识和能力，乐意和敢于接受挑战；没有心理包袱，可塑性强；渴望学习，希望在较短时间内得到更为专业的培训，愿意通过学习提高自身的专业水平。我们要充分肯定新手教师的可贵优势，有的放矢地提高新手教师的专业能力。

### 二、新手教师入职初期，是其专业成长的关键期和定型期

入职初期是新手教师专业成长的关键期。在肯定其优势的基础上，我们也看到新手教师有明显的局限，例如：缺少经验；在分析和处理问题上，容易缺乏灵活性；在与人沟通方面，社会经验不足；做事情的持续性和高标准上需要进一步锻炼；需要提高应对复杂教育教学情境和处理特殊问题的能力。虞永平和王春燕认为，每位教师都要经历从新手教师到胜任教师的过程，他们提出："专业特征或内涵更多的是考察专业化的某种标准和结果，专业发展更多的是研究专业化的过程和阶段。由于教师的专业发展主要表现为教育教学专长的累积和提升，我们这里以'发展路向''积累和提升的程度'标准把幼儿园教师专业发展划分为新手教师、熟练新手教师、胜任型教师、业务精干型教师和专家型教师五个阶段。所有教师都是从新手阶段起步的。随着教育理论知识和教育实践经验的积累，大约经过两到三年，新手教师逐渐发展成为熟练型新手教师，其中大部分熟练型新手教师，经过教学实践和职业培训，经过三到四年，成为胜任型教师。"[①] 朱家雄和张亚军也提出："新入职教师的

---

① 虞永平，王春燕. 学前教育学［M］. 北京：高等教育出版社，2012：78.

业务积累的最佳期一般在前五年，因为随着年龄的增长，年轻的教师们到了谈婚论嫁、生育的时期，工作的精力难免受到影响，如果此时仍尚未有良好的专业积累，是很难跟得上幼教事业发展的。新教师自身往往并不能意识到这点，需要园长以饱满的职业热情对新教师进行专业引导，细心地观察每一位新教师，发现她们各自不同的优点和弱点，并进行有针对性的指导。"[1]

因此，在入职初期，新手教师要充分利用好这一关键期，让自己的专业能力获得较为迅速和稳定的提升。具体方式如下：（1）不断积累经验。要及时记录、整理自己的教育教学经验，并积极反思。（2）向有经验的教师学习。通过向有经验的和受到家长、幼儿和同事一致肯定的德艺双馨的教师学习，拜他们为师，在经验模仿中向师傅诚心学习和请教，让自己尽快适应教育教学岗位的要求。（3）多读书，多写笔记。大量地阅读和摘抄专家们普遍推荐的好书，可以让教师在理论学习上迅速地上一个台阶。当今社会是一个提倡终身学习的社会，是一个鼓励相互教授和相互启发的社会，因此，新手教师要以更加热忱的态度来对待学习和读书，只有这样，才能不断训练自己新的思维方式，不断提高自己解决问题的能力。例如，新手教师要对儿童在各年龄段的特征，以及不同年龄段的幼儿可以发展到什么样的水平有较为全面和准确的认识。又如，教师要会根据发展检核表来辨析和确认2—3岁幼儿在社会能力和个性发展方面的特征，即：用语言来寻求和引起关注；在别人旁边玩，然后开始和别人一起玩；观看别的幼儿；参与团队活动；理解性别差异；乐于助人；表现出独立意识；可能拥有幻想的游戏伙伴[2]。这些信息都将有助于丰富教师的专业知识储备。（4）树立适宜的儿童观和教育观，形成自己的教育风格。在经验积累和学习的过程中，新手教师不仅从有经验的教师那里和理论书籍中获得了滋养，也在与幼儿和家长接触的过程中提高了对教育问题的认识能力和人际沟通能力，在此基础上，新手教师就要有效地树立起自己认可的，同时也要贯彻于实际行动中的儿童观和教育观，形成有自己个性的教育风格，逐步成为有经验的、有爱心和有智慧的胜任型教师。

### 三、新手教师要不断提高自身的专业水平

新手教师要通过各种方式来深化对教育理念的认识，提升自身的感悟能力，提

---

[1] 朱家雄，张亚军. 给幼儿园园长的建议 [M]. 上海：华东师范大学出版社，2010：147.
[2] [美] 苏·戈贝尔. 评价幼儿的6种简易方法 [M]. 毛曙阳，译. 上海：华东师范大学出版社，2011：119.

高专业水平。吴康宁教授提出，教师对人的意涵和品质方面要有深刻的认识，要认识到教育以育人为本。他提出，要培养真人（纯真之人和求真之人）、善人（容人之人和爱人之人）、正人（正派之人和正义之人）、能人（能动之人和能创之人）和个人（独立之人和独特之人）[1]。美国著名幼教专家凯茨认为，"专业幼儿园教师"与"非专业幼儿园教师"的差异在于：专业人员的反应是运用可靠的专业知识及见解做判断，其目的着眼于儿童长期的发展利益；而非专业人员的反应则多视当时的情况，以能在最短的时间内解决事情为标准来决定行为反应，而不是以儿童长期的发展利益为目标[2]。新手教师只有在这些基本问题上有自身的思考和认识，才会形成适宜的教育观念。

目前，随着《幼儿园教师专业标准（试行）》的颁布，社会对幼儿园教师的专业水平提出了更高的要求，因此，我们也需要跟随时代的脚步，不断深化对教师专业化的认识，不断助推新手教师提升专业能力和水平。

### 教师反馈

◎ 新教师要对工作充满热情，要认真对待岗前培训，全方位地了解岗位工作职责，并确立发展目标。"学者必求师，从师不可不谨也。"在实践工作中，若遇到困惑和迷茫之处，要主动请教有经验的教师。平时可多看专业书籍，多积累实践案例，理论联系实际，让自己的专业能力不断得到提升。

# 49. 全面提升教师的素养

百年大计，教育为本；教育大计，教师为本。教师素质的高低直接决定着教育质量的高低。幼儿园教师要坚持以育人为本，要树立高尚的职业道德，要热爱生活，要不断提升自身的身体素质和心理素质，不断充实自己的专业知识，提高自己的专业能力。

---

[1] 吴康宁. 重新发现教师 [M]. 南京：南京师范大学出版社，2017：100.
[2] 虞永平，王春燕. 学前教育学 [M]. 北京：高等教育出版社，2012：75.

### 自我评估

1. 幼儿园教师只需精通学前教育专业知识，其他领域的知识则不需要去了解。

（    ）

2. 幼儿园教师的工作方式、思维方式和待人处事的方式会影响到周围的幼儿。

（    ）

### 参考要点

1. 幼儿园教师只需精通学前教育专业知识，其他领域的知识则不需要去了解。

（ × ）

2. 幼儿园教师的工作方式、思维方式和待人处事的方式会影响到周围的幼儿。

（ √ ）

### 分析与思考

随着社会的进步与发展，人们越来越关注学前教育的质量，人们对幼儿园教师综合素质的要求也越来越高。我们认为幼儿园教师需要在以下三个方面下功夫。

#### 一、要拥有高尚的职业道德

幼儿园教师应该有高尚的道德修养，应注重自身的修为；要热爱幼儿教育事业，做到一切为了孩子，为了孩子的一切，为了一切孩子。在平时工作中，要彰显爱心、耐心和细心，关爱每个幼儿，尊重幼儿的人格和权利，具备工作的自觉性和责任感。幼儿园教师要有良好的师德，要成为既有爱心又有智慧的教师。杨九俊指出，智慧教育首先是一种善，一种爱，一种德行。所谓态度决定一切，对学生、对事业、对生活的大爱，使我们面对具体的情境，有了倾心的关注，有了敏锐的感知，有了正确的判断，有了智慧的行动[①]。宜兴第二实验小学的吴红华老师说得好："一支拥有爱心的教师队伍是学校最宝贵的财富。有爱心，就会有等待每一朵花儿静静绽放的耐心和海纳百川的宽容。智慧是知性与德行的和谐统一，教师德行的具体体现，就是'爱'。"这所学校通过多种活动，让教师感受爱、学会爱，让教师体会"没有爱就没有真正的教育"，从而将对学生的爱渗透在教育的每个细节

---

① 杨九俊. 幸福教育的样子 [M]. 南京：江苏凤凰教育出版社，2014：62-63.

中。也有专家指出，只有唤起教师的热爱，才能让教师成为专业的教师，"要想使教师成为他自身专业发展的动力，……就需要不断激励教师，唤起教师对于儿童和民族的热爱。尽管这很难，但要是做不到这一点，就休想使他产生对于专业发展的内在的需要和欲望"①。

## 二、要热爱生活，不断提升自身的身体素质和心理素质

幼儿园教师自身要热爱生活，要积极乐观地看待周围的世界，细心感受生活中的美好；要有积极的兴趣爱好，能不断发现生活中的美好并珍视之。只有这样，他们才能让自身对生活的这种热爱感染儿童，为他们树立良好的榜样。幼儿园教师要有健康的身体。健康的身体是做好幼儿园各项工作的基础和前提。身体健康的教师，会保持充沛的精力，工作效率高，在与幼儿一起活动时，会给幼儿带来自信和欢乐。幼儿园教师要有良好和稳定的心理素质。如果教师的工作方式倾向于民主型，心胸开朗，思维敏捷，情绪稳定，善于自制，对幼儿充满热情，工作主动，处事机智灵活，那么他所任教班级的幼儿也会更加倾向于守纪律，有礼貌，乐意与人亲近，会与他人友好相处。因此，幼儿教师必须加强身心修养，在幼儿面前展现出自身的人格魅力，就会获得幼儿的信赖和喜爱。英国的霍姆斯建议教师要拥有开放的心态，这样就更可能获得幸福感。他指出："以开放的心态来面对个人和专业发展的因素包括：寻找学习机会的意愿，在生活的所有方面看到积极学习潜力的意愿；积极反思，对变化充满好奇；主动积极地学习，由求知欲驱动而不是被动胁从。"②

## 三、要不断充实自己的专业知识，提高自己的专业能力

与其他教师职业相比，幼儿园教师的工作更具有启蒙性、整体性和全面性。幼儿园的教育内容涉及社会、健康、科学、艺术和语言等多个领域，教师需要有比较宽广的知识面，要掌握一定的教育艺术，才能有效地支持幼儿主动发展，才能胜任本职工作。幼儿园教师要有广博的知识，要成为"杂家"。幼儿园教师的知识越丰富，就越能吸引幼儿的注意力，在幼儿面前才会更有威信。美国的帕尔默指出："好的老师具有联合能力。他能够将自己、所教学科和他们的学生编织成复杂的联系网，以便学生能够学会去编织一个他们自己的世界。使用的方法不尽相同：讲授法、苏

---

① 崔岚，黄丽萍. 如何当好教研组长 [M]. 上海：华东师范大学出版社，2011：61.
② [英] 霍姆斯. 教师的幸福感 [M]. 闫慧敏，译. 北京：中国轻工业出版社，2006：127.

格拉底式的对话、实验室试验、协作解决问题、有创造性的小发明。好老师形成的联合不在于他们的方法，而在于他们的心灵——这里的心灵是取它古代的含义，是人类自身中整合智能、情感、精神和意志的所在。当优秀教师把他们和学生与学科结合在一起编织生活时，他们的心灵就是织布机，针线在这里牵引，力在这里绷紧，线梭子在这里转动，从而生活的方方面面被精密地编织伸展。"① 此外，教师还要不断提高自身的沟通能力，不断磨炼写作和表达能力。

### 教师反馈

◎ "传道之人必须闻道在先。"幼儿园教师肩负着培育幼儿成长的重任。在工作过程中，教师要不断规范自己的一言一行，并将自己的德行渗透在日常教育教学工作的每个环节。

## 50. 提高教师的教育研究能力

幼儿园教师既是儿童的照料者、看护者和教育引导者，也是儿童教育的研究者。提高教师的教育研究能力有助于深化教师对幼儿的理解，有助于提高教师的综合素养，有助于提升幼儿园的保教质量。幼儿园教师要有研究的意识，要能够明确研究的内容、确定研究的问题、选择合适的研究方法，要结合自身工作实践不断提高自己的研究能力和水平。

### 自我评估

1. 一个较为完整的研究包括以下部分，即：选择研究的主题；已有研究和文献综述；确定具体研究问题；设计研究方案；搜集信息；_____；得出研究结果和结论；_____。

2. 幼儿园教师需要不断提高自己的教育研究能力。　　　　　　　　（　　）

---

① ［美］帕克·帕尔默. 教学勇气：漫步教师心灵［M］. 吴国珍，等译. 上海：华东师范大学出版社，2014：3.

## 参考要点

1. 一个较为完整的研究包括以下部分，即：选择研究的主题；已有研究和文献综述；确定具体研究问题；设计研究方案；搜集信息； 处理分析数据 ；得出研究结果和结论； 撰写研究报告 。

2. 幼儿园教师需要不断提高自己的教育研究能力。（ √ ）

## 分析与思考

### 一、幼儿园教师要有研究的意识和研究的能力

所谓研究，就是要用各种方法来探明事情的真相，找寻事物发展的规律。好奇是人类的天性。人类普遍具有了解和解释所经历事情的内在冲动。有专家指出，根据研究者的具体情况，研究的方式是多样化的，"一些研究者采用线性的、逻辑的方式，也就是演绎式的研究方法论。该方法论与实证主义范式密切相关，通常要等到所有数据收集完毕以后，才开始分析数据并得出结论。他们常根据已有的理论或已完成的研究提出假设，仔细设计研究方案，以验证假设。还有一些研究者采用的则是变化性和直觉性更强的路径，也就是归纳式的研究方法论。该方法论与解释主义和后现代范式密切联系，通常采用质性研究方法来搜集数据"[①]。

### 二、明确研究的内容

一般来说，一个较为完整的研究包括以下部分，即选择研究的主题；已有研究和文献综述；确定具体研究问题；设计研究方案；搜集信息；处理分析数据；得出研究结果和结论；撰写研究报告。

### 三、确定研究的问题

幼儿园教师的工作有一定的特殊性，因此需要认真规划和思考自己要研究的问题。我们建议，教师可以通过以下途径来确定要研究的问题：（1）翻阅自己平时的儿童观察记录、教学记录、读书笔记和活动心得等材料，从中寻找到自己最感兴趣的研究内容。（2）研究的题目要小一些，研究的时间可以相对短一些，研究的步骤

---

① ［澳］麦克诺顿，等. 早期教育研究方法：国际视野下的理论与实践［M］. 李敏谊，等译. 北京：教育科学出版社，2008：13.

和计划要尽可能详细，这样开展起来就会更加顺利。（3）自己对这一研究话题有浓厚的兴趣和较长时间的关注与思考。（4）自己要有必要的时间、资源、便利的条件和专业能力来开展相关研究。（5）研究的话题要符合伦理。研究不应对研究对象产生损害，要有利于幼儿的健康发展。①

### 四、选择合适的研究方法

幼儿园中常采用的研究方法有文献法、观察法、调查法、经验总结法、个案研究法和行动研究法。（1）文献研究法。就是研究者对文献进行查阅、分析、整理并力图寻找事物本质属性而形成对事实的科学认识的方法。（2）观察法。是指研究者通过感官和辅助设备，有目的、有计划地对研究对象进行系统的观察和考察，获得事实资料的一种方法。（3）调查法。是指研究者有目的、有计划地对研究对象进行问卷调查、访谈，以了解其总体现状，系统地收集有关问题和现状的资料，分析其中的因果关系，获得关于教育现象的科学事实，从而形成关于教育现象的科学认识的一种研究方法。（4）经验总结法。是研究者依据教育实践所提供的事实，按照科学研究的程序，对积累的教育经验进行分析、概括，深入、全面和系统地揭示经验的实质，使之上升为教育理论的一种教育科研方法。（5）个案研究法。是对单一的研究对象进行深入而具体研究的方法，是研究者选取一个研究对象，广泛搜集这个研究对象的资料，彻底了解其现状及发展历程，对其典型特征进行深入而缜密的研究分析，确定问题症结，进而提出建议的一种研究方法。（6）行动研究法。是一种适应小范围内教育改革的探索性的研究方法，其目的不在于建立理论、归纳规律，而是针对教育活动和教育实践中的问题，在行动研究中不断地探索、改进工作，以解决实际问题。

### 教师反馈

◎ 作为一线教师，我每天都在审视自己的教育观念和教育行为，我会及时记录在日常生活中发生的故事，记录零星的经验、情感和体会，这些都来自我对孩子行为的用心观察，来自我对自己教育行为的深刻反思。这些尝试会帮助我不断提升自身的教育研究能力。

---

① 毛曙阳. 幼儿园教师文案写作指导［M］. 2版. 上海：华东师范大学出版社，2024：174.

# 推荐书目

1. [美] 安·S. 爱泼斯坦. 有准备的教师：为幼儿学习选择最佳策略 [M]. 李敏谊，张晨晖，郑艳，李雅静，译. 北京：教育科学出版社，2012.

2. [美] 卡洛琳·爱德华兹，[美] 莱拉·甘第尼，乔治·福尔曼. 瑞吉欧幼儿教育精选译丛·儿童的一百种语言：转型时期的瑞吉欧·艾米利亚经验 [M]. 3版. 尹坚勤，王坚红，沈尹婧，译. 南京：南京师范大学出版社，2014.

3. [新] 布朗利. 与我心灵共舞：满足婴幼儿的成长需求——安全感、被爱和被尊重 [M]. 范忆，刘萌然，译. 南京：南京师范大学出版社，2001.

4. [美] 贝纳姆. 培养卓越儿童：幼儿教育中的瑞吉欧教学法 [M]. 叶平枝，等译. 北京：中国轻工业出版社2022.

5. [美] 班宁，沙利雯. 透视幼儿的户外学习 [M]. 毛曙阳，译. 北京：中国轻工业出版社，2023.

6. [美] 黛安·翠斯特·道治，劳拉·柯克，凯特·海洛曼. 幼儿园创造性课程 [M]. 吕素美，译. 南京：南京师范大学出版社，2006.

7. 陈鹤琴. 陈鹤琴全集 [M]. 陈秀云，陈一飞，编. 南京：江苏教育出版社，2008.

8. [美] 约翰·杜威. 民主主义与教育 [M]. 王承绪，译. 北京：人民教育出版社，2001.

9. [美] 霍曼，等. 活动中的幼儿——幼儿认知发展课程 [M]. 郝和平，周欣，译. 北京：人民教育出版社，1995.

10. 胡华. 幼儿教师的教育哲学观 [M]. 上海：复旦大学出版社，2022.

11. 姜勇. 国外学前教育学基本文献讲读 [M]. 北京：北京大学出版社，2013.

12. 中华人民共和国教育部基础教育司. 《幼儿园教育指导纲要（试行）》解读 [M]. 南京：江苏教育出版社，2002.

13. 江苏省学前教育研学中心. 幼儿园课程游戏化实践指导手册 [M]. 南京：江苏凤凰教育出版社，2024.

14. [美]德布·柯蒂斯，玛吉·卡特. 和儿童一起学习：促进反思性教学的课程框架[M]. 周欣，周晶，张亚杰，高黎亚，译. 北京：教育科学出版社，2011.

15. [法]卢梭. 爱弥儿[M]. 李平沤，译. 北京：商务印书馆，1996.

16. [英]路易斯，等. 认识婴幼儿的游戏图式：图式背后的秘密[M]. 2版. 张晖，范忆，时萍，译. 北京：中国轻工业出版社，2019.

17. 刘敏，等. 幼儿园文案撰写规范与技巧[M]. 北京：中国轻工业出版社，2019.

18. 李季湄，冯晓霞.《3—6岁儿童学习与发展指南》解读[M]. 北京：人民教育出版社，2013.

19. 毛曙阳. 幼儿园教师文案写作指导[M]. 2版. 上海：华东师范大学出版社，2014.

20. [美]内尔·诺丁斯. 学会关心：教育的另一种模式[M]. 2版. 于天龙，译. 北京：教育科学出版社，2014.

21. [美]韦斯曼，亨德里克. 幼儿全人教育[M]. 2版. 钟欣颖，张瑞瑞，杜丹，译. 南京：南京师范大学出版社，2015.

22. 王春燕. 幼儿园课程概论[M]. 2版. 北京：高等教育出版社，2014.

23. 吴康宁. 重新发现教师[M]. 南京：南京师范大学出版社，2017.

24. [美]约翰逊，等. 游戏与儿童早期发展[M]. 华爱华，郭力平，等译. 上海：华东师范大学出版社，2006.

25. 虞永平. 生活化的幼儿园课程[M]. 北京：高等教育出版社，2012.

26. 颜莹. 教育写作：教师教育生活的专业表达[M]. 南京：江苏凤凰教育出版社，2020.

27. [日]佐藤学. 静悄悄的革命[M]. 李季湄，译. 长春：长春出版社，2003.

28. [美]DORIS BERGEN. Play as a Medium for Learning and Development：A Handbook of Theory and Practice[M]. Portmouth, NH：Heineman Press，1987.

29. [荷]约翰·赫伊津哈. 游戏的人[M]. 多人，译. 杭州：中国美术学院出版社，1996.

30. 中国学前教育研究会. 走向优质——中国幼儿园教育质量评价标准[M]. 南京：江苏凤凰教育出版社，2024.

附件 1

# 中华人民共和国学前教育法

（2024 年 11 月 8 日第十四届全国人民代表大会常务委员会第十二次会议通过）

## 目　录

第一章　总　则
第二章　学前儿童
第三章　幼儿园
第四章　教职工
第五章　保育教育
第六章　投入保障
第七章　监督管理
第八章　法律责任
第九章　附　则

## 第一章　总　则

**第一条**　为了保障适龄儿童接受学前教育，规范学前教育实施，促进学前教育普及普惠安全优质发展，提高全民族素质，根据宪法，制定本法。

**第二条**　在中华人民共和国境内实施学前教育，适用本法。

本法所称学前教育，是指由幼儿园等学前教育机构对三周岁到入小学前的儿童（以下称学前儿童）实施的保育和教育。

**第三条**　国家实行学前教育制度。

学前教育是国民教育体系的组成部分，是重要的社会公益事业。

**第四条**　学前教育应当坚持中国共产党的领导，坚持社会主义办学方向，贯彻国家的教育方针。

学前教育应当落实立德树人根本任务，培育社会主义核心价值观，继承和弘扬中华优秀传统文化、革命文化、社会主义先进文化，培育中华民族共同体意识，为培养德智体美劳全面发展的社会主义建设者和接班人奠定基础。

**第五条** 国家建立健全学前教育保障机制。

发展学前教育坚持政府主导,以政府举办为主,大力发展普惠性学前教育,鼓励、引导和规范社会力量参与。

**第六条** 国家推进普及学前教育,构建覆盖城乡、布局合理、公益普惠、安全优质的学前教育公共服务体系。

各级人民政府应当依法履行职责,合理配置资源,缩小城乡之间、区域之间学前教育发展差距,为适龄儿童接受学前教育提供条件和支持。

国家采取措施,倾斜支持农村地区、革命老区、民族地区、边疆地区和欠发达地区发展学前教育事业;保障适龄的家庭经济困难儿童、孤儿、残疾儿童和农村留守儿童等接受普惠性学前教育。

**第七条** 全社会应当为适龄儿童接受学前教育、健康快乐成长创造良好环境。

**第八条** 国务院领导全国学前教育工作。

省级人民政府和设区的市级人民政府统筹本行政区域内学前教育工作,健全投入机制,明确分担责任,制定政策并组织实施。

县级人民政府对本行政区域内学前教育发展负主体责任,负责制定本地学前教育发展规划,统筹幼儿园建设、运行,加强公办幼儿园教师配备补充和工资待遇保障,对幼儿园进行监督管理。

乡镇人民政府、街道办事处应当支持本辖区内学前教育发展。

**第九条** 县级以上人民政府教育行政部门负责学前教育管理和业务指导工作,配备相应的管理和教研人员。县级以上人民政府卫生健康行政部门、疾病预防控制部门按照职责分工负责监督指导幼儿园卫生保健工作。

县级以上人民政府其他有关部门在各自职责范围内负责学前教育管理工作,履行规划制定、资源配置、经费投入、人员配备、待遇保障、幼儿园登记等方面的责任,依法加强对幼儿园举办、教职工配备、收费行为、经费使用、财务管理、安全保卫、食品安全等方面的监管。

**第十条** 国家鼓励和支持学前教育、儿童发展、特殊教育方面的科学研究,推广研究成果,宣传、普及科学的教育理念和方法。

**第十一条** 国家鼓励创作、出版、制作和传播有利于学前儿童健康成长的图书、玩具、音乐作品、音像制品等。

**第十二条** 对在学前教育工作中做出突出贡献的单位和个人,按照国家有关规定给予表彰、奖励。

## 第二章  学前儿童

**第十三条**  学前儿童享有生命安全和身心健康、得到尊重和保护照料、依法平等接受学前教育等权利。

学前教育应当坚持最有利于学前儿童的原则，给予学前儿童特殊、优先保护。

**第十四条**  实施学前教育应当从学前儿童身心发展特点和利益出发，尊重学前儿童人格尊严，倾听、了解学前儿童的意见，平等对待每一个学前儿童，鼓励、引导学前儿童参与家庭、社会和文化生活，促进学前儿童获得全面发展。

**第十五条**  地方各级人民政府应当采取措施，推动适龄儿童在其父母或者其他监护人的工作或者居住的地区方便就近接受学前教育。

学前儿童入幼儿园接受学前教育，除必要的身体健康检查外，幼儿园不得对其组织任何形式的考试或者测试。

学前儿童因特异体质、特定疾病等有特殊需求的，父母或者其他监护人应当及时告知幼儿园，幼儿园应当予以特殊照顾。

**第十六条**  父母或者其他监护人应当依法履行抚养与教育儿童的义务，为适龄儿童接受学前教育提供必要条件。

父母或者其他监护人应当尊重学前儿童身心发展规律和年龄特点，创造良好家庭环境，促进学前儿童健康成长。

**第十七条**  普惠性幼儿园应当接收能够适应幼儿园生活的残疾儿童入园，并为其提供帮助和便利。

父母或者其他监护人与幼儿园就残疾儿童入园发生争议的，县级人民政府教育行政部门应当会同卫生健康行政部门等单位组织对残疾儿童的身体状况、接受教育和适应幼儿园生活能力等进行全面评估，并妥善解决。

**第十八条**  青少年宫、儿童活动中心、图书馆、博物馆、文化馆、美术馆、科技馆、纪念馆、体育场馆等公共文化服务机构和爱国主义教育基地应当提供适合学前儿童身心发展的公益性教育服务，并按照有关规定对学前儿童免费开放。

**第十九条**  任何单位和个人不得组织学前儿童参与违背学前儿童身心发展规律或者与年龄特点不符的商业性活动、竞赛类活动和其他活动。

**第二十条**  面向学前儿童的图书、玩具、音像制品、电子产品、网络教育产品和服务等，应当符合学前儿童身心发展规律和年龄特点。

家庭和幼儿园应当教育学前儿童正确合理使用网络和电子产品，控制其使用时间。

**第二十一条** 学前儿童的名誉、隐私和其他合法权益受法律保护，任何单位和个人不得侵犯。

幼儿园及其教职工等单位和个人收集、使用、提供、公开或者以其他方式处理学前儿童个人信息，应当取得其父母或者其他监护人的同意，遵守有关法律法规的规定。

涉及学前儿童的新闻报道应当客观、审慎和适度。

## 第三章 幼儿园

**第二十二条** 县级以上地方人民政府应当统筹当前和长远，根据人口变化和城镇化发展趋势，科学规划和配置学前教育资源，有效满足需求，避免浪费资源。

**第二十三条** 各级人民政府应当采取措施，扩大普惠性学前教育资源供给，提高学前教育质量。

公办幼儿园和普惠性民办幼儿园为普惠性幼儿园，应当按照有关规定提供普惠性学前教育服务。

**第二十四条** 各级人民政府应当利用财政性经费或者国有资产等举办或者支持举办公办幼儿园。

各级人民政府依法积极扶持和规范社会力量举办普惠性民办幼儿园。

普惠性民办幼儿园接受政府扶持，收费实行政府指导价管理。非营利性民办幼儿园可以向县级人民政府教育行政部门申请认定为普惠性民办幼儿园，认定标准由省级人民政府或者其授权的设区的市级人民政府制定。

**第二十五条** 县级以上地方人民政府应当以县级行政区划为单位制定幼儿园布局规划，将普惠性幼儿园建设纳入城乡公共管理和公共服务设施统一规划，并按照非营利性教育用地性质依法以划拨等方式供地，不得擅自改变用途。

县级以上地方人民政府应当按照国家有关规定，结合本地实际，在幼儿园布局规划中合理确定普惠性幼儿园覆盖率。

**第二十六条** 新建居住区等应当按照幼儿园布局规划等相关规划和标准配套建设幼儿园。配套幼儿园应当与首期建设的居住区同步规划、同步设计、同步建设、同步验收、同步交付使用。建设单位应当按照有关规定将配套幼儿园作为公共服务设施移交地方人民政府，用于举办普惠性幼儿园。

现有普惠性幼儿园不能满足本区域适龄儿童入园需求的，县级人民政府应当通过新建、扩建以及利用公共设施改建等方式统筹解决。

第二十七条　地方各级人民政府应当构建以公办幼儿园为主的农村学前教育公共服务体系，保障农村适龄儿童接受普惠性学前教育。

县级人民政府教育行政部门可以委托乡镇中心幼儿园对本乡镇其他幼儿园开展业务指导等工作。

第二十八条　县级以上地方人民政府应当根据本区域内残疾儿童的数量、分布状况和残疾类别，统筹实施多种形式的学前特殊教育，推进融合教育，推动特殊教育学校和有条件的儿童福利机构、残疾儿童康复机构增设学前部或者附设幼儿园。

第二十九条　设立幼儿园，应当具备下列基本条件：

（一）有组织机构和章程；

（二）有符合规定的幼儿园园长、教师、保育员、卫生保健人员、安全保卫人员和其他工作人员；

（三）符合规定的选址要求，设置在安全区域内；

（四）符合规定的规模和班额标准；

（五）有符合规定的园舍、卫生室或者保健室、安全设施设备及户外场地；

（六）有必备的办学资金和稳定的经费来源；

（七）卫生评价合格；

（八）法律法规规定的其他条件。

第三十条　设立幼儿园经县级人民政府教育行政部门依法审批、取得办学许可证后，依照有关法律、行政法规的规定进行相应法人登记。

第三十一条　幼儿园变更、终止的，应当按照有关规定提前向县级人民政府教育行政部门报告并向社会公告，依法办理相关手续，妥善安置在园儿童。

第三十二条　学前教育机构中的中国共产党基层组织，按照中国共产党章程开展党的活动，加强党的建设。

公办幼儿园的基层党组织统一领导幼儿园工作，支持园长依法行使职权。民办幼儿园的内部管理体制按照国家有关民办教育的规定确定。

第三十三条　幼儿园应当保障教职工依法参与民主管理和监督。

幼儿园应当设立家长委员会，家长委员会可以对幼儿园重大事项决策和关系学前儿童切身利益的事项提出意见和建议，对幼儿园保育教育工作和日常管理进行监督。

第三十四条　任何单位和个人不得利用财政性经费、国有资产、集体资产或者捐赠资产举办或者参与举办营利性民办幼儿园。

公办幼儿园不得转制为民办幼儿园。公办幼儿园不得举办或者参与举办营利性民办幼儿园和其他教育机构。

以中外合作方式设立幼儿园，应当符合外商投资和中外合作办学有关法律法规的规定。

**第三十五条** 社会资本不得通过兼并收购等方式控制公办幼儿园、非营利性民办幼儿园。

幼儿园不得直接或者间接作为企业资产在境内外上市。上市公司不得通过股票市场融资投资营利性民办幼儿园，不得通过发行股份或者支付现金等方式购买营利性民办幼儿园资产。

## 第四章 教职工

**第三十六条** 幼儿园教师应当爱护儿童，具备优良品德和专业能力，为人师表，忠诚于人民的教育事业。

全社会应当尊重幼儿园教师。

**第三十七条** 担任幼儿园教师应当取得幼儿园教师资格；已取得其他教师资格并经县级以上地方人民政府教育行政部门组织的学前教育专业培训合格的，可以在幼儿园任教。

**第三十八条** 幼儿园园长由其举办者或者决策机构依法任命或者聘任，并报县级人民政府教育行政部门备案。

幼儿园园长应当具有本法第三十七条规定的教师资格、大学专科以上学历、五年以上幼儿园教师或者幼儿园管理工作经历。

国家推行幼儿园园长职级制。幼儿园园长应当参加县级以上地方人民政府教育行政部门组织的园长岗位培训。

**第三十九条** 保育员应当具有国家规定的学历，并经过幼儿保育职业培训。

卫生保健人员包括医师、护士和保健员，医师、护士应当取得相应执业资格，保健员应当具有国家规定的学历，并经过卫生保健专业知识培训。

幼儿园其他工作人员的任职资格条件，按照有关规定执行。

**第四十条** 幼儿园教师职务（职称）分为初级、中级和高级。

幼儿园教师职务（职称）评审标准应当符合学前教育的专业特点和要求。

幼儿园卫生保健人员中的医师、护士纳入卫生专业技术人员职称系列，由人力资源社会保障、卫生健康行政部门组织评审。

**第四十一条** 国务院教育行政部门会同有关部门制定幼儿园教职工配备标准。地方各级人民政府及有关部门按照相关标准保障公办幼儿园及时补充教师，并应当优先满足农村地区、革命老区、民族地区、边疆地区和欠发达地区公办幼儿园的需要。幼儿园及其举办者应当按照相关标准配足配齐教师和其他工作人员。

**第四十二条** 幼儿园园长、教师、保育员、卫生保健人员、安全保卫人员和其他工作人员应当遵守法律法规和职业道德规范，尊重、爱护和平等对待学前儿童，不断提高专业素养。

**第四十三条** 幼儿园应当与教职工依法签订聘用合同或者劳动合同，并将合同信息报县级人民政府教育行政部门备案。

**第四十四条** 幼儿园聘任（聘用）园长、教师、保育员、卫生保健人员、安全保卫人员和其他工作人员时，应当向教育、公安等有关部门查询应聘者是否具有虐待、性侵害、性骚扰、拐卖、暴力伤害、吸毒、赌博等违法犯罪记录；发现其有前述行为记录，或者有酗酒、严重违反师德师风行为等其他可能危害儿童身心安全情形的，不得聘任（聘用）。

幼儿园发现在岗人员有前款规定可能危害儿童身心安全情形的，应当立即停止其工作，依法与其解除聘用合同或者劳动合同，并向县级人民政府教育行政部门进行报告；县级人民政府教育行政部门可以将其纳入从业禁止人员名单。

有本条第一款规定可能危害儿童身心安全情形的个人不得举办幼儿园；已经举办的，应当依法变更举办者。

**第四十五条** 幼儿园应当关注教职工的身体、心理状况。幼儿园园长、教师、保育员、卫生保健人员、安全保卫人员和其他工作人员，应当在入职前和入职后每年进行健康检查。

**第四十六条** 幼儿园及其举办者应当按照国家规定保障教师和其他工作人员的工资福利，依法缴纳社会保险费，改善工作和生活条件，实行同工同酬。

县级以上地方人民政府应当将公办幼儿园教师工资纳入财政保障范围，统筹工资收入政策和经费支出渠道，确保教师工资及时足额发放。民办幼儿园可以参考当地公办幼儿园同类教师工资收入水平合理确定教师薪酬标准，依法保障教师工资待遇。

**第四十七条** 幼儿园教师在职称评定、岗位聘任（聘用）等方面享有与中小学教师同等的待遇。

符合条件的幼儿园教师按照有关规定享受艰苦边远地区津贴、乡镇工作补贴等津贴、补贴。

承担特殊教育任务的幼儿园教师按照有关规定享受特殊教育津贴。

**第四十八条** 国务院教育行政部门应当制定高等学校学前教育专业设置标准、质量保证标准和课程教学标准体系，组织实施学前教育专业质量认证，建立培养质量保障机制。

省级人民政府应当根据普及学前教育的需要，制定学前教育师资培养规划，支持高等学校设立学前教育专业，合理确定培养规模，提高培养层次和培养质量。

制定公费师范生培养计划，应当根据学前教育发展需要专项安排学前教育专业培养计划。

**第四十九条** 县级以上人民政府教育、卫生健康等有关部门应当按照职责分工制定幼儿园园长、教师、保育员、卫生保健人员等工作人员培训规划，建立培训支持服务体系，开展多种形式的专业培训。

## 第五章 保育教育

**第五十条** 幼儿园应当坚持保育和教育相结合的原则，面向全体学前儿童，关注个体差异，注重良好习惯养成，创造适宜的生活和活动环境，有益于学前儿童身心健康发展。

**第五十一条** 幼儿园应当把保护学前儿童安全放在首位，对学前儿童在园期间的人身安全负有保护责任。

幼儿园应当落实安全责任制相关规定，建立健全安全管理制度和安全责任制度，完善安全措施和应急反应机制，按照标准配备安全保卫人员，及时排查和消除火灾等各类安全隐患。幼儿园使用校车的，应当符合校车安全管理相关规定，保护学前儿童安全。

幼儿园应当按照国家有关规定投保校方责任保险。

**第五十二条** 幼儿园发现学前儿童受到侵害、疑似受到侵害或者面临其他危险情形的，应当立即采取保护措施，并向公安、教育等有关部门报告。

幼儿园发生突发事件等紧急情况，应当优先保护学前儿童人身安全，立即采取紧急救助和避险措施，并及时向有关部门报告。

发生前两款情形的，幼儿园应当及时通知学前儿童父母或者其他监护人。

**第五十三条** 幼儿园应当建立科学合理的一日生活制度，保证户外活动时间，做好儿童营养膳食、体格锻炼、全日健康观察、食品安全、卫生与消毒、传染病预防与控制、常见病预防等卫生保健管理工作，加强健康教育。

**第五十四条** 招收残疾儿童的幼儿园应当配备必要的康复设施、设备和专业康复人员，或者与其他具有康复设施、设备和专业康复人员的特殊教育机构、康复机构合作，根据残疾儿童实际情况开展保育教育。

**第五十五条** 国务院教育行政部门制定幼儿园教育指导纲要和学前儿童学习与发展指南，地方各级人民政府教育行政部门依据职责组织实施，加强学前教育教学研究和业务指导。

幼儿园应当按照国家有关规定，科学实施符合学前儿童身心发展规律和年龄特点的保育和教育活动，不得组织学前儿童参与商业性活动。

**第五十六条** 幼儿园应当以学前儿童的生活为基础，以游戏为基本活动，发展素质教育，最大限度支持学前儿童通过亲近自然、实际操作、亲身体验等方式探索学习，促进学前儿童养成良好的品德、行为习惯、安全和劳动意识，健全人格、强健体魄，在健康、语言、社会、科学、艺术等各方面协调发展。

幼儿园应当以国家通用语言文字为基本保育教育语言文字，加强学前儿童普通话教育，提高学前儿童说普通话的能力。

**第五十七条** 幼儿园应当配备符合相关标准的玩教具和幼儿图书。

在幼儿园推行使用的课程教学类资源应当经依法审定，具体办法由国务院教育行政部门制定。

幼儿园应当充分利用家庭、社区的教育资源，拓展学前儿童生活和学习空间。

**第五十八条** 幼儿园应当主动与父母或者其他监护人交流学前儿童身心发展状况，指导家庭科学育儿。

父母或者其他监护人应当积极配合、支持幼儿园开展保育和教育活动。

**第五十九条** 幼儿园与小学应当互相衔接配合，共同帮助儿童做好入学准备和入学适应。

幼儿园不得采用小学化的教育方式，不得教授小学阶段的课程，防止保育和教育活动小学化。小学坚持按照课程标准零起点教学。

校外培训机构等其他任何机构不得对学前儿童开展半日制或者全日制培训，不得教授学前儿童小学阶段的课程。

## 第六章 投入保障

**第六十条** 学前教育实行政府投入为主、家庭合理负担保育教育成本、多渠道筹措经费的投入机制。

各级人民政府应当优化教育财政投入支出结构，加大学前教育财政投入，确保财政性学前教育经费在同级财政性教育经费中占合理比例，保障学前教育事业发展。

**第六十一条** 学前教育财政补助经费按照中央与地方财政事权和支出责任划分原则，分别列入中央和地方各级预算。中央财政通过转移支付对地方统筹给予支持。省级人民政府应当建立本行政区域内各级人民政府财政补助经费分担机制。

**第六十二条** 国务院和省级人民政府统筹安排学前教育资金，重点扶持农村地区、革命老区、民族地区、边疆地区和欠发达地区发展学前教育。

**第六十三条** 地方各级人民政府应当科学核定普惠性幼儿园办园成本，以提供普惠性学前教育服务为衡量标准，统筹制定财政补助和收费政策，合理确定分担比例。

省级人民政府制定并落实公办幼儿园生均财政拨款标准或者生均公用经费标准，以及普惠性民办幼儿园生均财政补助标准。其中，残疾学前儿童的相关标准应当考虑保育教育和康复需要适当提高。

有条件的地方逐步推进实施免费学前教育，降低家庭保育教育成本。

**第六十四条** 地方各级人民政府应当通过财政补助、购买服务、减免租金、培训教师、教研指导等多种方式，支持普惠性民办幼儿园发展。

**第六十五条** 国家建立学前教育资助制度，为家庭经济困难的适龄儿童等接受普惠性学前教育提供资助。

**第六十六条** 国家鼓励自然人、法人和非法人组织通过捐赠、志愿服务等方式支持学前教育事业。

## 第七章  监督管理

**第六十七条** 县级以上人民政府及其有关部门应当建立健全幼儿园安全风险防控体系，强化幼儿园周边治安管理和巡逻防控工作，加强对幼儿园安全保卫的监督指导，督促幼儿园加强安全防范建设，及时排查和消除安全隐患，依法保障学前儿童与幼儿园安全。

禁止在幼儿园内及周边区域建设或者设置有危险、有污染的建筑物和设施设备。

**第六十八条** 省级人民政府或者其授权的设区的市级人民政府根据办园成本、经济发展水平和群众承受能力等因素，合理确定公办幼儿园和非营利性民办幼儿园的收费标准，并建立定期调整机制。

县级以上地方人民政府及有关部门应当加强对幼儿园收费的监管，必要时可以对收费实行市场调节价的营利性民办幼儿园开展成本调查，引导合理收费，遏制过高收费。

**第六十九条** 幼儿园收取的费用应当主要用于保育和教育活动、保障教职工待遇、促进教职工发展和改善办园条件。学前儿童伙食费应当专款专用。

幼儿园应当执行收费公示制度，收费项目和标准、服务内容、退费规则等应当向家长公示，接受社会监督。

幼儿园不得违反有关规定收取费用，不得向学前儿童及其家长组织征订教学材料，推销或者变相推销商品、服务等。

**第七十条** 幼儿园应当依法建立健全财务、会计及资产管理制度，严格经费管理，合理使用经费，提高经费使用效益。

幼儿园应当按照有关规定实行财务公开，接受社会监督。县级以上人民政府教育等有关部门应当加强对公办幼儿园的审计。民办幼儿园每年应当依法进行审计，并向县级人民政府教育行政部门提交经审计的财务会计报告。

**第七十一条** 县级以上人民政府及其有关部门应当建立健全学前教育经费预算管理和审计监督制度。

任何单位和个人不得侵占、挪用学前教育经费，不得向幼儿园非法收取或者摊派费用。

**第七十二条** 县级人民政府教育行政部门应当建立健全各类幼儿园基本信息备案及公示制度，利用互联网等方式定期向社会公布并更新政府学前教育财政投入、幼儿园规划举办等方面信息，以及各类幼儿园的教师和其他工作人员的资质和配备、招生、经费收支、收费标准、保育教育质量等方面信息。

**第七十三条** 县级以上人民政府教育督导机构对学前教育工作执行法律法规情况、保育教育工作等进行督导。督导报告应当定期向社会公开。

**第七十四条** 国务院教育行政部门制定幼儿园保育教育质量评估指南。省级人民政府教育行政部门应当完善幼儿园质量评估标准，健全幼儿园质量评估监测体系，将各类幼儿园纳入质量评估范畴，并向社会公布评估结果。

## 第八章 法律责任

**第七十五条** 地方各级人民政府及有关部门有下列情形之一的，由上级机关或者有关部门按照职责分工责令限期改正；情节严重的，对负有责任的领导人员和直接责任人员依法给予处分：

（一）未按照规定制定、调整幼儿园布局规划，或者未按照规定提供普惠性幼儿园建设用地；

（二）未按照规定规划居住区配套幼儿园，或者未将新建居住区配套幼儿园举办为普惠性幼儿园；

（三）利用财政性经费、国有资产、集体资产或者捐赠资产举办或者参与举办营利性民办幼儿园，或者改变、变相改变公办幼儿园性质；

（四）未按照规定制定并落实公办幼儿园生均财政拨款标准或者生均公用经费标准、普惠性民办幼儿园生均财政补助标准；

（五）其他未依法履行学前教育管理和保障职责的情形。

**第七十六条** 地方各级人民政府及教育等有关部门的工作人员违反本法规定，滥用职权、玩忽职守、徇私舞弊的，依法给予处分。

**第七十七条** 居住区建设单位未按照规定建设、移交配套幼儿园，或者改变配套幼儿园土地用途的，由县级以上地方人民政府自然资源、住房和城乡建设、教育等有关部门按照职责分工责令限期改正，依法给予处罚。

**第七十八条** 擅自举办幼儿园或者招收学前儿童实施半日制、全日制培训的，由县级人民政府教育等有关部门依照《中华人民共和国教育法》、《中华人民共和国民办教育促进法》的规定予以处理；对非法举办幼儿园的单位和个人，根据情节轻重，五至十年内不受理其举办幼儿园或者其他教育机构的申请。

**第七十九条** 幼儿园有下列情形之一的，由县级以上地方人民政府教育等有关部门按照职责分工责令限期改正，并予以警告；有违法所得的，退还所收费用后没收违法所得；情节严重的，责令停止招生、吊销办学许可证：

（一）组织入园考试或者测试；

（二）因管理疏忽或者放任发生体罚或者变相体罚、歧视、侮辱、虐待、性侵害等危害学前儿童身心安全的行为；

（三）未依法加强安全防范建设、履行安全保障责任，或者未依法履行卫生保健责任；

（四）使用未经审定的课程教学类资源；

（五）采用小学化的教育方式或者教授小学阶段的课程；

（六）开展与学前儿童身心发展规律、年龄特点不符的活动，或者组织学前儿童参与商业性活动；

（七）未按照规定配备幼儿园教师或者其他工作人员；

（八）违反规定收取费用；

（九）克扣、挪用学前儿童伙食费。

依照前款规定被吊销办学许可证的幼儿园，应当妥善安置在园儿童。

**第八十条** 幼儿园教师或者其他工作人员有下列情形之一的，由所在幼儿园或者县级人民政府教育等有关部门根据情节轻重，依法给予当事人、幼儿园负责人处分，解除聘用合同或者劳动合同；由县级人民政府教育行政部门禁止其一定期限内直至终身从事学前教育工作或者举办幼儿园；情节严重的，吊销其资格证书：

（一）体罚或者变相体罚儿童；

（二）歧视、侮辱、虐待、性侵害儿童；

（三）违反职业道德规范或者危害儿童身心安全，造成不良后果。

**第八十一条** 在学前教育活动中违反本法规定的行为，本法未规定法律责任，《中华人民共和国教育法》、《中华人民共和国未成年人保护法》、《中华人民共和国劳动法》等法律、行政法规有规定的，依照其规定。

**第八十二条** 违反本法规定，侵害学前儿童、幼儿园、教职工合法权益，造成人身损害或者财产损失的，依法承担民事责任；构成违反治安管理行为的，依法给予治安管理处罚；构成犯罪的，依法追究刑事责任。

## 第九章 附 则

**第八十三条** 小学、特殊教育学校、儿童福利机构、残疾儿童康复机构等附设的幼儿班等学前教育机构适用本法有关规定。

军队幼儿园的管理，依照本法和军队有关规定执行。

**第八十四条** 鼓励有条件的幼儿园开设托班，提供托育服务。

幼儿园提供托育服务的，依照有关法律法规和国家有关规定执行。

**第八十五条** 本法自2025年6月1日起施行。

附件 2

# 幼儿园教育指导纲要（试行）

## 第一部分　总　则

一、为贯彻《中华人民共和国教育法》《幼儿园管理条例》和《幼儿园工作规程》，指导幼儿园深入实施素质教育，特制定本纲要。

二、幼儿园教育是基础教育的重要组成部分，是我国学校教育和终身教育的奠基阶段。城乡各类幼儿园都应从实际出发，因地制宜地实施素质教育，为幼儿一生的发展打好基础。

三、幼儿园应与家庭、社区密切合作，与小学相互衔接，综合利用各种教育资源，共同为幼儿的发展创造良好的条件。

四、幼儿园应为幼儿提供健康、丰富的生活和活动环境，满足他们多方面发展的需要，使他们在快乐的童年生活中获得有益于身心发展的经验。

五、幼儿园教育应尊重幼儿的人格和权利，尊重幼儿身心发展的规律和学习特点，以游戏为基本活动，保教并重，关注个别差异，促进每个幼儿富有个性的发展。

## 第二部分　教育内容与要求

幼儿园的教育内容是全面的、启蒙性的，可以相对划分为健康、语言、社会、科学、艺术等五个领域，也可作其他不同的划分。各领域的内容相互渗透，从不同的角度促进幼儿情感、态度、能力、知识、技能等方面的发展。

一、健康

（一）目标

1. 身体健康，在集体生活中情绪安定、愉快；
2. 生活、卫生习惯良好，有基本的生活自理能力；
3. 知道必要的安全保健常识，学习保护自己；
4. 喜欢参加体育活动，动作协调、灵活。

（二）内容与要求

1. 建立良好的师生、同伴关系，让幼儿在集体生活中感到温暖，心情愉快，形成安全感、信赖感。

2. 与家长配合,根据幼儿的需要建立科学的生活常规。培养幼儿良好的饮食、睡眠、盥洗、排泄等生活习惯和生活自理能力。

3. 教育幼儿爱清洁、讲卫生,注意保持个人和生活场所的整洁和卫生。

4. 密切结合幼儿的生活进行安全、营养和保健教育,提高幼儿的自我保护意识和能力。

5. 开展丰富多彩的户外游戏和体育活动,培养幼儿参加体育活动的兴趣和习惯,增强体质,提高对环境的适应能力。

6. 用幼儿感兴趣的方式发展基本动作,提高动作的协调性、灵活性。

7. 在体育活动中,培养幼儿坚强、勇敢、不怕困难的意志品质和主动、乐观、合作的态度。

(三)指导要点

1. 幼儿园必须把保护幼儿的生命和促进幼儿的健康放在工作的首位。树立正确的健康观念,在重视幼儿身体健康的同时,要高度重视幼儿的心理健康。

2. 既要高度重视和满足幼儿受保护、受照顾的需要,又要尊重和满足他们不断增长的独立要求,避免过度保护和包办代替,鼓励并指导幼儿自理、自立的尝试。

3. 健康领域的活动要充分尊重幼儿生长发育的规律,严禁以任何名义进行有损幼儿健康的比赛、表演或训练等。

4. 培养幼儿对体育活动的兴趣是幼儿园体育的重要目标,要根据幼儿的特点组织生动有趣、形式多样的体育活动,吸引幼儿主动参与。

二、语言

(一)目标

1. 乐意与人交谈,讲话礼貌;

2. 注意倾听对方讲话,能理解日常用语;

3. 能清楚地说出自己想说的事;

4. 喜欢听故事、看图书;

5. 能听懂和会说普通话。

(二)内容与要求

1. 创造一个自由、宽松的语言交往环境,支持、鼓励、吸引幼儿与教师、同伴或其他人交谈,体验语言交流的乐趣,学习使用适当的、礼貌的语言交往。

2. 养成幼儿注意倾听的习惯,发展语言理解能力。

3. 鼓励幼儿大胆、清楚地表达自己的想法和感受，尝试说明、描述简单的事物或过程，发展语言表达能力和思维能力。

4. 引导幼儿接触优秀的儿童文学作品，使之感受语言的丰富和优美，并通过多种活动帮助幼儿加深对作品的体验和理解。

5. 培养幼儿对生活中常见的简单标记和文字符号的兴趣。

6. 利用图书、绘画和其他多种方式，引发幼儿对书籍、阅读和书写的兴趣，培养前阅读和前书写技能。

7. 提供普通话的语言环境，帮助幼儿熟悉、听懂并学说普通话。少数民族地区还应帮助幼儿学习本民族语言。

（三）指导要点

1. 语言能力是在运用的过程中发展起来的，发展幼儿语言的关键是创设一个能使他们想说、敢说、喜欢说、有机会说并能得到积极应答的环境。

2. 幼儿语言的发展与其情感、经验、思维、社会交往能力等其他方面的发展密切相关，因此，发展幼儿语言的重要途径是通过互相渗透的各领域的教育，在丰富多彩的活动中去扩展幼儿的经验，提供促进语言发展的条件。

3. 幼儿的语言学习具有个别化的特点，教师与幼儿的个别交流、幼儿之间的自由交谈等，对幼儿语言发展具有特殊意义。

4. 对有语言障碍的儿童要给予特别关注，要与家长和有关方面密切配合，积极地帮助他们提高语言能力。

三、社会

（一）目标

1. 能主动地参与各项活动，有自信心；

2. 乐意与人交往，学习互助、合作和分享，有同情心；

3. 理解并遵守日常生活中基本的社会行为规则；

4. 能努力做好力所能及的事，不怕困难，有初步的责任感；

5. 爱父母长辈、老师和同伴，爱集体、爱家乡、爱祖国。

（二）内容与要求

1. 引导幼儿参加各种集体活动，体验与教师、同伴等共同生活的乐趣，帮助他们正确认识自己和他人，养成对他人、社会亲近、合作的态度，学习初步的人际交往技能。

2. 为每个幼儿提供表现自己长处和获得成功的机会，增强其自尊心和自信心。

3. 提供自由活动的机会，支持幼儿自主地选择、计划活动，鼓励他们通过多方面的努力解决问题，不轻易放弃克服困难的尝试。

4. 在共同的生活和活动中，以多种方式引导幼儿认识、体验并理解基本的社会行为规则，学习自律和尊重他人。

5. 教育幼儿爱护玩具和其他物品，爱护公物和公共环境。

6. 与家庭、社区合作，引导幼儿了解自己的亲人以及与自己生活有关的各行各业人们的劳动，培养其对劳动者的热爱和对劳动成果的尊重。

7. 充分利用社会资源，引导幼儿实际感受祖国文化的丰富与优秀，感受家乡的变化和发展，激发幼儿爱家乡、爱祖国的情感。

8. 适当向幼儿介绍我国各民族和世界其他国家、民族的文化，使其感知人类文化的多样性和差异性，培养理解、尊重、平等的态度。

（三）指导要点

1. 社会领域的教育具有潜移默化的特点。幼儿社会态度和社会情感的培养尤应渗透在多种活动和一日生活的各个环节之中，要创设一个能使幼儿感受到接纳、关爱和支持的良好环境，避免单一呆板的言语说教。

2. 幼儿与成人、同伴之间的共同生活、交往、探索、游戏等，是其社会学习的重要途径。应为幼儿提供人际间相互交往和共同活动的机会和条件，并加以指导。

3. 社会学习是一个漫长的积累过程，需要幼儿园、家庭和社会密切合作，协调一致，共同促进幼儿良好社会性品质的形成。

四、科学

（一）目标

1. 对周围的事物、现象感兴趣，有好奇心和求知欲；

2. 能运用各种感官，动手动脑，探究问题；

3. 能用适当的方式表达、交流探索的过程和结果；

4. 能从生活和游戏中感受事物的数量关系并体验到数学的重要和有趣；

5. 爱护动植物，关心周围环境，亲近大自然，珍惜自然资源，有初步的环保意识。

（二）内容与要求

1. 引导幼儿对身边常见事物和现象的特点、变化规律产生兴趣和探究的欲望。

2. 为幼儿的探究活动创造宽松的环境，让每个幼儿都有机会参与尝试，支持、鼓励他们大胆提出问题，发表不同意见，学会尊重别人的观点和经验。

3. 提供丰富的可操作的材料，为每个幼儿都能运用多种感官、多种方式进行探索提供活动的条件。

4. 通过引导幼儿积极参加小组讨论、探索等方式，培养幼儿合作学习的意识和能力，学习用多种方式表现、交流、分享探索的过程和结果。

5. 引导幼儿对周围环境中的数、量、形、时间和空间等现象产生兴趣，建构初步的数概念，并学习用简单的数学方法解决生活和游戏中某些简单的问题。

6. 从生活或媒体中幼儿熟悉的科技成果入手，引导幼儿感受科学技术对生活的影响，培养他们对科学的兴趣和对科学家的崇敬。

7. 在幼儿生活经验的基础上，帮助幼儿了解自然、环境与人类生活的关系。从身边的小事入手，培养初步的环保意识和行为。

（三）指导要点

1. 幼儿的科学教育是科学启蒙教育，重在激发幼儿的认识兴趣和探究欲望。

2. 要尽量创造条件让幼儿实际参加探究活动，使他们感受科学探究的过程和方法，体验发现的乐趣。

3. 科学教育应密切联系幼儿的实际生活进行，利用身边的事物与现象作为科学探索的对象。

五、艺术

（一）目标

1. 能初步感受并喜爱环境、生活和艺术中的美；

2. 喜欢参加艺术活动，并能大胆地表现自己的情感和体验；

3. 能用自己喜欢的方式进行艺术表现活动。

（二）内容与要求

1. 引导幼儿接触周围环境和生活中美好的人、事、物，丰富他们的感性经验和审美情趣，激发他们表现美、创造美的情趣。

2. 在艺术活动中面向全体幼儿，要针对他们的不同特点和需要，让每个幼儿都得到美的熏陶和培养。对有艺术天赋的幼儿要注意发展他们的艺术潜能。

3. 提供自由表现的机会，鼓励幼儿用不同艺术形式大胆地表达自己的情感、理解和想象，尊重每个幼儿的想法和创造，肯定和接纳他们独特的审美感受和表现方式，分享他们创造的快乐。

4. 在支持、鼓励幼儿积极参加各种艺术活动并大胆表现的同时，帮助他们提高表现的技能和能力。

5. 指导幼儿利用身边的物品或废旧材料制作玩具、手工艺品等来美化自己的生活或开展其他活动。

6. 为幼儿创设展示自己作品的条件，引导幼儿相互交流、相互欣赏、共同提高。

（三）指导要点

1. 艺术是实施美育的主要途径，应充分发挥艺术的情感教育功能，促进幼儿健全人格的形成。要避免仅仅重视表现技能或艺术活动的结果，而忽视幼儿在活动过程中的情感体验和态度的倾向。

2. 幼儿的创作过程和作品是他们表达自己的认识和情感的重要方式，应支持幼儿富有个性和创造性的表达，克服过分强调技能技巧和标准化要求的偏向。

3. 幼儿艺术活动的能力是在大胆表现的过程中逐渐发展起来的，教师的作用应主要在于激发幼儿感受美、表现美的情趣，丰富他们的审美经验，使之体验自由表达和创造的快乐。在此基础上，根据幼儿的发展状况和需要，对表现方式和技能技巧给予适时、适当的指导。

## 第三部分　组织与实施

一、幼儿园的教育是为所有在园幼儿的健康成长服务的，要为每一个儿童，包括有特殊需要的儿童提供积极的支持和帮助。

二、幼儿园的教育活动，是教师以多种形式有目的、有计划地引导幼儿生动、活泼、主动活动的教育过程。

三、教育活动的组织与实施过程是教师创造性地开展工作的过程。教师要根据本《纲要》，从本地、本国的条件出发，结合本班幼儿的实际情况，制定切实可行的工作计划并灵活地执行。

四、教育活动目标要以《幼儿园工作规程》和本《纲要》所提出的各领域目标为指导，结合本班幼儿的发展水平、经验和需要来确定。

五、教育活动内容的选择应遵照本《纲要》第二部分的有关条款进行，同时体现以下原则：

（一）既适合幼儿的现有水平，又有一定的挑战性。

（二）既符合幼儿的现实需要，又有利于其长远发展。

（三）既贴近幼儿的生活来选择幼儿感兴趣的事物和问题，又有助于拓展幼儿的经验和视野。

六、教育活动内容的组织应充分考虑幼儿的学习特点和认识规律，各领域的内容要有机联系，相互渗透，注重综合性、趣味性、活动性，寓教育于生活、游戏之中。

七、教育活动的组织形式应根据需要合理安排，因时、因地、因内容、因材料灵活地运用。

八、环境是重要的教育资源，应通过环境的创设和利用，有效地促进幼儿的发展。

（一）幼儿园的空间、设施、活动材料和常规要求等应有利于引发、支持幼儿的游戏和各种探索活动，有利于引发、支持幼儿与周围环境之间积极的相互作用。

（二）幼儿同伴群体及幼儿园教师集体是宝贵的教育资源，应充分发挥这一资源的作用。

（三）教师的态度和管理方式应有助于形成安全、温馨的心理环境；言行举止应成为幼儿学习的良好榜样。

（四）家庭是幼儿园重要的合作伙伴。应本着尊重、平等、合作的原则，争取家长的理解、支持和主动参与，并积极支持、帮助家长提高教育能力。

（五）充分利用自然环境和社区的教育资源，扩展幼儿生活和学习的空间。幼儿园同时应为社区的早期教育提供服务。

九、科学、合理地安排和组织一日生活。

（一）时间安排应有相对的稳定性与灵活性，既有利于形成秩序，又能满足幼儿的合理需要，照顾到个体差异。

（二）教师直接指导的活动和间接指导的活动相结合，保证幼儿每天有适当的自主选择和自由活动时间。教师直接指导的集体活动要能保证幼儿的积极参与，避免时间的隐性浪费。

（三）尽量减少不必要的集体行动和过渡环节，减少和消除消极等待现象。

（四）建立良好的常规，避免不必要的管理行为，逐步引导幼儿学习自我管理。

十、教师应成为幼儿学习活动的支持者、合作者、引导者。

（一）以关怀、接纳、尊重的态度与幼儿交往。耐心倾听，努力理解幼儿的想法与感受，支持、鼓励他们大胆探索与表达。

（二）善于发现幼儿感兴趣的事物、游戏和偶发事件中所隐含的教育价值，把握时机，积极引导。

（三）关注幼儿在活动中的表现和反应，敏感地察觉他们的需要，及时以适当的方式应答，形成合作探究式的师生互动。

（四）尊重幼儿在发展水平、能力、经验、学习方式等方面的个体差异，因人施教，努力使每一个幼儿都能获得满足和成功。

（五）关注幼儿的特殊需要，包括各种发展潜能和不同发展障碍，与家庭密切配合，共同促进幼儿健康成长。

十一、幼儿园教育要与0—3岁儿童的保育教育以及小学教育相互衔接。

## 第四部分　教育评价

一、教育评价是幼儿园教育工作的重要组成部分，是了解教育的适宜性、有效性，调整和改进工作，促进每一个幼儿发展，提高教育质量的必要手段。

二、管理人员、教师、幼儿及其家长均是幼儿园教育评价工作的参与者。评价过程是各方共同参与、相互支持与合作的过程。

三、评价的过程，是教师运用专业知识审视教育实践，发现、分析、研究、解决问题的过程，也是其自我成长的重要途径。

四、幼儿园教育工作评价实行以教师自评为主，园长以及有关管理人员、其他教师和家长等参与评价的制度。

五、评价应自然地伴随着整个教育过程进行。综合采用观察、谈话、作品分析等多种方法。

六、幼儿的行为表现和发展变化具有重要的评价意义，教师应视之为重要的评价信息和改进工作的依据。

七、教育工作评价宜重点考察以下方面：

（一）教育计划和教育活动的目标是否建立在了解本班幼儿现状的基础上。

（二）教育的内容、方式、策略、环境条件是否能调动幼儿学习的积极性。

（三）教育过程是否能为幼儿提供有益的学习经验，并符合其发展需要。

（四）教育内容、要求能否兼顾群体需要和个体差异，使每个幼儿都能得到发展，都有成功感。

（五）教师的指导是否有利于幼儿主动、有效地学习。

八、对幼儿发展状况的评估，要注意：

（一）明确评价的目的是了解幼儿的发展需要，以便提供更加适宜的帮助和指导。

（二）全面了解幼儿的发展状况，防止片面性，尤其要避免只重知识和技能，忽略情感、社会性和实际能力的倾向。

（三）在日常活动与教育教学过程中采用自然的方法进行。平时观察所获的具有典型意义的幼儿行为表现和所积累的各种作品等，是评价的重要依据。

（四）承认和关注幼儿的个体差异，避免用划一的标准评价不同的幼儿，在幼儿面前慎用横向的比较。

（五）以发展的眼光看待幼儿，既要了解现有水平，更要关注其发展的速度、特点和倾向等。

附件 3

# 3—6 岁儿童学习与发展指南

## 说 明

一、为深入贯彻《国家中长期教育改革和发展规划纲要（2010—2020 年）》和《国务院关于当前发展学前教育的若干意见》（国发〔2010〕41 号），指导幼儿园和家庭实施科学的保育和教育，促进幼儿身心全面和谐发展，制定《3—6 岁儿童学习与发展指南》（以下简称《指南》）。

二、《指南》以为幼儿后继学习和终身发展奠定良好素质基础为目标，以促进幼儿体、智、德、美各方面的协调发展为核心，通过提出 3~6 岁各年龄段儿童学习与发展目标和相应的教育建议，帮助幼儿园教师和家长了解 3~6 岁幼儿学习与发展的基本规律和特点，建立对幼儿发展的合理期望，实施科学的保育和教育，让幼儿度过快乐而有意义的童年。

三、《指南》从健康、语言、社会、科学、艺术五个领域描述幼儿的学习与发展。每个领域按照幼儿学习与发展最基本、最重要的内容划分为若干方面。每个方面由学习与发展目标和教育建议两部分组成。

目标部分分别对 3~4 岁、4~5 岁、5~6 岁三个年龄段末期幼儿应该知道什么、能做什么，大致可以达到什么发展水平提出了合理期望，指明了幼儿学习与发展的具体方向；教育建议部分列举了一些能够有效帮助和促进幼儿学习与发展的教育途径与方法。

四、实施《指南》应把握以下几个方面：

1. 关注幼儿学习与发展的整体性。儿童的发展是一个整体，要注重领域之间、目标之间的相互渗透和整合，促进幼儿身心全面协调发展，而不应片面追求某一方面或几方面的发展。

2. 尊重幼儿发展的个体差异。幼儿的发展是一个持续、渐进的过程，同时也表现出一定的阶段性特征。每个幼儿在沿着相似进程发展的过程中，各自的发展速度和到达某一水平的时间不完全相同。要充分理解和尊重幼儿发展进程中的个别差异，支持和引导他们从原有水平向更高水平发展，按照自身的速度和方式到达《指南》所呈现的发展"阶梯"，切忌用一把"尺子"衡量所有幼儿。

3. 理解幼儿的学习方式和特点。幼儿的学习是以直接经验为基础，在游戏和日常生活中进行的。要珍视游戏和生活的独特价值，创设丰富的教育环境，合理安排一日生活，最大限度地支持和满足幼儿通过直接感知、实际操作和亲身体验获取经验的需要，严禁"拔苗助长"式的超前教育和强化训练。

4. 重视幼儿的学习品质。幼儿在活动过程中表现出的积极态度和良好行为倾向是终身学习与发展所必需的宝贵品质。要充分尊重和保护幼儿的好奇心和学习兴趣，帮助幼儿逐步养成积极主动、认真专注、不怕困难、敢于探究和尝试、乐于想象和创造等良好学习品质。忽视幼儿学习品质培养，单纯追求知识技能学习的做法是短视而有害的。

## 一、健康

健康是指人在身体、心理和社会适应方面的良好状态。幼儿阶段是儿童身体发育和机能发展极为迅速的时期，也是形成安全感和乐观态度的重要阶段。发育良好的身体、愉快的情绪、强健的体质、协调的动作、良好的生活习惯和基本生活能力是幼儿身心健康的重要标志，也是其他领域学习与发展的基础。

为有效促进幼儿身心健康发展，成人应为幼儿提供合理均衡的营养，保证充足的睡眠和适宜的锻炼，满足幼儿生长发育的需要；创设温馨的人际环境，让幼儿充分感受到亲情和关爱，形成积极稳定的情绪情感；帮助幼儿养成良好的生活与卫生习惯，提高自我保护能力，形成使其终身受益的生活能力和文明生活方式。

幼儿身心发育尚未成熟，需要成人的精心呵护和照顾，但不宜过度保护和包办代替，以免剥夺幼儿自主学习的机会，养成过于依赖的不良习惯，影响其主动性、独立性的发展。

### （一）身心状况

**目标 1　具有健康的体态**

| 3～4 岁 | 4～5 岁 | 5～6 岁 |
| --- | --- | --- |
| 1. 身高和体重适宜。<br>参考标准：<br>男孩：<br>身高：94.9～111.7 厘米<br>体重：12.7～21.2 公斤<br>女孩：<br>身高：94.1～111.3 厘米<br>体重：12.3～21.5 公斤<br>2. 在提醒下能自然坐直、站直。 | 1. 身高和体重适宜。<br>参考标准：<br>男孩：<br>身高：100.7～119.2 厘米<br>体重：14.1～24.2 公斤<br>女孩：<br>身高：99.9～118.9 厘米<br>体重：13.7～24.9 公斤<br>2. 在提醒下能保持正确的站、坐和行走姿势。 | 1. 身高和体重适宜。<br>参考标准：<br>男孩：<br>身高：106.1～125.8 厘米<br>体重：15.9～27.1 公斤<br>女孩：<br>身高：104.9～125.4 厘米<br>体重：15.3～27.8 公斤<br>2. 经常保持正确的站、坐和行走姿势。 |

注：身高和体重数据来源：《2006 年世界卫生组织儿童生长标准》4、5、6 周岁儿童身高和体重的参考数据。

**教育建议：**

1. 为幼儿提供营养丰富、健康的饮食。如：
- 参照《中国孕期、哺乳期妇女和0~6岁儿童膳食指南》，为幼儿提供谷物、蔬菜、水果、肉、奶、蛋、豆制品等多样化的食物，均衡搭配。
- 烹调方式要科学，尽量少煎炸、烧烤、腌制。
2. 保证幼儿每天睡11~12小时，其中午睡一般应达到2小时左右。午睡时间可根据幼儿的年龄、季节的变化和个体差异适当减少。
3. 注意幼儿的体态，帮助他们形成正确的姿势。如：
- 提醒幼儿要保持正确的站、坐、走姿势；发现有八字脚、罗圈腿、驼背等骨骼发育异常的情况，应及时就医矫治。
- 桌、椅和床要合适。椅子的高度以幼儿写画时双脚能自然着地、大腿基本保持水平状为宜；桌子的高度以写画时身体能坐直，不驼背、不耸肩为宜；床不宜过软。
4. 每年为幼儿进行健康检查。

**目标2　情绪安定愉快**

| 3~4岁 | 4~5岁 | 5~6岁 |
| --- | --- | --- |
| 1. 情绪比较稳定，很少因一点小事哭闹不止。<br>2. 有比较强烈的情绪反应时，能在成人的安抚下逐渐平静下来。 | 1. 经常保持愉快的情绪，不高兴时能较快缓解。<br>2. 有比较强烈情绪反应时，能在成人提醒下逐渐平静下来。<br>3. 愿意把自己的情绪告诉亲近的人，一起分享快乐或求得安慰。 | 1. 经常保持愉快的情绪。知道引起自己某种情绪的原因，并努力缓解。<br>2. 表达情绪的方式比较适度，不乱发脾气。<br>3. 能随着活动的需要转换情绪和注意。 |

**教育建议：**

1. 营造温暖、轻松的心理环境，让幼儿形成安全感和信赖感。如：
- 保持良好的情绪状态，以积极、愉快的情绪影响幼儿。
- 以欣赏的态度对待幼儿。注意发现幼儿的优点，接纳他们的个体差异，不简单与同伴做横向比较。
- 幼儿做错事时要冷静处理，不厉声斥责，更不能打骂。
2. 帮助幼儿学会恰当表达和调控情绪。如：
- 成人用恰当的方式表达情绪，为幼儿做出榜样。如生气时不乱发脾气，不迁怒于人。

- 成人和幼儿一起谈论自己高兴或生气的事,鼓励幼儿与人分享自己的情绪。
- 允许幼儿表达自己的情绪,并给予适当的引导。如幼儿发脾气时不硬性压制,等其平静后告诉他什么行为是可以接受的。
- 发现幼儿不高兴时,主动询问情况,帮助他们化解消极情绪。

**目标3  具有一定的适应能力**

| 3~4岁 | 4~5岁 | 5~6岁 |
|---|---|---|
| 1. 能在较热或较冷的户外环境中活动。<br>2. 换新环境时情绪能较快稳定,睡眠、饮食基本正常。<br>3. 在帮助下能较快适应集体生活。 | 1. 能在较热或较冷的户外环境中连续活动半小时左右。<br>2. 换新环境时较少出现身体不适。<br>3. 能较快适应人际环境中发生的变化。如换了新老师能较快适应。 | 1. 能在较热或较冷的户外环境中连续活动半小时以上。<br>2. 天气变化时较少感冒,能适应车、船等交通工具造成的轻微颠簸。<br>3. 能较快融入新的人际关系环境。如换了新的幼儿园或班级能较快适应。 |

**教育建议:**

1. 保证幼儿的户外活动时间,提高幼儿适应季节变化的能力。
- 幼儿每天的户外活动时间一般不少于两小时,其中体育活动时间不少于1小时,季节交替时要坚持。
- 气温过热或过冷的季节或地区应因地制宜,选择温度适当的时间段开展户外活动,也可根据气温的变化和幼儿的个体差异,适当减少活动的时间。
2. 经常与幼儿玩拉手转圈、秋千、转椅等游戏活动,让幼儿适应轻微的摆动、颠簸、旋转,促进其平衡机能的发展。
3. 锻炼幼儿适应生活环境变化的能力。如:
- 注意观察幼儿在新环境中的饮食、睡眠、游戏等方面的情况,采取相应的措施帮助他们尽快适应新环境。
- 经常带幼儿接触不同的人际环境,如参加亲戚朋友聚会,多和不熟悉的小朋友玩,使幼儿较快适应新的人际关系。

(二)动作发展

**目标 1　具有一定的平衡能力,动作协调、灵敏**

| 3~4 岁 | 4~5 岁 | 5~6 岁 |
| --- | --- | --- |
| 1. 能沿地面直线或在较窄的低矮物体上走一段距离。<br>2. 能双脚灵活交替上下楼梯。<br>3. 能身体平稳地双脚连续向前跳。<br>4. 分散跑时能躲避他人的碰撞。<br>5. 能双手向上抛球。 | 1. 能在较窄的低矮物体上平稳地走一段距离。<br>2. 能以匍匐、膝盖悬空等多种方式钻爬。<br>3. 能助跑跨跳过一定距离,或助跑跨跳过一定高度的物体。<br>4. 能与他人玩追逐、躲闪跑的游戏。<br>5. 能连续自抛自接球。 | 1. 能在斜坡、荡桥和有一定间隔的物体上较平稳地行走。<br>2. 能以手脚并用的方式安全地爬攀登架、网等。<br>3. 能连续跳绳。<br>4. 能躲避他人滚过来的球或扔过来的沙包。<br>5. 能连续拍球。 |

**教育建议:**

1. 利用多种活动发展身体平衡和协调能力。如:

- 走平衡木,或沿着地面直线、田埂行走。
- 玩跳房子、踢毽子、蒙眼走路、踩小高跷等游戏活动。

2. 发展幼儿动作的协调性和灵活性。如:

- 鼓励幼儿进行跑跳、钻爬、攀登、投掷、拍球等活动。
- 玩跳竹竿、滚铁环等传统体育游戏。

3. 对于拍球、跳绳等技能性活动,不要过于要求数量,更不能机械训练。

4. 结合活动内容对幼儿进行安全教育,注重在活动中培养幼儿的自我保护能力。

**目标 2　具有一定的力量和耐力**

| 3~4 岁 | 4~5 岁 | 5~6 岁 |
| --- | --- | --- |
| 1. 能双手抓杠悬空吊起 10 秒左右。<br>2. 能单手将沙包向前投掷 2 米左右。<br>3. 能单脚连续向前跳 2 米左右。<br>4. 能快跑 15 米左右。<br>5. 能行走 1 公里左右(途中可适当停歇)。 | 1. 能双手抓杠悬空吊起 15 秒左右。<br>2. 能单手将沙包向前投掷 4 米左右。<br>3. 能单脚连续向前跳 5 米左右。<br>4. 能快跑 20 米左右。<br>5. 能连续行走 1.5 公里左右(途中可适当停歇)。 | 1. 能双手抓杠悬空吊起 20 秒左右。<br>2. 能单手将沙包向前投掷 5 米左右。<br>3. 能单脚连续向前跳 8 米左右。<br>4. 能快跑 25 米左右。<br>5. 能连续行走 1.5 公里以上(途中可适当停歇)。 |

**教育建议:**

1. 开展丰富多样、适合幼儿年龄特点的各种身体活动,如走、跑、跳、攀、爬等,鼓励幼儿坚持下来,不怕累。

2. 日常生活中鼓励幼儿多走路、少坐车；自己上下楼梯、自己背包。

**目标3　手的动作灵活协调**

| 3～4岁 | 4～5岁 | 5～6岁 |
|---|---|---|
| 1. 能用笔涂涂画画。<br>2. 能熟练地用勺子吃饭。<br>3. 能用剪刀沿直线剪，边线基本吻合。 | 1. 能沿边线较直地画出简单图形，或能边线基本对齐地折纸。<br>2. 会用筷子吃饭。<br>3. 能沿轮廓线剪出由直线构成的简单图形，边线吻合。 | 1. 能根据需要画出图形，线条基本平滑。<br>2. 能熟练使用筷子。<br>3. 能沿轮廓线剪出由曲线构成的简单图形，边线吻合且平滑。<br>4. 能使用简单的劳动工具或用具。 |

**教育建议：**

1. 创造条件和机会，促进幼儿手的动作灵活协调。如：

- 提供画笔、剪刀、纸张、泥团等工具和材料，或充分利用各种自然、废旧材料和常见物品，让幼儿进行画、剪、折、粘等美工活动。
- 引导幼儿生活自理或参与家务劳动，发展其手的动作。如练习自己用筷子吃饭、扣扣子，帮助家人择菜叶、做面食等。
- 幼儿园在布置娃娃家、商店等活动区时，多提供原材料和半成品，让幼儿有更多机会参与制作活动。

2. 引导幼儿注意活动安全。如：

- 为幼儿提供的塑料粒、珠子等活动材料要足够大，材质要安全，以免造成异物进入气管、铅中毒等伤害。提供幼儿用安全剪刀。
- 为幼儿示范拿筷子、握笔的正确姿势以及使用剪刀、锤子等工具的方法。
- 提醒幼儿不要拿剪刀等锋利工具玩耍，用完后要放回原处。

**（三）生活习惯与生活能力**

**目标1　具有良好的生活与卫生习惯**

| 3～4岁 | 4～5岁 | 5～6岁 |
|---|---|---|
| 1. 在提醒下，按时睡觉和起床，并能坚持午睡。<br>2. 喜欢参加体育活动。<br>3. 在引导下，不偏食、挑食。喜欢吃瓜果、蔬菜等新鲜食品。<br>4. 愿意饮用白开水，不贪喝饮料。<br>5. 不用脏手揉眼睛，连续看电视等不超过15分钟。<br>6. 在提醒下，每天早晚刷牙，饭前便后洗手。 | 1. 每天按时睡觉和起床，并能坚持午睡。<br>2. 喜欢参加体育活动。<br>3. 不偏食、挑食，不暴饮暴食。喜欢吃瓜果、蔬菜等新鲜食品。<br>4. 常喝白开水，不贪喝饮料。<br>5. 知道保护眼睛，不在光线过强或过暗的地方看书，连续看电视等不超过20分钟。<br>6. 每天早晚刷牙，饭前便后洗手，方法基本正确。 | 1. 养成每天按时睡觉和起床的习惯。<br>2. 能主动参加体育活动。<br>3. 吃东西时细嚼慢咽。<br>4. 主动饮用白开水，不贪喝饮料。<br>5. 主动保护眼睛。不在光线过强或过暗的地方看书，连续看电视等不超过30分钟。<br>6. 每天早晚主动刷牙，饭前便后主动洗手，方法正确。 |

**教育建议：**

1. 让幼儿保持有规律的生活，养成良好的作息习惯。如：早睡早起、每天午睡、按时进餐、吃好早餐等。
2. 帮助幼儿养成良好的饮食习惯。如：
- 合理安排餐点，帮助幼儿养成定点、定时、定量进餐的习惯。
- 帮助幼儿了解食物的营养价值，引导他们不偏食不挑食，少吃或不吃不利于健康的食品；多喝白开水，少喝饮料。
- 吃饭时不过分催促，提醒幼儿细嚼慢咽，不要边吃边玩。
3. 帮助幼儿养成良好的个人卫生习惯。如：
- 早晚刷牙、饭后漱口。
- 勤为幼儿洗澡、换衣服、剪指甲。
- 提醒幼儿保护五官，如不乱挖耳朵、鼻孔，看电视时保持3米左右的距离等。
4. 激发幼儿参加体育活动的兴趣，养成锻炼的习惯。如：
- 为幼儿准备多种体育活动材料，鼓励他选择自己喜欢的材料开展活动。
- 经常和幼儿一起在户外运动和游戏，鼓励幼儿和同伴一起开展体育活动。
- 和幼儿一起观看体育比赛或有关体育赛事的电视节目，培养他们对体育活动的兴趣。

**目标2　具有基本的生活自理能力**

| 3～4岁 | 4～5岁 | 5～6岁 |
| --- | --- | --- |
| 1. 在帮助下能穿脱衣服或鞋袜。<br>2. 能将玩具和图书放回原处。 | 1. 能自己穿脱衣服、鞋袜，扣纽扣。<br>2. 能整理自己的物品。 | 1. 能知道根据冷热增减衣服。<br>2. 会自己系鞋带。<br>3. 能按类别整理好自己的物品。 |

**教育建议：**

1. 鼓励幼儿做力所能及的事情，对幼儿的尝试与努力给予肯定，不因做不好或做得慢而包办代替。
2. 指导幼儿学习和掌握生活自理的基本方法，如穿脱衣服和鞋袜、洗手洗脸、擦鼻涕、擦屁股的正确方法。
3. 提供有利于幼儿生活自理的条件。如：
- 提供一些纸箱、盒子，供幼儿收拾和存放自己的玩具、图书或生活用品等。
- 幼儿的衣服、鞋子等要简单实用，便于自己穿脱。

**目标3　具备基本的安全知识和自我保护能力**

| 3～4岁 | 4～5岁 | 5～6岁 |
| --- | --- | --- |
| 1. 不吃陌生人给的东西，不跟陌生人走。<br>2. 在提醒下能注意安全，不做危险的事。<br>3. 在公共场所走失时，能向警察或有关人员说出自己和家长的名字、电话号码等简单信息。 | 1. 知道在公共场合不远离成人的视线单独活动。<br>2. 认识常见的安全标志，能遵守安全规则。<br>3. 运动时能主动躲避危险。<br>4. 知道简单的求助方式。 | 1. 未经大人允许不给陌生人开门。<br>2. 能自觉遵守基本的安全规则和交通规则。<br>3. 运动时能注意安全，不给他人造成危险。<br>4. 知道一些基本的防灾知识。 |

**教育建议：**

1. 创设安全的生活环境，提供必要的保护措施。如：

- 要把热水瓶、药品、火柴、刀具等物品放到幼儿够不到的地方；阳台或窗台要有安全保护措施；要使用安全的电源插座等。
- 在公共场所要注意照看好幼儿；幼儿乘车、乘电梯时要有成人陪伴；不把幼儿单独留在家里或汽车里等。

2. 结合生活实际对幼儿进行安全教育。如：

- 外出时，提醒幼儿要紧跟成人，不远离成人的视线，不跟陌生人走，不吃陌生人给的东西；不在河边和马路边玩耍；要遵守交通规则等。
- 帮助幼儿了解周围环境中不安全的事物，不做危险的事。如不动热水壶，不玩火柴或打火机，不摸电源插座，不攀爬窗户或阳台等。
- 帮助幼儿认识常见的安全标识，如：小心触电、小心有毒、禁止下河游泳、紧急出口等。
- 告诉幼儿不允许别人触摸自己的隐私部位。

3. 教给幼儿简单的自救和求救的方法。如：

- 记住自己家庭的住址、电话号码、父母的姓名和单位，一旦走失时知道向成人求助，并能提供必要信息。
- 遇到火灾或其他紧急情况时，知道要拨打110、120、119等求救电话。
- 可利用图书、音像等材料对幼儿进行逃生和求救方面的教育，并运用游戏方式模拟练习。
- 幼儿园应定期进行火灾、地震等自然灾害的逃生演习。

## 二、语言

语言是交流和思维的工具。幼儿期是语言发展，特别是口语发展的重要时期。幼儿语言的发展贯穿于各个领域，也对其他领域的学习与发展有着重要的影响：幼儿在运用语言进行交流的同时，也在发展着人际交往能力、理解他人和判断交往情境的能力、组织自己思想的能力。通过语言获取信息，幼儿的学习逐步超越个体的直接感知。

幼儿的语言能力是在交流和运用的过程中发展起来的。应为幼儿创设自由、宽松的语言交往环境，鼓励和支持幼儿与成人、同伴交流，让幼儿想说、敢说、喜欢说并能得到积极回应。为幼儿提供丰富、适宜的低幼读物，经常和幼儿一起看图书、讲故事，丰富其语言表达能力，培养阅读兴趣和良好的阅读习惯，进一步拓展学习经验。

幼儿的语言学习需要相应的社会经验支持，应通过多种活动扩展幼儿的生活经验，丰富语言的内容，增强理解和表达能力。应在生活情境和阅读活动中引导幼儿自然而然地产生对文字的兴趣，用机械记忆和强化训练的方式让幼儿过早识字不符合其学习特点和接受能力。

（一）倾听与表达

**目标1　认真听并能听懂常用语言**

| 3～4岁 | 4～5岁 | 5～6岁 |
| --- | --- | --- |
| 1. 别人对自己说话时能注意听并做出回应。<br>2. 能听懂日常会话。 | 1. 在群体中能有意识地听与自己有关的信息。<br>2. 能结合情境感受到不同语气、语调所表达的不同意思。<br>3. 方言地区和少数民族幼儿能基本听懂普通话。 | 1. 在集体中能注意听老师或其他人讲话。<br>2. 听不懂或有疑问时能主动提问。<br>3. 能结合情境理解一些表示因果、假设等相对复杂的句子。 |

**教育建议：**

1. 多给幼儿提供倾听和交谈的机会。如：经常和幼儿一起谈论他感兴趣的话题，或一起看图书、讲故事。
2. 引导幼儿学会认真倾听。如：
- 成人要耐心倾听别人（包括幼儿）的讲话，等别人讲完再表达自己的观点。
- 与幼儿交谈时，要用幼儿能听得懂的语言。
- 对幼儿提要求和布置任务时要求他注意听，鼓励他主动提问。
3. 对幼儿讲话时，注意结合情境使用丰富的语言，以便于幼儿理解。如：
- 说话时注意语气、语调，让幼儿感受语气、语调的作用。如对幼儿的不合理要求以比较坚定的语气表示不同意；讲故事时，尽量把故事人物高兴、悲伤的心情用不同的语气、语调表现出来。

- 根据幼儿的理解水平有意识地使用一些反映因果、假设、条件等关系的句子。

**目标2　愿意讲话并能清楚地表达**

| 3~4岁 | 4~5岁 | 5~6岁 |
| --- | --- | --- |
| 1. 愿意在熟悉的人面前说话,能大方地与人打招呼。<br>2. 基本会说本民族或本地区的语言。<br>3. 愿意表达自己的需要和想法,必要时能配以手势动作。<br>4. 能口齿清楚地说儿歌、童谣或复述简短的故事。 | 1. 愿意与他人交谈,喜欢谈论自己感兴趣的话题。<br>2. 会说本民族或本地区的语言,基本会说普通话。少数民族聚居地区幼儿会用普通话进行日常会话。<br>3. 能基本完整地讲述自己的所见所闻和经历的事情。<br>4. 讲述比较连贯。 | 1. 愿意与他人讨论问题,敢在众人面前说话。<br>2. 会说本民族或本地区的语言和普通话,发音正确清晰。少数民族聚居地区幼儿基本会说普通话。<br>3. 能有序、连贯、清楚地讲述一件事情。<br>4. 讲述时能使用常见的形容词、同义词等,语言比较生动。 |

**教育建议:**

1. 为幼儿创造说话的机会并体验语言交往的乐趣。
   - 每天有足够的时间与幼儿交谈。如谈论他感兴趣的话题,询问和听取他对自己事情的意见等。
   - 尊重和接纳幼儿的说话方式,无论幼儿的表达水平如何,都应认真地倾听并给予积极的回应。
   - 鼓励和支持幼儿与同伴一起玩耍、交谈,相互讲述见闻、趣事或看过的图书、动画片等。
   - 方言和少数民族地区应积极为幼儿创设用普通话交流的语言环境。

2. 引导幼儿清楚地表达。如:
   - 和幼儿讲话时,成人自身的语言要清楚、简洁。
   - 当幼儿因为急于表达而说不清楚的时候,提醒他不要着急,慢慢说;同时要耐心倾听,给予必要的补充,帮助他理清思路并清晰地说出来。

**目标3　具有文明的语言习惯**

| 3~4岁 | 4~5岁 | 5~6岁 |
| --- | --- | --- |
| 1. 与别人讲话时知道眼睛要看着对方。<br>2. 说话自然,声音大小适中。<br>3. 能在成人的提醒下使用恰当的礼貌用语。 | 1. 别人对自己讲话时能回应。<br>2. 能根据场合调节自己说话声音的大小。<br>3. 能主动使用礼貌用语,不说脏话、粗话。 | 1. 别人讲话时能积极主动地回应。<br>2. 能根据谈话对象和需要,调整说话的语气。<br>3. 懂得按次序轮流讲话,不随意打断别人。<br>4. 能依据所处情境使用恰当的语言。如在别人难过时会用恰当的语言表示安慰。 |

**教育建议：**

1. 成人注意语言文明，为幼儿做出表率。如：
- 与他人交谈时，认真倾听，使用礼貌用语。
- 在公共场合不大声说话，不说脏话、粗话。
- 幼儿表达意见时，成人可蹲下来，眼睛平视幼儿，耐心听他把话说完。

2. 帮助幼儿养成良好的语言行为习惯。如：
- 结合情境提醒幼儿一些必要的交流礼节。如对长辈说话要有礼貌，客人来访时要打招呼，得到帮助时要说谢谢等。
- 提醒幼儿遵守集体生活的语言规则，如轮流发言，不随意打断别人讲话等。
- 提醒幼儿注意公共场所的语言文明，如不大声喧哗。

（二）阅读与书写准备

**目标1　喜欢听故事，看图书**

| 3～4岁 | 4～5岁 | 5～6岁 |
|---|---|---|
| 1. 主动要求成人讲故事、读图书。<br>2. 喜欢跟读韵律感强的儿歌、童谣。<br>3. 爱护图书，不乱撕、乱扔。 | 1. 反复看自己喜欢的图书。<br>2. 喜欢把听过的故事或看过的图书讲给别人听。<br>3. 对生活中常见的标识、符号感兴趣，知道它们表示一定的意义。 | 1. 专注地阅读图书。<br>2. 喜欢与他人一起谈论图书和故事的有关内容。<br>3. 对图书和生活情境中的文字符号感兴趣，知道文字表示一定的意义。 |

**教育建议：**

1. 为幼儿提供良好的阅读环境和条件。如：
- 提供一定数量、符合幼儿年龄特点、富有童趣的图画书。
- 提供相对安静的地方，尽量减少干扰，保证幼儿自主阅读。

2. 激发幼儿的阅读兴趣，培养阅读习惯。如：
- 经常抽时间与幼儿一起看图书、讲故事。
- 提供童谣、故事和诗歌等不同体裁的儿童文学作品，让幼儿自主选择和阅读。
- 当幼儿遇到感兴趣的事物或问题时，和他一起查阅图书资料，让他感受图书的作用，体会通过阅读获取信息的乐趣。

3. 引导幼儿体会标识、文字符号的用途。如：
- 向幼儿介绍医院、公用电话等生活中的常见标识，让他知道标识可以代表具体事物。
- 结合生活实际，帮助幼儿体会文字的用途。如买来新玩具时，把说明书上的文字念给幼儿听，了解玩具的玩法。

**目标 2　具有初步的阅读理解能力**

| 3～4 岁 | 4～5 岁 | 5～6 岁 |
| --- | --- | --- |
| 1. 能听懂短小的儿歌或故事。<br>2. 会看画面，能根据画面说出图中有什么，发生了什么事等。<br>3. 能理解图书上的文字是和画面对应的，是用来表达画面意义的。 | 1. 能大体讲出所听故事的主要内容。<br>2. 能根据连续画面提供的信息，大致说出故事的情节。<br>3. 能随着作品的展开产生喜悦、担忧等相应的情绪反应，体会作品所表达的情绪情感。 | 1. 能说出所阅读的幼儿文学作品的主要内容。<br>2. 能根据故事的部分情节或图书画面的线索猜想故事情节的发展，或续编、创编故事。<br>3. 对看过的图书、听过的故事能说出自己的看法。<br>4. 能初步感受文学语言的美。 |

**教育建议：**

1. 经常和幼儿一起阅读，引导他以自己的经验为基础理解图书的内容。如：
- 引导幼儿仔细观察画面，结合画面讨论故事内容，学习建立画面与故事内容的联系。
- 和幼儿一起讨论或回忆书中的故事情节，引导他有条理地说出故事的大致内容。
- 在给幼儿读书或讲故事时，可先不告诉名字，让幼儿听完后自己命名，并说出这样命名的理由。
- 鼓励幼儿自主阅读，并与他人讨论自己在阅读中的发现、体会和想法。

2. 在阅读中发展幼儿的想象和创造能力。如：
- 鼓励幼儿依据画面线索讲述故事，大胆推测、想象故事情节的发展，改编故事部分情节或续编故事结尾。
- 鼓励幼儿用故事表演、绘画等不同的方式表达自己对图书和故事的理解。
- 鼓励和支持幼儿自编故事，并为自编的故事配上图画，制成图画书。

3. 引导幼儿感受文学作品的美。如：
- 有意识地引导幼儿欣赏或模仿文学作品的语言节奏和韵律。
- 给幼儿读书时，通过表情、动作和抑扬顿挫的声音传达书中的情绪情感，让幼儿体会作品的感染力和表现力。

**目标 3　具有书面表达的愿望和初步技能**

| 3~4 岁 | 4~5 岁 | 5~6 岁 |
|---|---|---|
| 1. 喜欢用涂涂画画表达一定的意思。 | 1. 愿意用图画和符号表达自己的愿望和想法。<br>2. 在成人提醒下，写写画画时姿势正确。 | 1. 愿意用图画和符号表现事物或故事。<br>2. 会正确书写自己的名字。<br>3. 写画时姿势正确。 |

**教育建议：**

1. 让幼儿在写写画画的过程中体验文字符号的功能，培养书写兴趣。如：

- 准备供幼儿随时取放的纸、笔等材料，也可利用沙地、树枝等自然材料，满足幼儿自由涂画的需要。
- 鼓励幼儿将自己感兴趣的事情或故事画下来并讲给别人听，让幼儿体会写写画画的方式可以表达自己的想法和情感。
- 把幼儿讲过的事情用文字记录下来，并念给他听，使幼儿知道说的话可以用文字记录下来，从中体会文字的用途。

2. 在绘画和游戏中做必要的书写准备，如：

- 通过把虚线画出的图形轮廓连成实线等游戏，促进手眼协调，同时帮助幼儿学习由上至下、由左至右的运笔技能。
- 鼓励幼儿学习书写自己的名字。
- 提醒幼儿写画时保持正确姿势。

## 三、社会

幼儿社会领域的学习与发展过程是其社会性不断完善并奠定健全人格基础的过程。人际交往和社会适应是幼儿社会学习的主要内容，也是其社会性发展的基本途径。幼儿在与成人和同伴交往的过程中，不仅学习如何与人友好相处，也在学习如何看待自己、对待他人，不断发展适应社会生活的能力。良好的社会性发展对幼儿身心健康和其他各方面的发展都具有重要影响。

家庭、幼儿园和社会应共同努力，为幼儿创设温暖、关爱、平等的家庭和集体生活氛围，建立良好的亲子关系、师生关系和同伴关系，让幼儿在积极健康的人际关系中获得安全感和信任感，发展自信和自尊，在良好的社会环境及文化的熏陶中学会遵守规则，形成基本的认同感和归属感。

幼儿的社会性主要是在日常生活和游戏中通过观察和模仿潜移默化地发展起来的。成人应注重自己言行的榜样作用，避免简单生硬的说教。

(一) 人际交往

**目标 1　愿意与人交往**

| 3~4 岁 | 4~5 岁 | 5~6 岁 |
| --- | --- | --- |
| 1. 愿意和小朋友一起游戏。<br>2. 愿意与熟悉的长辈一起活动。 | 1. 喜欢和小朋友一起游戏，有经常一起玩的小伙伴。<br>2. 喜欢和长辈交谈，有事愿意告诉长辈。 | 1. 有自己的好朋友，也喜欢结交新朋友。<br>2. 有问题愿意向别人请教。<br>3. 有高兴的或有趣的事愿意与大家分享。 |

**教育建议：**

1. 主动亲近和关心幼儿，经常和他一起游戏或活动，让幼儿感受到与成人交往的快乐，建立亲密的亲子关系和师生关系。
2. 创造交往的机会，让幼儿体会交往的乐趣。如：

- 利用走亲戚、到朋友家做客或有客人来访的时机，鼓励幼儿与他人接触和交谈。
- 鼓励幼儿参加小朋友的游戏，邀请小朋友到家里玩，感受有朋友一起玩的快乐。
- 幼儿园应多为幼儿提供自由交往和游戏的机会，鼓励他们自主选择、自由结伴开展活动。

**目标 2　能与同伴友好相处**

| 3~4 岁 | 4~5 岁 | 5~6 岁 |
| --- | --- | --- |
| 1. 想加入同伴的游戏时，能友好地提出请求。<br>2. 在成人指导下，不争抢、不独霸玩具。<br>3. 与同伴发生冲突时，能听从成人的劝解。 | 1. 会运用介绍自己、交换玩具等简单技巧加入同伴游戏。<br>2. 对大家都喜欢的东西能轮流、分享。<br>3. 与同伴发生冲突时，能在他人帮助下和平解决。<br>4. 活动时愿意接受同伴的意见和建议。<br>5. 不欺负弱小。 | 1. 能想办法吸引同伴和自己一起游戏。<br>2. 活动时能与同伴分工合作，遇到困难能一起克服。<br>3. 与同伴发生冲突时能自己协商解决。<br>4. 知道别人的想法有时和自己不一样，能倾听和接受别人的意见，不能接受时会说明理由。<br>5. 不欺负别人，也不允许别人欺负自己。 |

**教育建议：**

1. 结合具体情境，指导幼儿学习交往的基本规则和技能。如：

- 当幼儿不知怎样加入同伴游戏，或提出请求不被接受时，建议他拿出玩具邀请大家一起玩；或者扮成某个角色加入同伴的游戏。

- 对幼儿与别人分享玩具、图书等行为给予肯定,让他对自己的表现感到高兴和满足。
- 当幼儿与同伴发生矛盾或冲突时,指导他尝试用协商、交换、轮流玩、合作等方式解决冲突。
- 利用相关的图书、故事,结合幼儿的交往经验,和他讨论什么样的行为受大家欢迎,想要得到别人的接纳应该怎样做。
- 幼儿园应多为幼儿提供需要大家齐心协力才能完成的活动,让幼儿在具体活动中体会合作的重要性,学习分工合作。

2. 结合具体情境,引导幼儿换位思考,学习理解别人。如:

- 幼儿有争抢玩具等不友好行为时,引导他们想想"假如你是那个小朋友,你有什么感受?"让幼儿学习理解别人的想法和感受。

3. 和幼儿一起谈谈他的好朋友,说说喜欢这个朋友的原因,引导他多发现同伴的优点、长处。

**目标3　具有自尊、自信、自主的表现**

| 3～4 岁 | 4～5 岁 | 5～6 岁 |
| --- | --- | --- |
| 1. 能根据自己的兴趣选择游戏或其他活动。<br>2. 为自己的好行为或活动成果感到高兴。<br>3. 自己能做的事情愿意自己做。<br>4. 喜欢承担一些小任务。 | 1. 能按自己的想法进行游戏或其他活动。<br>2. 知道自己的一些优点和长处,并对此感到满意。<br>3. 自己的事情尽量自己做,不愿意依赖别人。<br>4. 敢于尝试有一定难度的活动和任务。 | 1. 能主动发起活动或在活动中出主意、想办法。<br>2. 做了好事或取得了成功后还想做得更好。<br>3. 自己的事情自己做,不会的愿意学。<br>4. 主动承担任务,遇到困难能够坚持而不轻易求助。<br>5. 与别人的看法不同时,敢于坚持自己的意见并说出理由。 |

**教育建议:**

1. 关注幼儿的感受,保护其自尊心和自信心。如:

- 能以平等的态度对待幼儿,使幼儿切实感受到自己被尊重。
- 对幼儿好的行为表现多给予具体、有针对性的肯定和表扬,让他对自己优点和长处有所认识并感到满足和自豪。
- 不要拿幼儿的不足与其他幼儿的优点作比较。

2. 鼓励幼儿自主决定,独立做事,增强其自尊心和自信心。如:

- 与幼儿有关的事情要征求他的意见,即使他的意见与成人不同,也要认真倾听,接受他的合理要求。

- 在保证安全的情况下,支持幼儿按自己的想法做事;或提供必要的条件,帮助他实现自己的想法。
- 幼儿自己的事情尽量放手让他自己做,即使做得不够好,也应鼓励并给予一定的指导,让他在做事中树立自尊和自信。
- 鼓励幼儿尝试有一定难度的任务,并注意调整难度,让他感受经过努力获得的成就感。

**目标 4　关心尊重他人**

| 3～4 岁 | 4～5 岁 | 5～6 岁 |
| --- | --- | --- |
| 1. 长辈讲话时能认真听,并能听从长辈的要求。<br>2. 身边的人生病或不开心时表示同情。<br>3. 在提醒下能做到不打扰别人。 | 1. 会用礼貌的方式向长辈表达自己的要求和想法。<br>2. 能注意到别人的情绪,并有关心、体贴的表现。<br>3. 知道父母的职业,能体会到父母为养育自己所付出的辛劳。 | 1. 能有礼貌地与人交往。<br>2. 能关注别人的情绪和需要,并能给予力所能及的帮助。<br>3. 尊重为大家提供服务的人,珍惜他们的劳动成果。<br>4. 接纳、尊重与自己的生活方式或习惯不同的人。 |

**教育建议:**

1. 成人以身作则,以尊重、关心的态度对待自己的父母、长辈和其他人。如:
   - 经常问候父母,主动做家务。
   - 礼貌地对待老年人,如坐车时主动为老人让座。
   - 看到别人有困难能主动关心并给予一定的帮助。

2. 引导幼儿尊重、关心长辈和身边的人,尊重他人劳动及成果。如:
   - 提醒幼儿关心身边的人,如妈妈累了,知道让她安静休息一会儿。
   - 借助故事、图书等给幼儿讲讲父母抚育孩子成长的经历,让幼儿理解和体会父爱与母爱。
   - 结合实际情境,提醒幼儿注意别人的情绪,了解他们的需要,给予适当的关心和帮助。
   - 利用生活机会和角色游戏,帮助幼儿了解与自己关系密切的社会服务机构及其工作,如商场、邮局、医院等,体会这些机构给大家提供的便利和服务,懂得尊重工作人员的劳动,珍惜劳动成果。

3. 引导幼儿学习用平等、接纳和尊重的态度对待差异。如:
   - 了解每个人都有自己的兴趣、爱好和特长,可以相互学习。
   - 利用民间游戏、传统节日等,适当向幼儿介绍我国主要民族和世界其他国家和民族的文化，帮助幼儿感知文化的多样性和差异性，理解人们之间是平等的，应该互相尊重，友好相处。

(二) 社会适应

**目标 1  喜欢并适应群体生活**

| 3~4 岁 | 4~5 岁 | 5~6 岁 |
| --- | --- | --- |
| 1. 对群体活动有兴趣。<br>2. 对幼儿园的生活好奇，喜欢上幼儿园。 | 1. 愿意并主动参加群体活动。<br>2. 愿意与家长一起参加社区的一些群体活动。 | 1. 在群体活动中积极、快乐。<br>2. 对小学生活有好奇和向往。 |

**教育建议：**

1. 经常和幼儿一起参加一些群体性的活动，让幼儿体会群体活动的乐趣。如：参加亲戚、朋友和同事间的聚会以及适合幼儿参加的社区活动等，支持幼儿和不同群体的同伴一起游戏，丰富其群体活动的经验。

2. 幼儿园组织活动时，可以经常打破班级的界限，让幼儿有更多机会参加不同群体的活动。

3. 带领大班幼儿参观小学，讲讲小学有趣的活动，唤起他们对小学生活的好奇和向往，为入学做好心理准备。

**目标 2  遵守基本的行为规范**

| 3~4 岁 | 4~5 岁 | 5~6 岁 |
| --- | --- | --- |
| 1. 在提醒下，能遵守游戏和公共场所的规则。<br>2. 知道不经允许不能拿别人的东西，借别人的东西要归还。<br>3. 在成人提醒下，爱护玩具和其他物品。 | 1. 感受规则的意义，并能基本遵守规则。<br>2. 不私自拿不属于自己的东西。<br>3. 知道说谎是不对的。<br>4. 知道接受了的任务要努力完成。<br>5. 在提醒下，能节约粮食、水电等。 | 1. 理解规则的意义，能与同伴协商制定游戏和活动规则。<br>2. 爱惜物品，用别人的东西时也知道爱护。<br>3. 做了错事敢于承认，不说谎。<br>4. 能认真负责地完成自己所接受的任务。<br>5. 爱护身边的环境，注意节约资源。 |

**教育建议：**

1. 成人要遵守社会行为规则，为幼儿树立良好的榜样。如：答应幼儿的事一定要做到、尊老爱幼、爱护公共环境，节约水电等。

2. 结合社会生活实际，帮助幼儿了解基本行为规则或其他游戏规则，体会规则的重要性，学习自觉遵守规则。如：

- 经常和幼儿玩带有规则的游戏，遵守共同约定的游戏规则。

- 利用实际生活情境和图书故事，向幼儿介绍一些必要的社会行为规则，以及为什么要遵守这些规则。
- 在幼儿园的区域活动中，创设情境，让幼儿体会没有规则的不方便，鼓励他们讨论制定规则并自觉遵守。
- 对幼儿表现出的遵守规则的行为要及时肯定，对违规行为给予纠正。如：幼儿主动为老人让座时要表扬；幼儿损害别人的物品或公共物品时要及时制止并主动赔偿。

3. 教育幼儿要诚实守信。如：

- 对幼儿诚实守信的行为要及时肯定。
- 允许幼儿犯错误，告诉他改了就好。不要打骂幼儿，以免他因害怕惩罚而说谎。
- 小年龄幼儿经常分不清想象和现实，成人不要误认为他是在说谎。
- 发现幼儿说谎时，要反思是否是因自己对幼儿的要求过高过严造成的。如果是，要及时调整自己的行为，同时要严肃地告诉幼儿说谎是不对的。
- 经常给幼儿分配一些力所能及的任务，要求他完成并及时给予表扬，培养他的责任感和认真负责的态度。

**目标3  具有初步的归属感**

| 3～4岁 | 4～5岁 | 5～6岁 |
| --- | --- | --- |
| 1. 知道和自己一起生活的家庭成员及与自己的关系，体会到自己是家庭的一员。<br>2. 能感受到家庭生活的温暖，爱父母，亲近与信赖长辈。<br>3. 能说出自己家所在街道、小区（乡镇、村）的名称。<br>4. 认识国旗，知道国歌。 | 1. 喜欢自己所在的幼儿园和班级，积极参加集体活动。<br>2. 能说出自己家所在地的省、市、县（区）名称，知道当地有代表性的物产或景观。<br>3. 知道自己是中国人。<br>4. 奏国歌、升国旗时能自动站好。 | 1. 愿意为集体做事，为集体的成绩感到高兴。<br>2. 能感受到家乡的发展变化并为此感到高兴。<br>3. 知道自己的民族，知道中国是一个多民族的大家庭，各民族之间要互相尊重，团结友爱。<br>4. 知道国家一些重大成就，爱祖国，为自己是中国人感到自豪。 |

**教育建议：**

1. 亲切地对待幼儿，关心幼儿，让他感到长辈是可亲、可近、可信赖的，家庭和幼儿园是温暖的。如：

- 多和孩子一起游戏、谈笑，尽量在家庭和班级中营造温馨的氛围。
- 通过和幼儿一起翻阅照片、讲幼儿成长的故事等，让幼儿感受到家庭和幼儿园的温暖，老师的和蔼可亲，对养育自己的人产生感激之情。

2. 吸引和鼓励幼儿参加集体活动，萌发集体意识。如：
- 幼儿园和班级里的重大事情和计划，请幼儿集体讨论决定。
- 幼儿园应经常组织多种形式的集体活动，萌发幼儿的集体荣誉感。

3. 运用幼儿喜闻乐见和能够理解的方式激发幼儿爱家乡、爱祖国的情感。如：
- 和幼儿说一说或在地图上找一找自己家所在的省、市、县（区）名称。
- 和幼儿一起外出游玩，一起看有关的电视节目或画报等；和他们一起收集有关家乡、祖国各地的风景名胜、著名的建筑、独特物产的图片等，在观看和欣赏的过程中激发幼儿的自豪感和热爱之情。
- 利用电视节目或参加升旗等活动，向幼儿介绍国旗、国歌以及观看升国旗、奏国歌的礼仪。
- 向幼儿介绍反映中国人聪明才智的发明和创造，激发幼儿的民族自豪感。

## 四、科学

幼儿的科学学习是在探究具体事物和解决实际问题中，尝试发现事物间的异同和联系的过程。幼儿在对自然事物的探究和运用数学解决实际生活问题的过程中，不仅获得丰富的感性经验，充分发展形象思维，而且初步尝试归类、排序、判断、推理，逐步发展逻辑思维能力，为其他领域的深入学习奠定基础。

幼儿科学学习的核心是激发探究兴趣，体验探究过程，发展初步的探究能力。成人要善于发现和保护幼儿的好奇心，充分利用自然和实际生活机会，引导幼儿通过观察、比较、操作、实验等方法，学习发现问题、分析问题和解决问题；帮助幼儿不断积累经验，并运用于新的学习活动，形成受益终身的学习态度和能力。

幼儿的思维特点是以具体形象思维为主，应注重引导幼儿通过直接感知、亲身体验和实际操作进行科学学习，不应为追求知识和技能的掌握，对幼儿进行灌输和强化训练。

（一）科学探究

**目标1　亲近自然，喜欢探究**

| 3～4岁 | 4～5岁 | 5～6岁 |
| --- | --- | --- |
| 1. 喜欢接触大自然，对周围的很多事物和现象感兴趣。<br>2. 经常问各种问题，或好奇地摆弄物品。 | 1. 喜欢接触新事物，经常问一些与新事物有关的问题。<br>2. 常常动手动脑探索物体和材料，并乐在其中。 | 1. 对自己感兴趣的问题总是刨根问底。<br>2. 能经常动手动脑寻找问题的答案。<br>3. 探索中有所发现时感到兴奋和满足。 |

**教育建议：**

1. 经常带幼儿接触大自然，激发其好奇心与探究欲望。如：
   - 为幼儿提供一些有趣的探究工具，用自己的好奇心和探究积极性感染和带动幼儿。
   - 和幼儿一起发现并分享周围新奇、有趣的事物或现象，一起寻找问题的答案。
   - 通过拍照和画图等方式保留和积累有趣的探索与发现。
2. 真诚地接纳、多方面支持和鼓励幼儿的探索行为。如：
   - 认真对待幼儿的问题，引导他们猜一猜、想一想，有条件时和幼儿一起做一些简易的调查或有趣的小实验。
   - 容忍幼儿因探究而弄脏、弄乱甚至破坏物品的行为，引导他们活动后做好收拾整理。
   - 多为幼儿选择一些能操作、多变化、多功能的玩具材料或废旧材料，在保证安全的前提下，鼓励幼儿拆装或动手自制玩具。

**目标2　具有初步的探究能力**

| 3~4岁 | 4~5岁 | 5~6岁 |
| --- | --- | --- |
| 1. 对感兴趣的事物能仔细观察，发现其明显特征。<br>2. 能用多种感官或动作去探索物体，关注动作所产生的结果。 | 1. 能对事物或现象进行观察比较，发现其相同与不同。<br>2. 能根据观察结果提出问题，并大胆猜测答案。<br>3. 能通过简单的调查收集信息。<br>4. 能用图画或其他符号进行记录。 | 1. 能通过观察、比较与分析，发现并描述不同种类物体的特征或某个事物前后的变化。<br>2. 能用一定的方法验证自己的猜测。<br>3. 在成人的帮助下能制定简单的调查计划并执行。<br>4. 能用数字、图画、图表或其他符号记录。<br>5. 探究中能与他人合作与交流。 |

**教育建议：**

1. 有意识地引导幼儿观察周围事物，学习观察的基本方法，培养观察与分类能力。如：
   - 支持幼儿自发的观察活动，对其发现表示赞赏。
   - 通过提问等方式引导幼儿思考并对事物进行比较观察和连续观察。
   - 引导幼儿在观察和探索的基础上，尝试进行简单的分类、概括。如：根据运动方式给动物分类，根据生长环境给植物分类，根据外部特征给物体分类等等。
2. 支持和鼓励幼儿在探究的过程中积极动手动脑寻找答案或解决问题。如：
   - 鼓励幼儿根据观察或发现提出值得继续探究的问题，或成人提出有探究意且能激发幼儿兴趣的问题。如：皮球、轮胎、竹筒等物体滚动时都走直线吗？怎样让橡皮泥球浮在水面上？

- 支持和鼓励幼儿大胆联想、猜测问题的答案，并设法验证。如：玩风车时，鼓励幼儿猜测风车转动方向及速度快慢的原因和条件，并实际去验证。
- 支持、引导幼儿学习用适宜的方法探究和解决问题，或为自己的想法收集证据。如：想知道院子里有多少种植物，可以进行实地调查；想知道球在平地上还是在斜坡上滚得快，可以动手试一试；想证明影子的方向与太阳的位置有关，可以做个小实验进行验证等。

3. 鼓励和引导幼儿学习做简单的计划和记录，并与他人交流分享。如：
- 和幼儿共同制定调查计划，讨论调查对象、步骤和方法等，也可以和幼儿一起设法用图画、箭头等标识呈现计划。
- 鼓励幼儿用绘画、照相、做标本等办法记录观察和探究的过程与结果，注意要让记录有意义，通过记录帮助幼儿丰富观察经验、建立事物之间的联系和分享发现。
- 支持幼儿与同伴合作探究与分享交流，引导他们在交流中尝试整理、概括自己探究的成果，体验合作探究和发现的乐趣。如一起讨论和分享自己的问题与发现，一起想办法收集资料和验证猜测。

4. 帮助幼儿回顾自己的探究过程，讨论自己做了什么，怎么做的，结果与计划目标是否一致，分析一下原因以及下一步要怎样做等。

**目标3　在探究中认识周围事物和现象**

| 3～4岁 | 4～5岁 | 5～6岁 |
| --- | --- | --- |
| 1. 认识常见的动植物，能注意并发现周围的动植物是多种多样的。<br>2. 能感知和发现物体和材料的软硬、光滑和粗糙等特性。<br>3. 能感知和体验天气对自己生活和活动的影响。<br>4. 初步了解和体会动植物和人们生活的关系。 | 1. 能感知和发现动植物的生长变化及其基本条件。<br>2. 能感知和发现常见材料的溶解、传热等性质或用途。<br>3. 能感知和发现简单物理现象，如物体形态或位置变化等。<br>4. 能感知和发现不同季节的特点，体验季节对动植物和人的影响。<br>5. 初步感知常用科技产品与自己生活的关系，知道科技产品有利也有弊。 | 1. 能察觉到动植物的外形特征、习性与生存环境的适应关系。<br>2. 能发现常见物体的结构与功能之间的关系。<br>3. 能探索并发现常见的物理现象产生的条件或影响因素，如影子、沉浮等。<br>4. 感知并了解季节变化的周期性，知道变化的顺序。<br>5. 初步了解人们的生活与自然环境的密切关系，知道尊重和珍惜生命，保护环境。 |

**教育建议：**

1. 支持幼儿在接触自然、生活事物和现象中积累有益的直接经验和感性认识。如：

- 和幼儿一起通过户外活动、参观考察、种植和饲养活动，感知生物的多样性和独特性，以及生长发育、繁殖和死亡的过程。
- 给幼儿提供丰富的材料和适宜的工具，支持幼儿在游戏过程中探索并感知常见物质、材料的特性和物体的结构特点。

2. 引导幼儿在探究中思考，尝试进行简单的推理和分析，发现事物之间明显的关联。如：

- 引导5岁以上幼儿关注和思考动植物的外部特征、习性与生活环境对动植物生存的意义。如兔子的长耳朵具有自我保护的作用；植物种子的形状有助于其传播等。
- 引导幼儿根据常见物质、材料的特性和物体的结构特点，推测和证实它们的用途。如：带轮子的物体方便移动；不同用途的车辆有不同的结构等等。

3. 引导幼儿关注和了解自然、科技产品与人们生活的密切关系，逐渐懂得热爱、尊重、保护自然。如：

- 结合幼儿的生活需要，引导他们体会人与自然、动植物的依赖关系。如：动植物、季节变化与人们生活的关系，常见灾害性天气给人们生产和生活带来的影响等。
- 和幼儿一起讨论常见科技产品的用途和弊端，如：汽车等交通工具给生活带来的方便和对环境的污染等。

（二）数学认知

**目标1　初步感知生活中数学的有用和有趣**

| 3～4岁 | 4～5岁 | 5～6岁 |
| --- | --- | --- |
| 1. 感知和发现周围物体的形状是多种多样的，对不同的形状感兴趣。<br>2. 体验和发现生活中很多地方都用到数。 | 1. 在指导下，感知和体会有些事物可以用形状来描述。<br>2. 在指导下，感知和体会有些事物可以用数来描述，对环境中各种数字的含义有进一步探究的兴趣。 | 1. 能发现事物简单的排列规律，并尝试创造新的排列规律。<br>2. 能发现生活中许多问题都可以用数学的方法来解决，体验解决问题的乐趣。 |

**教育建议：**

1. 引导幼儿注意事物的形状特征，尝试用表示形状的词来描述事物，体会描述的生动形象性和趣味性。如：

- 参观游览后，和幼儿一起谈论所看到的事物的形状，鼓励幼儿产生联想，并用自己的语言进行描述。如：熊猫的身体圆圆的，全身好像是一个个的圆形组成的。
- 和幼儿交谈或读书讲故事时，适当地运用一些有关形状的词汇来描述事物，如看图片时，和幼儿讨论奥运会场馆的形状，体会为什么有的场馆叫"水立方"，有的叫"鸟巢"。

2. 引导幼儿感知和体会生活中很多地方都用到数，关注周围与自己生活密切相关的数的信息，体会数可以代表不同的意义。如：

- 和幼儿一起寻找发现生活中用数字作标识的事物，如电话号码、时钟、日历和商品的价签等。
- 引导幼儿了解和感受数用在不同的地方，表示的意义是不一样的。如天气预报中表示气温的数代表冷热状况；钟表上的数表明时间的早晚等。
- 鼓励幼儿尝试使用数的信息进行一些简单的推理。如知道今天是星期五，能推断明天是星期六，爸爸妈妈休息。

3. 引导幼儿观察发现按照一定规律排列的事物，体会其中的排列特点与规律，并尝试自己创造出新的排列规律。如：

- 和幼儿一起发现和体会按一定顺序排列的队形整齐有序。
- 提供具有重复性旋律和词语的音乐、儿歌和故事，或利用环境中有序排列的图案（如按颜色间隔排列的瓷砖、按形状间隔排列的珠帘等），鼓励幼儿发现和感受其中的规律。
- 鼓励幼儿尝试自己设计有规律的花边图案，创编有一定规律的动作，或者按某种规律进行搭建活动。
- 引导幼儿体会生活中很多事情都是有一定顺序和规律的，如一周七天的顺序是从周一到周日，一年四季按照春夏秋冬轮回等。

4. 鼓励和支持幼儿发现、尝试解决日常生活中需要用到数学的问题，体会数学的用处。如：

- 拍球、跳绳、跳远或投沙包时，可通过数数、测量的方法确定名次。
- 讨论春游去哪里玩时，让幼儿商量想去哪里玩？每个想去的地方有多少人？根据统计结果做出决定。
- 滑滑梯时，按照"先来先玩"的规则有序地排队玩。

**目标2 感知和理解数、量及数量关系**

| 3～4岁 | 4～5岁 | 5～6岁 |
| --- | --- | --- |
| 1. 能感知和区分物体的大小、多少、高矮、长短等量方面的特点，并能用相应的词表示。<br>2. 能通过一一对应的方法比较两组物体的多少。<br>3. 能手口一致地点数5个以内的物体，并能说出总数。能按数取物。<br>4. 能用数词描述事物或动作。如我有4本图书。 | 1. 能感知和区分物体的粗细、厚薄、轻重等量方面的特点，并能用相应的词语描述。<br>2. 能通过数数比较两组物体的多少。<br>3. 能通过实际操作理解数与数之间的关系，如5比4多1；2和3合在一起是5。<br>4. 会用数词描述事物的排列顺序和位置。 | 1. 初步理解量的相对性。<br>2. 借助实际情境和操作（如合并或拿取）理解"加"和"减"的实际意义。<br>3. 能通过实物操作或其他方法进行10以内的加减运算。<br>4. 能用简单的记录表、统计图等表示简单的数量关系。 |

**教育建议：**

1. 引导幼儿感知和理解事物"量"的特征。如：

- 感知常见事物的大小、多少、高矮、粗细等量的特征，学习使用相应的词汇描述这些特征。
- 结合具体事物让幼儿通过多次比较逐渐理解"量"是相对的。如小亮比小明高，但比小强矮。
- 收拾物品时，根据情况，鼓励幼儿按照物体量的特征分类整理。如整理图书时按照大小摆放。

2. 结合日常生活，指导幼儿学习通过对应或数数的方式比较物体的多少。如：

- 鼓励幼儿在一对一配对的过程中发现两组物体的多少。如，在给桌子上的每个碗配上勺子时，发现碗和勺多少的不同。
- 鼓励幼儿通过数数比较两样东西的多少。如数一数有多少个苹果、多少个梨，判断苹果和梨哪个多，哪个少。

3. 利用生活和游戏中的实际情境，引导幼儿理解数概念。如：

- 结合生活需要，和幼儿一起手口一致点数物体，得出物体的总数。
- 通过点数的方式让幼儿体会物体的数量不会因排列形式、空间位置的不同而发生变化。如鼓励幼儿将一定数量的扣子以不同的形式摆放，体会扣子的数量是不变的。
- 结合日常生活，为幼儿提供"按数取物"的机会，如游戏时，请幼儿按要求拿出几个球。

4. 通过实物操作引导幼儿理解数与数之间的关系，并用"加"或"减"的办法来解决问题。如：

- 游戏中遇到让4个小动物住进两间房子的问题，或生活中遇到将5块饼干分给两个小朋友问题时，让幼儿尝试不同的分法。
- 鼓励幼儿尝试自己解决生活中的数学问题。如家里来了5位客人，桌子上只有3个杯子，还需要几个杯子等。
- 购少量物品时，有意识地鼓励幼儿参与计算和付款的过程等。

**目标3　感知形状与空间关系**

| 3～4岁 | 4～5岁 | 5～6岁 |
| --- | --- | --- |
| 1. 能注意物体较明显的形状特征，并能用自己的语言描述。<br>2. 能感知物体基本的空间位置与方位，理解上下、前后、里外等方位词。 | 1. 能感知物体的形体结构特征，画出或拼搭出该物体的造型。<br>2. 能感知和发现常见几何图形的基本特征，并能进行分类。<br>3. 能使用上下、前后、里外、中间、旁边等方位词描述物体的位置和运动方向。 | 1. 能用常见的几何形体有创意地拼搭和画出物体的造型。<br>2. 能按语言指示或根据简单示意图正确取放物品。<br>3. 能辨别自己的左右。 |

**教育建议：**

1. 用多种方法帮助幼儿在物体与几何形体之间建立联系。如：

- 引导幼儿感受生活中各种物品的形状特征，并尝试识别和描述。如感受和识别盘子、桌子、车轮、地砖等物品的形状特征。
- 鼓励和支持幼儿用积木、纸盒、拼板等各种形状材料进行建构游戏或制作活动。如用长方形的纸盒加两个圆形瓶盖制作"汽车"。
- 收拾整理积木时，引导幼儿体验图形之间的转换。如两个三角形可组合成一个正方形，两个正方形可组合成一个长方形。
- 引导幼儿注意观察生活物品的图形特征，鼓励他们按形状分类整理物品。

2. 丰富幼儿空间方位识别的经验，引导幼儿运用空间方位经验解决问题。如：

- 请幼儿取放物体时，使用他们能够理解的方位词，如把桌子下面的东西放到窗台上，把花盆放在大树旁边等。
- 和幼儿一起识别熟悉场所的位置。如超市在家的旁边，邮局在幼儿园的前面。
- 在体育、音乐和舞蹈活动中，引导幼儿感受空间方位和运动方向。
- 和幼儿玩按指令找宝的游戏。对年龄小的幼儿要求他们按语言指令寻找，对年龄大些的幼儿可要求按照简单的示意图寻找。

## 五、艺术

艺术是人类感受美、表现美和创造美的重要形式，也是表达自己对周围世界的认识和情绪态度的独特方式。

每个幼儿心里都有一颗美的种子。幼儿艺术领域学习的关键在于充分创造条件和机会，在大自然和社会文化生活中萌发幼儿对美的感受和体验，丰富其想象力和创造力，引导幼儿学会用心灵去感受和发现美，用自己的方式去表现和创造美。

幼儿对事物的感受和理解不同于成人，他们表达自己认识和情感的方式也有别于成人。幼儿独特的笔触、动作和语言往往蕴含着丰富的想象和情感，成人应对幼儿的艺术表现给予充分的理解和尊重，不能用自己的审美标准去评判幼儿，更不能为追求结果的"完美"而对幼儿进行千篇一律的训练，以免扼杀其想象与创造的萌芽。

### （一）感受与欣赏

**目标 1　喜欢自然界与生活中美的事物**

| 3～4 岁 | 4～5 岁 | 5～6 岁 |
| --- | --- | --- |
| 1. 喜欢观看花草树木、日月星空等大自然中美的事物。<br>2. 容易被自然界中的鸟鸣、风声、雨声等好听的声音所吸引。 | 1. 在欣赏自然界和生活环境中美的事物时，关注其色彩、形态等特征。<br>2. 喜欢倾听各种好听的声音，感知声音的高低、长短、强弱等变化。 | 1. 乐于收集美的物品或向别人介绍所发现的美的事物。<br>2. 乐于模仿自然界和生活环境中有特点的声音，并产生相应的联想。 |

**教育建议：**

1. 和幼儿一起感受、发现和欣赏自然环境和人文景观中美的事物。如：

- 让幼儿多接触大自然，感受和欣赏美丽的景色和好听的声音。
- 经常带幼儿参观园林、名胜古迹等人文景观，讲讲有关的历史故事、传说，与幼儿一起讨论和交流对美的感受。

2. 和幼儿一起发现美的事物的特征，感受和欣赏美。如：

- 让幼儿观察常见动植物以及其他物体，引导幼儿用自己的语言、动作等描述它们美的方面，如颜色、形状、形态等。
- 让幼儿倾听和分辨各种声响，引导幼儿用自己的方式来表达他对音色、强弱、快慢的感受。
- 支持幼儿收集喜欢的物品并和他一起欣赏。

**目标 2　喜欢欣赏多种多样的艺术形式和作品**

| 3～4 岁 | 4～5 岁 | 5～6 岁 |
| --- | --- | --- |
| 1. 喜欢听音乐或观看舞蹈、戏剧等表演。<br>2. 乐于观看绘画、泥塑或其他艺术形式的作品。 | 1. 能够专心地观看自己喜欢的文艺演出或艺术品，有模仿和参与的愿望。<br>2. 欣赏艺术作品时会产生相应的联想和情绪反应。 | 1. 艺术欣赏时常常用表情、动作、语言等方式表达自己的理解。<br>2. 愿意和别人分享、交流自己喜爱的艺术作品和美感体验。 |

**教育建议：**

1. 创造条件让幼儿接触多种艺术形式和作品。如：

- 经常让幼儿接触适宜的、各种形式的音乐作品，丰富幼儿对音乐的感受和体验。
- 和幼儿一起用图画、手工制品等装饰和美化环境。
- 带幼儿观看或共同参与传统民间艺术和地方民俗文化活动，如皮影戏、剪纸和捏面人等。
- 有条件的情况下，带幼儿去剧院、美术馆、博物馆等欣赏文艺表演和艺术作品。

2. 尊重幼儿的兴趣和独特感受，理解他们欣赏时的行为。如：

- 理解和尊重幼儿在欣赏艺术作品时的手舞足蹈、即兴模仿等行为。
- 当幼儿主动介绍自己喜爱的舞蹈、戏曲、绘画或工艺品时，要耐心倾听并给予积极回应和鼓励。

（二）表现与创造

**目标 1　喜欢进行艺术活动并大胆表现**

| 3～4 岁 | 4～5 岁 | 5～6 岁 |
| --- | --- | --- |
| 1. 经常自哼自唱或模仿有趣的动作、表情和声调。<br>2. 经常涂涂画画、粘粘贴贴并乐在其中。 | 1. 经常唱唱跳跳，愿意参加歌唱、律动、舞蹈、表演等活动。<br>2. 经常用绘画、捏泥、手工制作等多种方式表现自己的所见所想。 | 1. 积极参与艺术活动，有自己比较喜欢的活动形式。<br>2. 能用多种工具、材料或不同的表现手法表达自己的感受和想象。<br>3. 艺术活动中能与他人相互配合，也能独立表现。 |

**教育建议：**

1. 创造机会和条件，支持幼儿自发的艺术表现和创造。

- 提供丰富的便于幼儿取放的材料、工具或物品，支持幼儿进行自主绘画、手工、歌唱、表演等艺术活动。

- 经常和幼儿一起唱歌、表演、绘画、制作，共同分享艺术活动的乐趣。

2. 营造安全的心理氛围，让幼儿敢于并乐于表达表现。如：
- 欣赏和回应幼儿的哼哼唱唱、模仿表演等自发的艺术活动，赞赏他独特的表现方式。
- 在幼儿自主表达创作过程中，不做过多干预或把自己的意愿强加给幼儿，在幼儿需要时再给予具体的帮助。
- 了解并倾听幼儿艺术表现的想法或感受，领会并尊重幼儿的创作意图，不简单用"像不像""好不好"等成人标准来评价。
- 展示幼儿的作品，鼓励幼儿用自己的作品或艺术品布置环境。

**目标 2　具有初步的艺术表现与创造能力**

| 3～4 岁 | 4～5 岁 | 5～6 岁 |
| --- | --- | --- |
| 1. 能模仿学唱短小歌曲。<br>2. 能跟随熟悉的音乐做身体动作。<br>3. 能用声音、动作、姿态模拟自然界的事物和生活情景。<br>4. 能用简单的线条和色彩大体画出自己想画的人或事物。 | 1. 能用自然的、音量适中的声音基本准确地唱歌。<br>2. 能通过即兴哼唱、即兴表演或给熟悉的歌曲编词来表达自己的心情。<br>3. 能用拍手、踏脚等身体动作或可敲击的物品敲打节拍和基本节奏。<br>4. 能运用绘画、手工制作等表现自己观察到或想象的事物。 | 1. 能用基本准确的节奏和音调唱歌。<br>2. 能用律动或简单的舞蹈动作表现自己的情绪或自然界的情景。<br>3. 能自编自演故事，并为表演选择和搭配简单的服饰、道具或布景。<br>4. 能用自己制作的美术作品布置环境、美化生活。 |

**教育建议：**

尊重幼儿自发的表现和创造，并给予适当的指导。如：

- 鼓励幼儿在生活中细心观察、体验，为艺术活动积累经验与素材。如，观察不同树种的形态、色彩等。
- 提供丰富的材料，如图书、照片、绘画或音乐作品等，让幼儿自主选择，用自己喜欢的方式去模仿或创作，成人不做过多要求。
- 根据幼儿的生活经验，与幼儿共同确定艺术表达表现的主题，引导幼儿围绕主题展开想象，进行艺术表现。
- 幼儿绘画时，不宜提供范画，特别不应要求幼儿完全按照范画来画。
- 肯定幼儿作品的优点，用表达自己感受的方式引导其提高。如，"你的画用了这么多红颜色，感觉就像过年一样喜庆""你扮演的大灰狼声音真像，要是表情再凶一点就更好了"等。

附件 4

# 幼儿园教师专业标准（试行）

为促进幼儿园教师专业发展，建设高素质幼儿园教师队伍，根据《中华人民共和国教师法》，特制定《幼儿园教师专业标准（试行）》（以下简称《专业标准》）。

幼儿园教师是履行幼儿园教育教学工作职责的专业人员，需要经过严格的培养与培训，具有良好的职业道德，掌握系统的专业知识和专业技能。《专业标准》是国家对合格幼儿园教师专业素质的基本要求，是幼儿园教师实施保教行为的基本规范，是引领幼儿园教师专业发展的基本准则，是幼儿园教师培养、准入、培训、考核等工作的重要依据。

一、基本理念

（一）师德为先

热爱学前教育事业，具有职业理想，践行社会主义核心价值体系，履行教师职业道德规范，依法执教。关爱幼儿，尊重幼儿人格，富有爱心、责任心、耐心和细心；为人师表，教书育人，自尊自律，做幼儿健康成长的启蒙者和引路人。

（二）幼儿为本

尊重幼儿权益，以幼儿为主体，充分调动和发挥幼儿的主动性；遵循幼儿身心发展特点和保教活动规律，提供适合的教育，保障幼儿快乐健康成长。

（三）能力为重

把学前教育理论与保教实践相结合，突出保教实践能力；研究幼儿，遵循幼儿成长规律，提升保教工作专业化水平；坚持实践、反思、再实践、再反思，不断提高专业能力。

（四）终身学习

学习先进学前教育理论，了解国内外学前教育改革与发展的经验和做法；优化知识结构，提高文化素养；具有终身学习与持续发展的意识和能力，做终身学习的典范。

## 二、基本内容

| 维度 | 领域 | 基本要求 |
|---|---|---|
| 专业理念与师德 | （一）职业理解与认识 | 1. 贯彻党和国家教育方针政策，遵守教育法律法规。<br>2. 理解幼儿保教工作的意义，热爱学前教育事业，具有职业理想和敬业精神。<br>3. 认同幼儿园教师的专业性和独特性，注重自身专业发展。<br>4. 具有良好职业道德修养，为人师表。<br>5. 具有团队合作精神，积极开展协作与交流。 |
| | （二）对幼儿的态度与行为 | 6. 关爱幼儿，重视幼儿身心健康，将保护幼儿生命安全放在首位。<br>7. 尊重幼儿人格，维护幼儿合法权益，平等对待每一位幼儿。不讽刺、挖苦、歧视幼儿，不体罚或变相体罚幼儿。<br>8. 信任幼儿，尊重个体差异，主动了解和满足有益于幼儿身心发展的不同需求。<br>9. 重视生活对幼儿健康成长的重要价值，积极创造条件，让幼儿拥有快乐的幼儿园生活。 |
| | （三）幼儿保育和教育的态度与行为 | 10. 注重保教结合，培育幼儿良好的意志品质，帮助幼儿养成良好的行为习惯。<br>11. 注重保护幼儿的好奇心，培养幼儿的想象力，发掘幼儿的兴趣爱好。<br>12. 重视环境和游戏对幼儿发展的独特作用，创设富有教育意义的环境氛围，将游戏作为幼儿的主要活动。<br>13. 重视丰富幼儿多方面的直接经验，将探索、交往等实践活动作为幼儿最重要的学习方式。<br>14. 重视自身日常态度言行对幼儿发展的重要影响与作用。<br>15. 重视幼儿园、家庭和社区的合作，综合利用各种资源。 |
| | （四）个人修养与行为 | 16. 富有爱心、责任心、耐心和细心。<br>17. 乐观向上、热情开朗，有亲和力。<br>18. 善于自我调节情绪，保持平和心态。<br>19. 勤于学习，不断进取。<br>20. 衣着整洁得体，语言规范健康，举止文明礼貌。 |
| 专业知识 | （五）幼儿发展知识 | 21. 了解关于幼儿生存、发展和保护的有关法律法规及政策规定。<br>22. 掌握不同年龄幼儿身心发展特点、规律和促进幼儿全面发展的策略与方法。<br>23. 了解幼儿在发展水平、速度与优势领域等方面的个体差异，掌握对应的策略与方法。<br>24. 了解幼儿发展中容易出现的问题与适宜的对策。<br>25. 了解有特殊需要幼儿的身心发展特点及教育策略与方法。 |

续表

| 维度 | 领域 | 基本要求 |
|---|---|---|
| 专业知识 | （六）幼儿保育和教育知识 | 26. 熟悉幼儿园教育的目标、任务、内容、要求和基本原则。<br>27. 掌握幼儿园各领域教育的学科特点与基本知识。<br>28. 掌握幼儿园环境创设、一日生活安排、游戏与教育活动、保育和班级管理的知识与方法。<br>29. 熟知幼儿园的安全应急预案，掌握意外事故和危险情况下幼儿安全防护与救助的基本方法。<br>30. 掌握观察、谈话、记录等了解幼儿的基本方法和教育心理学的基本原理和方法。<br>31. 了解0～3岁婴幼儿保教和幼小衔接的有关知识与基本方法。 |
| | （七）通识性知识 | 32. 具有一定的自然科学和人文社会科学知识。<br>33. 了解中国教育基本情况。<br>34. 具有相应的艺术欣赏与表现知识。<br>35. 具有一定的现代信息技术知识。 |
| 专业能力 | （八）环境的创设与利用 | 36. 建立良好的师幼关系，帮助幼儿建立良好的同伴关系，让幼儿感到温暖和愉悦。<br>37. 建立班级秩序与规则，营造良好的班级氛围，让幼儿感受到安全、舒适。<br>38. 创设有助于促进幼儿成长、学习、游戏的教育环境。<br>39. 合理利用资源，为幼儿提供和制作适合的玩教具和学习材料，引发和支持幼儿的主动活动 |
| | （九）一日生活的组织与保育 | 40. 合理安排和组织一日生活的各个环节，将教育灵活地渗透到一日生活中。<br>41. 科学照料幼儿日常生活，指导和协助保育员做好班级常规保育和卫生工作。<br>42. 充分利用各种教育契机，对幼儿进行随机教育。<br>43. 有效保护幼儿，及时处理幼儿的常见事故，危险情况优先救护幼儿。 |
| | （十）游戏活动的支持与引导 | 44. 提供符合幼儿兴趣需要、年龄特点和发展目标的游戏条件。<br>45. 充分利用与合理设计游戏活动空间，提供丰富、适宜的游戏材料，支持、引发和促进幼儿的游戏。<br>46. 鼓励幼儿自主选择游戏内容、伙伴和材料，支持幼儿主动地、创造性地开展游戏，充分体验游戏的快乐和满足。<br>47. 引导幼儿在游戏活动中获得身体、认知、语言和社会性等多方面的发展。 |
| | （十一）教育活动的计划与实施 | 48. 制定阶段性的教育活动计划和具体活动方案。<br>49. 在教育活动中观察幼儿，根据幼儿的表现和需要，调整活动，给予适宜的指导。<br>50. 在教育活动的设计和实施中体现趣味性、综合性和生活化，灵活运用各种组织形式和适宜的教育方式。<br>51. 提供更多的操作探索、交流合作、表达表现的机会，支持和促进幼儿主动学习。 |

续表

| 维度 | 领域 | 基本要求 |
|---|---|---|
| 专业能力 | (十二) 激励与评价 | 52. 关注幼儿日常表现，及时发现和赏识每个幼儿的点滴进步，注重激发和保护幼儿的积极性、自信心。<br>53. 有效运用观察、谈话、家园联系、作品分析等多种方法，客观地、全面地了解和评价幼儿。<br>54. 有效运用评价结果，指导下一步教育活动的开展。 |
| | (十三) 沟通与合作 | 55. 使用符合幼儿年龄特点的语言进行保教工作。<br>56. 善于倾听，和蔼可亲，与幼儿进行有效沟通。<br>57. 与同事合作交流，分享经验和资源，共同发展。<br>58. 与家长进行有效沟通合作，共同促进幼儿发展。<br>59. 协助幼儿园与社区建立合作互助的良好关系。 |
| | (十四) 反思与发展 | 60. 主动收集分析相关信息，不断进行反思，改进保教工作。<br>61. 针对保教工作中的现实需要与问题，进行探索和研究。<br>62. 制定专业发展规划，积极参加专业培训，不断提高自身专业素质。 |

**三、实施建议**

（一）各级教育行政部门要将《专业标准》作为幼儿园教师队伍建设的基本依据。根据学前教育改革发展的需要，充分发挥《专业标准》引领和导向作用，深化教师教育改革，建立教师教育质量保障体系，不断提高幼儿园教师培养培训质量。制定幼儿园教师准入标准，严把幼儿园教师入口关；制定幼儿园教师聘任（聘用）、考核、退出等管理制度，保障教师合法权益，形成科学有效的幼儿园教师队伍管理和督导机制。

（二）开展幼儿园教师教育的院校要将《专业标准》作为幼儿园教师培养培训的主要依据。重视幼儿园教师职业特点，加强学前教育学科和专业建设。完善幼儿园教师培养培训方案，科学设置教师教育课程，改革教育教学方式；重视幼儿园教师职业道德教育，重视社会实践和教育实习；加强从事幼儿园教师教育的师资队伍建设，建立科学的质量评价制度。

（三）幼儿园要将《专业标准》作为教师管理的重要依据。制定幼儿园教师专业发展规划，注重教师职业理想与职业道德教育，增强教师育人的责任感与使命感；开展园本研修，促进教师专业发展；完善教师岗位职责和考核评价制度，健全幼儿园教师绩效管理机制。

（四）幼儿园教师要将《专业标准》作为自身专业发展的基本依据。制定自我专业发展规划，爱岗敬业，增强专业发展自觉性；大胆开展保教实践，不断创新；积极进行自我评价，主动参加教师培训和自主研修，逐步提升专业发展水平。

附件5

# 幼儿园工作规程

## 第一章 总 则

**第一条** 为了加强幼儿园的科学管理，规范办园行为，提高保育和教育质量，促进幼儿身心健康，依据《中华人民共和国教育法》等法律法规，制定本规程。

**第二条** 幼儿园是对3周岁以上学龄前幼儿实施保育和教育的机构。幼儿园教育是基础教育的重要组成部分，是学校教育制度的基础阶段。

**第三条** 幼儿园的任务是：贯彻国家的教育方针，按照保育与教育相结合的原则，遵循幼儿身心发展特点和规律，实施德、智、体、美等方面全面发展的教育，促进幼儿身心和谐发展。

幼儿园同时面向幼儿家长提供科学育儿指导。

**第四条** 幼儿园适龄幼儿一般为3周岁至6周岁。

幼儿园一般为三年制。

**第五条** 幼儿园保育和教育的主要目标是：

（一）促进幼儿身体正常发育和机能的协调发展，增强体质，促进心理健康，培养良好的生活习惯、卫生习惯和参加体育活动的兴趣。

（二）发展幼儿智力，培养正确运用感官和运用语言交往的基本能力，增进对环境的认识，培养有益的兴趣和求知欲望，培养初步的动手探究能力。

（三）萌发幼儿爱祖国、爱家乡、爱集体、爱劳动、爱科学的情感，培养诚实、自信、友爱、勇敢、勤学、好问、爱护公物、克服困难、讲礼貌、守纪律等良好的品德行为和习惯，以及活泼开朗的性格。

（四）培养幼儿初步感受美和表现美的情趣和能力。

**第六条** 幼儿园教职工应当尊重、爱护幼儿，严禁虐待、歧视、体罚和变相体罚、侮辱幼儿人格等损害幼儿身心健康的行为。

**第七条** 幼儿园可分为全日制、半日制、定时制、季节制和寄宿制等。上述形式可分别设置，也可混合设置。

## 第二章　幼儿入园和编班

**第八条**　幼儿园每年秋季招生。平时如有缺额，可随时补招。

幼儿园对烈士子女、家中无人照顾的残疾人子女、孤儿、家庭经济困难幼儿、具有接受普通教育能力的残疾儿童等入园，按照国家和地方的有关规定予以照顾。

**第九条**　企业、事业单位和机关、团体、部队设置的幼儿园，除招收本单位工作人员的子女外，应当积极创造条件向社会开放，招收附近居民子女入园。

**第十条**　幼儿入园前，应当按照卫生部门制定的卫生保健制度进行健康检查，合格者方可入园。

幼儿入园除进行健康检查外，禁止任何形式的考试或测查。

**第十一条**　幼儿园规模应当有利于幼儿身心健康，便于管理，一般不超过360人。

幼儿园每班幼儿人数一般为：小班（3周岁至4周岁）25人，中班（4周岁至5周岁）30人，大班（5周岁至6周岁）35人，混合班30人。寄宿制幼儿园每班幼儿人数酌减。

幼儿园可以按年龄分别编班，也可以混合编班。

## 第三章　幼儿园的安全

**第十二条**　幼儿园应当严格执行国家和地方幼儿园安全管理的相关规定，建立健全门卫、房屋、设备、消防、交通、食品、药物、幼儿接送交接、活动组织和幼儿就寝值守等安全防护和检查制度，建立安全责任制和应急预案。

**第十三条**　幼儿园的园舍应当符合国家和地方的建设标准，以及相关安全、卫生等方面的规范，定期检查维护，保障安全。幼儿园不得设置在污染区和危险区，不得使用危房。

幼儿园的设备设施、装修装饰材料、用品用具和玩教具材料等，应当符合国家相关的安全质量标准和环保要求。

入园幼儿应当由监护人或者其委托的成年人接送。

**第十四条**　幼儿园应当严格执行国家有关食品药品安全的法律法规，保障饮食饮水卫生安全。

**第十五条**　幼儿园教职工必须具有安全意识，掌握基本急救常识和防范、避险、逃生、自救的基本方法，在紧急情况下应当优先保护幼儿的人身安全。

幼儿园应当把安全教育融入一日生活，并定期组织开展多种形式的安全教育和事故预防演练。

幼儿园应当结合幼儿年龄特点和接受能力开展反家庭暴力教育，发现幼儿遭受或者疑似遭受家庭暴力的，应当依法及时向公安机关报案。

**第十六条** 幼儿园应当投保校方责任险。

## 第四章 幼儿园的卫生保健

**第十七条** 幼儿园必须切实做好幼儿生理和心理卫生保健工作。

幼儿园应当严格执行《托儿所幼儿园卫生保健管理办法》以及其他有关卫生保健的法规、规章和制度。

**第十八条** 幼儿园应当制定合理的幼儿一日生活作息制度。正餐间隔时间为3.5～4小时。在正常情况下，幼儿户外活动时间（包括户外体育活动时间）每天不得少于2小时，寄宿制幼儿园不得少于3小时；高寒、高温地区可酌情增减。

**第十九条** 幼儿园应当建立幼儿健康检查制度和幼儿健康卡或档案。每年体检一次，每半年测身高、视力一次，每季度量体重一次；注意幼儿口腔卫生，保护幼儿视力。

幼儿园对幼儿健康发展状况定期进行分析、评价，及时向家长反馈结果。

幼儿园应当关注幼儿心理健康，注重满足幼儿的发展需要，保持幼儿积极的情绪状态，让幼儿感受到尊重和接纳。

**第二十条** 幼儿园应当建立卫生消毒、晨检、午检制度和病儿隔离制度，配合卫生部门做好计划免疫工作。

幼儿园应当建立传染病预防和管理制度，制定突发传染病应急预案，认真做好疾病防控工作。

幼儿园应当建立患病幼儿用药的委托交接制度，未经监护人委托或者同意，幼儿园不得给幼儿用药。幼儿园应当妥善管理药品，保证幼儿用药安全。

幼儿园内禁止吸烟、饮酒。

**第二十一条** 供给膳食的幼儿园应当为幼儿提供安全卫生的食品，编制营养平衡的幼儿食谱，定期计算和分析幼儿的进食量和营养素摄取量，保证幼儿合理膳食。

幼儿园应当每周向家长公示幼儿食谱，并按照相关规定进行食品留样。

**第二十二条** 幼儿园应当配备必要的设备设施，及时为幼儿提供安全卫生的饮用水。

幼儿园应当培养幼儿良好的大小便习惯，不得限制幼儿便溺的次数、时间等。

**第二十三条** 幼儿园应当积极开展适合幼儿的体育活动，充分利用日光、空气、水等自然因素以及本地自然环境，有计划地锻炼幼儿肌体，增强身体的适应和抵抗能力。正常情况下，每日户外体育活动不得少于1小时。

幼儿园在开展体育活动时，应当对体弱或有残疾的幼儿予以特殊照顾。

**第二十四条** 幼儿园夏季要做好防暑降温工作，冬季要做好防寒保暖工作，防止中暑和冻伤。

## 第五章　幼儿园的教育

**第二十五条** 幼儿园教育应当贯彻以下原则和要求：

（一）德、智、体、美等方面的教育应当互相渗透，有机结合。

（二）遵循幼儿身心发展规律，符合幼儿年龄特点，注重个体差异，因人施教，引导幼儿个性健康发展。

（三）面向全体幼儿，热爱幼儿，坚持积极鼓励、启发引导的正面教育。

（四）综合组织健康、语言、社会、科学、艺术各领域的教育内容，渗透于幼儿一日生活的各项活动中，充分发挥各种教育手段的交互作用。

（五）以游戏为基本活动，寓教育于各项活动之中。

（六）创设与教育相适应的良好环境，为幼儿提供活动和表现能力的机会与条件。

**第二十六条** 幼儿一日活动的组织应当动静交替，注重幼儿的直接感知、实际操作和亲身体验，保证幼儿愉快的、有益的自由活动。

**第二十七条** 幼儿园日常生活组织，应当从实际出发，建立必要、合理的常规，坚持一贯性和灵活性相结合，培养幼儿的良好习惯和初步的生活自理能力。

**第二十八条** 幼儿园应当为幼儿提供丰富多样的教育活动。

教育活动内容应当根据教育目标、幼儿的实际水平和兴趣确定，以循序渐进为原则，有计划地选择和组织。

教育活动的组织应当灵活地运用集体、小组和个别活动等形式，为每个幼儿提供充分参与的机会，满足幼儿多方面发展的需要，促进每个幼儿在不同水平上得到发展。

教育活动的过程应注重支持幼儿的主动探索、操作实践、合作交流和表达表现，不应片面追求活动结果。

**第二十九条** 幼儿园应当将游戏作为对幼儿进行全面发展教育的重要形式。

幼儿园应当因地制宜创设游戏条件，提供丰富、适宜的游戏材料，保证充足的游戏时间，开展多种游戏。

幼儿园应当根据幼儿的年龄特点指导游戏，鼓励和支持幼儿根据自身兴趣、需要和经验水平，自主选择游戏内容、游戏材料和伙伴，使幼儿在游戏过程中获得积极的情绪情感，促进幼儿能力和个性的全面发展。

**第三十条** 幼儿园应当将环境作为重要的教育资源，合理利用室内外环境，创设开放的、多样的区域活动空间，提供适合幼儿年龄特点的丰富的玩具、操作材料和幼儿读物，支持幼儿自主选择和主动学习，激发幼儿学习的兴趣与探究的愿望。

幼儿园应当营造尊重、接纳和关爱的氛围，建立良好的同伴和师生关系。

幼儿园应当充分利用家庭和社区的有利条件，丰富和拓展幼儿园的教育资源。

**第三十一条** 幼儿园的品德教育应当以情感教育和培养良好行为习惯为主，注重潜移默化的影响，并贯穿于幼儿生活以及各项活动之中。

**第三十二条** 幼儿园应当充分尊重幼儿的个体差异，根据幼儿不同的心理发展水平，研究有效的活动形式和方法，注重培养幼儿良好的个性心理品质。

幼儿园应当为在园残疾儿童提供更多的帮助和指导。

**第三十三条** 幼儿园和小学应当密切联系，互相配合，注意两个阶段教育的相互衔接。

幼儿园不得提前教授小学教育内容，不得开展任何违背幼儿身心发展规律的活动。

## 第六章 幼儿园的园舍、设备

**第三十四条** 幼儿园应当按照国家的相关规定设活动室、寝室、卫生间、保健室、综合活动室、厨房和办公用房等，并达到相应的建设标准。有条件的幼儿园应当优先扩大幼儿游戏和活动空间。

寄宿制幼儿园应当增设隔离室、浴室和教职工值班室等。

**第三十五条** 幼儿园应当有与其规模相适应的户外活动场地，配备必要的游戏和体育活动设施，创造条件开辟沙地、水池、种植园地等，并根据幼儿活动的需要绿化、美化园地。

**第三十六条** 幼儿园应当配备适合幼儿特点的桌椅、玩具架、盥洗卫生用具，以及必要的玩教具、图书和乐器等。

玩教具应当具有教育意义并符合安全、卫生要求。幼儿园应当因地制宜，就地取材，自制玩教具。

第三十七条　幼儿园的建筑规划面积、建筑设计和功能要求，以及设施设备、玩教具配备，按照国家和地方的相关规定执行。

## 第七章　幼儿园的教职工

第三十八条　幼儿园按照国家相关规定设园长、副园长、教师、保育员、卫生保健人员、炊事员和其他工作人员等岗位，配足配齐教职工。

第三十九条　幼儿园教职工应当贯彻国家教育方针，具有良好品德，热爱教育事业，尊重和爱护幼儿，具有专业知识和技能以及相应的文化和专业素养，为人师表，忠于职责，身心健康。

幼儿园教职工患传染病期间暂停在幼儿园的工作。有犯罪、吸毒记录和精神病史者不得在幼儿园工作。

第四十条　幼儿园园长应当符合本规程第三十九条规定，并应当具有《教师资格条例》规定的教师资格，具备大专以上学历，有三年以上幼儿园工作经历和一定的组织管理能力，并取得幼儿园园长岗位培训合格证书。

幼儿园园长由举办者任命或者聘任，并报当地主管的教育行政部门备案。

幼儿园园长负责幼儿园的全面工作，主要职责如下：

（一）贯彻执行国家的有关法律、法规、方针、政策和地方的相关规定，负责建立并组织执行幼儿园的各项规章制度；

（二）负责保育教育、卫生保健、安全保卫工作；

（三）负责按照有关规定聘任、调配教职工，指导、检查和评估教师以及其他工作人员的工作，并给予奖惩；

（四）负责教职工的思想工作，组织业务学习，并为他们的学习、进修、教育研究创造必要的条件；

（五）关心教职工的身心健康，维护他们的合法权益，改善他们的工作条件；

（六）组织管理园舍、设备和经费；

（七）组织和指导家长工作；

（八）负责与社区的联系和合作。

第四十一条　幼儿园教师必须具有《教师资格条例》规定的幼儿园教师资格，并符合本规程第三十九条规定。

幼儿园教师实行聘任制。

幼儿园教师对本班工作全面负责，其主要职责如下：

（一）观察了解幼儿，依据国家有关规定，结合本班幼儿的发展水平和兴趣需要，制订和执行教育工作计划，合理安排幼儿一日生活；

（二）创设良好的教育环境，合理组织教育内容，提供丰富的玩具和游戏材料，开展适宜的教育活动；

（三）严格执行幼儿园安全、卫生保健制度，指导并配合保育员管理本班幼儿生活，做好卫生保健工作；

（四）与家长保持经常联系，了解幼儿家庭的教育环境，商讨符合幼儿特点的教育措施，相互配合共同完成教育任务；

（五）参加业务学习和保育教育研究活动；

（六）定期总结评估保教工作实效，接受园长的指导和检查。

**第四十二条** 幼儿园保育员应当符合本规程第三十九条规定，并应当具备高中毕业以上学历，受过幼儿保育职业培训。

幼儿园保育员的主要职责如下：

（一）负责本班房舍、设备、环境的清洁卫生和消毒工作；

（二）在教师指导下，科学照料和管理幼儿生活，并配合本班教师组织教育活动；

（三）在卫生保健人员和本班教师指导下，严格执行幼儿园安全、卫生保健制度；

（四）妥善保管幼儿衣物和本班的设备、用具。

**第四十三条** 幼儿园卫生保健人员除符合本规程第三十九条规定外，医师应当取得卫生行政部门颁发的《医师执业证书》；护士应当取得《护士执业证书》；保健员应当具有高中毕业以上学历，并经过当地妇幼保健机构组织的卫生保健专业知识培训。

幼儿园卫生保健人员对全园幼儿身体健康负责，其主要职责如下：

（一）协助园长组织实施有关卫生保健方面的法规、规章和制度，并监督执行；

（二）负责指导调配幼儿膳食，检查食品、饮水和环境卫生；

（三）负责晨检、午检和健康观察，做好幼儿营养、生长发育的监测和评价；定期组织幼儿健康体检，做好幼儿健康档案管理；

（四）密切与当地卫生保健机构的联系，协助做好疾病防控和计划免疫工作；

（五）向幼儿园教职工和家长进行卫生保健宣传和指导；

（六）妥善管理医疗器械、消毒用具和药品。

**第四十四条** 幼儿园其他工作人员的资格和职责，按照国家和地方的有关规定执行。

**第四十五条** 对认真履行职责、成绩优良的幼儿园教职工，应当按照有关规定给予奖励。

对不履行职责的幼儿园教职工，应当视情节轻重，依法依规给予相应处分。

## 第八章 幼儿园的经费

**第四十六条** 幼儿园的经费由举办者依法筹措，保障有必备的办园资金和稳定的经费来源。

按照国家和地方相关规定接受财政扶持的提供普惠性服务的国有企事业单位办园、集体办园和民办园等幼儿园，应当接受财务、审计等有关部门的监督检查。

**第四十七条** 幼儿园收费按照国家和地方的有关规定执行。

幼儿园实行收费公示制度，收费项目和标准向家长公示，接受社会监督，不得以任何名义收取与新生入园相挂钩的赞助费。

幼儿园不得以培养幼儿某种专项技能、组织或参与竞赛等为由，另外收取费用；不得以营利为目的组织幼儿表演、竞赛等活动。

**第四十八条** 幼儿园的经费应当按照规定的使用范围合理开支，坚持专款专用，不得挪作他用。

**第四十九条** 幼儿园举办者筹措的经费，应当保证保育和教育的需要，有一定比例用于改善办园条件和开展教职工培训。

**第五十条** 幼儿膳食费应当实行民主管理制度，保证全部用于幼儿膳食，每月向家长公布账目。

**第五十一条** 幼儿园应当建立经费预算和决算审核制度，经费预算和决算应当提交园务委员会审议，并接受财务和审计部门的监督检查。

幼儿园应当依法建立资产配置、使用、处置、产权登记、信息管理等管理制度，严格执行有关财务制度。

## 第九章 幼儿园、家庭和社区

**第五十二条** 幼儿园应当主动与幼儿家庭沟通合作，为家长提供科学育儿宣传指导，帮助家长创设良好的家庭教育环境，共同担负教育幼儿的任务。

**第五十三条** 幼儿园应当建立幼儿园与家长联系的制度。幼儿园可采取多种形式，指导家长正确了解幼儿园保育和教育的内容、方法，定期召开家长会议，并接待家长的来访和咨询。

幼儿园应当认真分析、吸收家长对幼儿园教育与管理工作的意见与建议。

幼儿园应当建立家长开放日制度。

**第五十四条** 幼儿园应当成立家长委员会。

家长委员会的主要任务是：对幼儿园重要决策和事关幼儿切身利益的事项提出意见和建议；发挥家长的专业和资源优势，支持幼儿园保育教育工作；帮助家长了解幼儿园工作计划和要求，协助幼儿园开展家庭教育指导和交流。

家长委员会在幼儿园园长指导下工作。

**第五十五条** 幼儿园应当加强与社区的联系与合作，面向社区宣传科学育儿知识，开展灵活多样的公益性早期教育服务，争取社区对幼儿园的多方面支持。

## 第十章　幼儿园的管理

**第五十六条** 幼儿园实行园长负责制。

幼儿园应当建立园务委员会。园务委员会由园长、副园长、党组织负责人和保教、卫生保健、财会等方面工作人员的代表以及幼儿家长代表组成。园长任园务委员会主任。

园长定期召开园务委员会会议，遇重大问题可临时召集，对规章制度的建立、修改、废除，全园工作计划，工作总结，人员奖惩，财务预算和决算方案，以及其他涉及全园工作的重要问题进行审议。

**第五十七条** 幼儿园应当加强党组织建设，充分发挥党组织政治核心作用、战斗堡垒作用。幼儿园应当为工会、共青团等其他组织开展工作创造有利条件，充分发挥其在幼儿园工作中的作用。

**第五十八条** 幼儿园应当建立教职工大会制度或者教职工代表大会制度，依法加强民主管理和监督。

**第五十九条** 幼儿园应当建立教研制度，研究解决保教工作中的实际问题。

**第六十条** 幼儿园应当制订年度工作计划，定期部署、总结和报告工作。每学年年末应当向教育等行政主管部门报告工作，必要时随时报告。

**第六十一条** 幼儿园应当接受上级教育、卫生、公安、消防等部门的检查、监督和指导，如实报告工作和反映情况。

幼儿园应当依法接受教育督导部门的督导。

**第六十二条** 幼儿园应当建立业务档案、财务管理、园务会议、人员奖惩、安全管理以及与家庭、小学联系等制度。

幼儿园应当建立信息管理制度，按照规定采集、更新、报送幼儿园管理信息系统的相关信息，每年向主管教育行政部门报送统计信息。

**第六十三条** 幼儿园教师依法享受寒暑假期的带薪休假。幼儿园应当创造条件，在寒暑假期间，安排工作人员轮流休假。具体办法由举办者制定。

## 第十一章 附 则

**第六十四条** 本规程适用于城乡各类幼儿园。

**第六十五条** 省、自治区、直辖市教育行政部门可根据本规程，制订具体实施办法。

**第六十六条** 本规程自2016年3月1日起施行。1996年3月9日由原国家教育委员会令第25号发布的《幼儿园工作规程》同时废止。

附件 6

# 幼儿园保育教育质量评估指南

为深入贯彻全国教育大会精神,加快建立健全教育评价制度,促进学前教育高质量发展,根据中共中央、国务院《关于学前教育深化改革规范发展的若干意见》和《深化新时代教育评价改革总体方案》精神,制定本指南。

## 一、总体要求

(一)指导思想

以习近平新时代中国特色社会主义思想为指导,全面贯彻党的教育方针,落实立德树人根本任务,遵循幼儿发展规律和教育规律,完善以促进幼儿身心健康发展为导向的学前教育质量评估体系,切实扭转不科学的评估导向,强化评估结果运用,推动树立科学保育教育理念,全面提高幼儿园保育教育水平,为培养德智体美劳全面发展的社会主义建设者和接班人奠定坚实基础。

(二)基本原则

1. 坚持正确方向。坚持社会主义办园方向,践行为党育人、为国育才使命,树立科学评价导向,推动构建科学保育教育体系,整体提升幼儿园办园水平和保育教育质量。

2. 坚持儿童为本。尊重幼儿年龄特点和成长规律,注重幼儿发展的整体性和连续性,坚持保教结合,以游戏为基本活动,有效促进幼儿身心健康发展。

3. 坚持科学评估。完善评估内容,突出评估重点,改进评估方式,切实扭转"重结果轻过程、重硬件轻内涵、重他评轻自评"等倾向。

4. 坚持以评促建。充分发挥评估的引导、诊断、改进和激励功能,注重过程性、发展性评估,引导办好每一所幼儿园,促进幼儿园安全优质发展。

## 二、评估内容

坚持以促进幼儿身心健康发展为导向,聚焦幼儿园保育教育过程质量,评估内容主要包括办园方向、保育与安全、教育过程、环境创设、教师队伍等 5 个方面,共 15 项关键指标和 48 个考查要点。

(一)办园方向。包括党建工作、品德启蒙和科学理念等 3 项关键指标,旨在促进幼儿园全面贯彻党的教育方针,落实立德树人根本任务,强化党组织战斗堡垒作用,树立科学保育教育理念,确保正确办园方向。

(二)保育与安全。包括卫生保健、生活照料、安全防护等3项关键指标,旨在促进幼儿园加强膳食营养、疾病预防、健康检查等工作,建立合理的生活常规,强化医护保健人员配备、安全保障和制度落实,确保幼儿生命安全和身心健康。

(三)教育过程。包括活动组织、师幼互动和家园共育等3项关键指标,旨在促进幼儿园坚持以游戏为基本活动,理解尊重幼儿并支持其有意义地学习,强化家园协同育人,不断提高保育教育质量。

(四)环境创设。包括空间设施、玩具材料等2项关键指标,旨在促进幼儿园积极创设丰富适宜、富有童趣、有利于支持幼儿学习探索的教育环境,配备数量充足、种类多样的玩教具和图画书,有效支持保育教育工作科学实施。

(五)教师队伍。包括师德师风、人员配备、专业发展和激励机制等4项关键指标,旨在促进幼儿园加强教师师德工作,注重教师专业能力建设,提高园长专业领导力,采取有效措施激励教师爱岗敬业、潜心育人。

## 三、评估方式

(一)注重过程评估。重点关注保育教育过程质量,关注幼儿园提升保教水平的努力程度和改进过程,严禁用直接测查幼儿能力和发展水平的方式评估幼儿园保育教育质量。

(二)强化自我评估。幼儿园应建立常态化的自我评估机制,促进教职工主动参与,通过集体诊断,反思自身教育行为,提出改进措施。同时,有效发挥外部评估的导向、激励作用,有针对性地引导幼儿园不断完善自我评估,改进保育教育工作。

(三)聚焦班级观察。通过不少于半日的连续自然观察,了解教师与幼儿互动情况,准确判断教师对促进幼儿学习与发展所做的努力与支持,全面、客观、真实地了解幼儿园保育教育过程和质量。外部评估的班级观察采取随机抽取的方式,覆盖面不少于各年龄班级总数的三分之一。

## 四、组织实施

(一)加强组织领导。各地要高度重视幼儿园保育教育质量评估工作,将其作为促进学前教育高质量发展、办好人民满意教育的重要举措,纳入本地深化教育评价改革重要内容,建立党委领导、政府教育督导部门牵头、部门协同、多方参与的组织实施机制。各省(区、市)要结合实际,完善本地质量评估具体标准,编制幼儿园保育教育质量自评指导手册,增强质量评估的操作性,确保评估工作有效实施。

要逐步将幼儿园保育教育质量评估工作与已经开展的对地方政府履行教育职责评价、学前教育普及普惠督导评估、幼儿园办园行为督导评估等工作统筹实施，避免重复评估，切实减轻基层和幼儿园迎检负担。

（二）明确评估周期。幼儿园每学期开展一次自我评估，教育部门要加强对幼儿园保育教育工作和自评的指导。县级督导评估依据所辖园数和工作需要，原则上每3~5年为一个周期，确保每个周期内覆盖所有幼儿园。省、市结合实际适当开展抽查，具体抽查比例由各省（区、市）自行确定。

（三）强化评估保障。各地要为幼儿园保育教育质量评估提供必要的经费保障，支持开展评估研究。要切实加强评估队伍建设，建立一支尊重学前教育规律、熟悉幼儿园保育教育实践、事业心责任感强、相对稳定的专业化评估队伍，评估人员主要由督学、学前教育行政人员、教研人员、园长、骨干教师等组成，强化评估人员专业能力建设。加强对本指南的学习培训，推动幼儿园园长、教师自觉运用本指南自我反思改进，不断提高保育教育水平。

（四）注重激励引导。各地要将幼儿园保育教育质量评估结果作为对幼儿园表彰奖励、政策支持、资源配置、园长考核以及民办园年检、普惠性民办园认定扶持等方面工作的重要依据。对履职不到位、违反有关政策规定、违背幼儿身心发展规律、保教质量持续下滑的幼儿园，要及时督促整改，并视情况依法依规追究责任。要通过幼儿园保育教育质量评估工作，积极推动地方政府履行相应教育职责，为办好学前教育提供充分的条件保障和良好的政策环境。

（五）营造良好氛围。要广泛宣传国家关于学前教育改革发展的政策措施，深入解读幼儿园保育教育质量评估的重要意义、内容要求和指标体系，认真总结推广质量评估工作先进典型经验，有效发挥示范引领作用，积极开展国际交流与合作，营造有利于促进学前教育高质量发展的良好氛围。

附

# 幼儿园保育教育质量评估指标

| 重点内容 | 关键指标 | 考查要点 |
|---|---|---|
| A1. 办园方向 | B1. 党建工作 | 1. 健全党组织对幼儿园工作领导的制度机制，以政治建设为统领，加强幼儿园领导班子建设，推进党的工作与保育教育工作紧密融合。<br>2. 落实幼儿园党的组织和党的工作全覆盖，加强教师思想政治工作，落实党风廉政建设责任制和意识形态工作责任制，坚持党建带团建，充分发挥工会、共青团等群团组织的作用。<br>3. 坚持社会主义办园方向，积极研究制定幼儿园发展规划和年度工作计划。 |
| | B2. 品德启蒙 | 4. 全面贯彻党的教育方针，落实立德树人根本任务，坚持保育教育结合，将培育和践行社会主义核心价值观融入保育教育全过程，注重从小做起、从点滴做起，为培养德智体美劳全面发展的社会主义建设者和接班人奠基。<br>5. 注重幼儿良好品德和行为习惯养成，潜移默化贯穿于一日生活和各项活动，创设温暖、关爱、平等的集体生活氛围，建立积极和谐的同伴关系；帮助幼儿学会生活，养成自己的事情自己做的习惯，培育幼儿爱父母长辈、爱老师同伴、爱集体、爱家乡、爱党爱国的情感。 |
| | B3. 科学理念 | 6. 遵循幼儿身心发展规律和学前教育规律，尊重幼儿个体差异，坚持以游戏为基本活动，珍视生活和游戏的独特教育价值。<br>7. 充分尊重和保护幼儿的好奇心和探究兴趣，相信每一个幼儿都是积极主动、有能力的学习者，最大限度地支持和满足幼儿通过直接感知、实际操作和亲身体验获取经验的需要。不提前教授小学阶段的课程内容，不搞不切实际的特色课程。 |
| A2. 保育与安全 | B4. 卫生保健 | 8. 膳食营养、卫生消毒、疾病预防、健康检查等工作制度和岗位职责健全，并认真抓好落实。<br>9. 科学制定带量食谱，确保幼儿膳食营养均衡，引导幼儿养成良好饮食习惯。<br>10. 教职工具有传染病防控常识，认真落实传染病报告制度，具备快速应对和防控处置能力。<br>11. 按资质要求配备专（兼）职卫生保健人员，认真做好幼儿膳食指导、晨午检和健康观察、疾病预防、幼儿生长发育监测等工作。 |
| | B5. 生活照料 | 12. 帮助幼儿建立合理生活常规，引导幼儿根据需要自主饮水、盥洗、如厕、增减衣物等，养成良好的生活卫生习惯。<br>13. 指导幼儿进行餐前准备、餐后清洁、图画书与玩具整理等自我服务，引导幼儿养成劳动习惯，增强环保意识、集体责任感。<br>14. 制定并实施与幼儿身体发展相适应的体格锻炼计划，保证每天户外活动时间不少于2小时，体育活动时间不少于1小时。<br>15. 重视有特殊需要的幼儿，尽可能创造条件让幼儿参与班级的各项活动，同时给予必要的照料。根据需要及时与家长沟通，帮助幼儿获得专业的康复指导与治疗。 |

续表

| 重点内容 | 关键指标 | 考查要点 |
|---|---|---|
| A2. 保育与安全 | B6. 安全防护 | 16. 认真落实幼儿园各项安全管理制度和措施，每学期开学前分析研判潜在的安全风险，有针对性地完善安全管理措施。<br>17. 保教人员具有安全保护意识，做好环境、设施设备、玩具材料等方面的日常检查维护，及时消除安全隐患。发生意外时，优先保护幼儿的安全。<br>18. 幼儿园切实把安全教育融入幼儿一日生活，帮助幼儿学习判断环境、设施设备和玩具材料可能出现的安全风险，增强安全防范意识，提高自我保护能力。 |
| A3. 教育过程 | B7. 活动组织 | 19. 认真按照《幼儿园教育指导纲要》《3—6岁儿童学习与发展指南》要求，结合本园、班实际，每学期、每周制定科学合理的班级保教计划。<br>20. 一日活动安排相对稳定合理，并能根据幼儿的年龄特点、个体差异和活动需要做出灵活调整，避免活动安排频繁转换、幼儿消极等待。<br>21. 以游戏为基本活动，确保幼儿每天有充分的自主游戏时间，因地制宜为幼儿创设游戏环境，提供丰富适宜的游戏材料，支持幼儿探究、试错、重复等行为，与幼儿一起分享游戏经验。<br>22. 发现和支持幼儿有意义的学习，采用小组或集体的形式讨论幼儿感兴趣的话题，鼓励幼儿表达自己的观点，提出问题、分析解决问题，拓展提升幼儿日常生活和游戏中的经验。<br>23. 关注幼儿学习与发展的整体性，注重健康、语言、社会、科学、艺术等各领域有机整合，促进幼儿智力和非智力因素协调发展，寓教育于生活和游戏中。<br>24. 关注幼儿发展的连续性，注重幼小科学衔接。大班下学期，采取多种形式，有针对性地帮助幼儿做好身心、生活、社会和学习等多方面的准备，建立对小学的积极期待和向往，促进幼儿顺利过渡。 |
| | B8. 师幼互动 | 25. 教师保持积极、乐观、愉快的情绪状态，以亲切和蔼、支持性的态度和行为与幼儿互动，平等对待每一名幼儿。幼儿在一日活动中是自信、从容的，能放心大胆地表达真实情绪和不同观点。<br>26. 支持幼儿自主选择游戏材料、同伴和玩法，支持幼儿参与一日生活中与自己有关的决策。<br>27. 认真观察幼儿在各类活动中的行为表现并做必要记录，根据一段时间的持续观察，对幼儿的发展情况和需要做出客观全面的分析，提供有针对性地支持。不急于介入或干扰幼儿的活动。<br>28. 重视幼儿通过绘画、讲述等方式对自己经历过的游戏、阅读的图画书、观察等活动进行表达表征，教师能一对一倾听并真实记录幼儿的想法和体验。<br>29. 善于发现各种偶发的教育契机，能抓住活动中幼儿感兴趣或有意义的问题和情境，能识别幼儿以新的方式主动学习，及时给予有效支持。<br>30. 尊重并回应幼儿的想法与问题，通过开放性提问、推测、讨论等方式，支持和拓展每一个幼儿的学习。<br>31. 理解幼儿在健康、语言、社会、科学、艺术等各领域的学习方式，尊重幼儿发展的个体差异，发现每个幼儿的优势和长处，促进幼儿在原有水平上的发展。不片面追求某一领域、某一方面的学习和发展。 |

续表

| 重点内容 | 关键指标 | 考查要点 |
|---|---|---|
| A3. 教育过程 | B9. 家园共育 | 32. 幼儿园与家长建立平等互信关系，教师及时与家长分享幼儿的成长和进步，了解幼儿在家庭中的表现，认真倾听家长的意见建议。<br>33. 家长有机会体验幼儿园的生活，参与幼儿园管理，引导家长理解教师工作对幼儿成长的价值，尊重教师的专业性，积极参与并支持幼儿园的工作，成为幼儿园的合作伙伴。<br>34. 幼儿园通过家长会、家长开放日等多种途径，向家长宣传科学育儿理念和知识，为家长提供分享交流育儿经验的机会，帮助家长解决育儿困惑。<br>35. 幼儿园与家庭、社区密切合作，积极构建协同育人机制，充分利用自然、社会和文化资源，共同创设良好的育人环境。 |
| A4. 环境创设 | B10. 空间设施 | 36. 幼儿园规模与班额符合国家和地方相关规定，合理规划并灵活调整室内外空间布局，最大限度地满足幼儿游戏活动的需要。除综合活动室外，不追求设置专门的功能室，避免奢华浪费和形式主义。<br>37. 各类设施设备安全、环保，符合幼儿的年龄特点，方便幼儿使用和取放，满足幼儿逐步增长的独立活动需要。提供必要的遮阳遮雨设施设备，确保特殊天气条件下幼儿必要的户外活动能正常开展。 |
| | B11. 玩具材料 | 38. 玩具材料种类丰富，数量充足，以低结构材料为主，能够保证多名幼儿同时游戏的需要。尽可能减少幼儿使用电子设备。<br>39. 幼儿园配备的图画书应符合幼儿年龄特点和认知水平，注重体现中华优秀传统文化和现代生活特色，富有教育意义。人均数量不少于10册，每班复本量不超过5册，并根据需要及时调整更新。幼儿园不得使用幼儿教材和境外课程，防止存在意识形态和宗教等渗透的图画书进入幼儿园。 |
| A5. 教师队伍 | B12. 师德师风 | 40. 教职工有坚定的政治信仰，按照"四有"好教师标准履行幼儿园教师职业道德规范，爱岗敬业，关爱幼儿，严格自律，没有歧视、侮辱、体罚或变相体罚等有损幼儿身心健康的行为。<br>41. 关心教职工思想状况，加强人文关怀，帮助解决教职工思想问题与实际困难，促进教职工身心健康。 |
| | B13. 人员配备 | 42. 幼儿园教职工按国家和地方相关要求配备到位，并做到持证上岗，无岗位空缺和无证上岗情况。<br>43. 幼儿园教师符合专业标准要求，保育员受过幼儿保育职业培训，保教人员熟知学前儿童身心发展规律，具有较强的保育教育实践能力。园长应具有五年以上幼儿园教师或者幼儿园管理工作经历，具有较强的专业领导力。 |

续表

| 重点内容 | 关键指标 | 考查要点 |
|---|---|---|
| A5. 教师队伍 | B14. 专业发展 | 44. 园长能与教职工共同研究制订符合教职工自身特点的专业发展规划，提供发展空间，支持他们有计划地达成专业发展目标。<br>45. 制订合理的教研制度并有效落实，教研工作聚焦解决保育教育实践中的困惑和问题，注重激发教师积极主动反思，提高教师实践能力，增强教师专业自信。<br>46. 园长能深入班级了解一日活动和师幼互动过程，共同研究保育教育实践问题，形成协同学习、相互支持的良好氛围。 |
| | B15. 激励机制 | 47. 树立正确激励导向，突出日常保育教育实践成效，克服唯课题、唯论文等倾向，注重通过表彰奖励、薪酬待遇、职称评定、岗位晋升、专业支持等多种方式，激励教师爱岗敬业、潜心育人。<br>48. 善于倾听、理解教职工的所思所做，发现和肯定每一名教职工的闪光点和成长进步，教职工能够感受到来自园长和同事的关心与支持，有归属感和幸福感。 |